荣新江 著

学术训练与学术规范

INTRODUCTION TO
THE STUDY OF
CHINESE ANCIENT HISTORY

中国古代史
研究入门

第二版

北京大学出版社
PEKING UNIVERSITY PRESS

图书在版编目（CIP）数据

学术训练与学术规范：中国古代史研究入门 / 荣新江著. —2版. —北京：北京大学出版社，2022.4
ISBN 978-7-301-32921-4

Ⅰ.①学⋯　Ⅱ.①荣⋯　Ⅲ.①中国历史－古代史－史料学－高等学校－教材　Ⅳ.①K206

中国版本图书馆CIP数据核字（2022）第038995号

书　　　名	学术训练与学术规范：中国古代史研究入门（第二版） XUESHU XUNLIAN YU XUESHU GUIFAN: ZHONGGUO GUDAISHI YANJIU RUMEN（DI-ER BAN）
著作责任者	荣新江 著
责任编辑	田　炜
标准书号	ISBN 978-7-301-32921-4
出版发行	北京大学出版社
地　　　址	北京市海淀区成府路205号　100871
网　　　址	http://www.pup.cn
电子信箱	pkuwsz@126.com
电　　　话	邮购部 010-62752015　发行部 010-62750672 编辑部 010-62750577
印　刷　者	北京中科印刷有限公司
经　销　者	新华书店 880毫米×1230毫米　A5　11.25印张　249千字 2011年4月第1版 2022年4月第2版　2022年4月第1次印刷
定　　　价	78.00元

未经许可，不得以任何方式复制或抄袭本书之部分或全部内容。
版权所有，侵权必究
举报电话：010-62752024　电子信箱：fd@pup.pku.edu.cn
图书如有印装质量问题，请与出版部联系，电话：010-62756370

前　言

本书是我在北京大学历史系给中国古代史专业的研究生开设的"学术规范与论文写作"课程的讲义。这门课最早源于我与自己研究生的"周末杂谈",就是每个周末给我的隋唐史专业和中外关系史专业的研究生闲谈一个题目,大体上都是些如何自我训练和如何遵守学术规范方面的问题。后来成为历史系的一门课,也有不少外校和其他专业的学生来听。由于我所带的研究生主要是从事隋唐史、中外关系史和敦煌吐鲁番文书研究的,所以这本讲义中所举的例证更多的是这几方面的,包括我本人和我自己的学生的事例,这一点请读者见谅,并举一反三。

讲这样一门课的目的,是因为自己觉得,当一位大学本科生进入研究生学习阶段以后,一方面要继续积累专业方面的知识,另一方面就要开始进行专业的学术训练,为撰写学术论文做准备。

所谓专业的学术训练包括许多方面,对于中国古代史专业的研究生来说,首先要掌握有关研究课题的各种史料,包括传世的史料,也包括出土的文献如简牍、文书、石刻等材料,除了文字材料外,还有考古所得的文物材料和各种图像资料,要尽可能地竭泽而渔,没有遗漏。其次,要遵守学术规范,对于前人的研究成果,不论发表的是论文还是专著,也不论是发表在国内还是国外,都要检索到并充分利用。在这样严格训练的基础上,才谈得上写学术论文、札记、书评。文章的写作除了要遵守学术道德规范,也要遵守技术规范,标点符号都要准确到位,注释体例得当,参考文献便于查找,外语专名翻译准确。

最近一些年来,遵守学术规范的声音此起彼伏,大多数被媒体爆料的事件,都让一些大学的主政者十分难堪。北大校方也不断颁发要求教师、研究生、本科生遵守学术规范的各种手册。确实,在中文的学术语境下,要建立严格的学术规范,不是一件容易的事情。现代学术是现代科学主义的产物,它发展出的规范都带有西方文化的特点,中国是在近代西方科学传入以后,才慢慢接受比如标点符号、引文注释等学术写作规范的。但中国长期以来没有自己的"芝加哥手册",没有一个统一的、大家多年以来遵守的规定,所以要建立起统一的规范,还有很长的路要走。所以,我在课上强调的是,我们要有自己的"芝加哥手册",即在没有统一的规范之前,要从我做起,大家共同努力。

要建立学术规范,首先是要遵守学术道德,不能漠视前人研究成果的存在,为此,要尽可能地把自己的论文一步到位地做好,争取时间,早日发表。不能一稿两投,或一稿多投,只有译成外文才可以分别投。从自己做起,就是要能够"自律",切不可抄袭，也要注意可能发生的无意抄袭，所以要谨慎使用电脑的"Copy"功能，所有拷贝的材料要随手注明出处。要预防变相抄袭，除非是教材之类，引用其他人的观点一般都要注明出处。

论文的写作一定要遵守技术规范，除了不是自己的观点和材料都要出注这样显而易见的道理外，通过其他方式，如通信、Email、网聊、电话、谈话所获得的观点和材料，也要出注。大到篇章结构、章节目次，小到标点符号、字体字号，都要从一开始就养成良好的习惯，比如引用论文和著作，要注到页码，从收集资料的时候就做到这一步，以后就会一劳永逸，节省掉此后处理文章校样等问题的时间。

年轻的学子应当学习写书评，通过纯学术的批评，矫正学术失范，使学术正常发展。也要正确面对别人对自己的批评，在纯学术的范围里对待学术批评。当下媒体非常关心学术界的失范与惩罚，也有人专门做学术批评和打假的工作。其实抄袭的主要责任是作者个人，不是学校；学校和导师也不是没有责任，但被告人是作者，不是学校。这类学术失范问题应当交给学术界自己解决，由相关学术部门的专业委员会来裁决，最好不要超出学术的界限。

我希望通过这本教材，给新入道的年轻学子如何训练自己提供一些入门的途径，也阐明学界已经约定俗成的一些必须遵守的规则，让他们从研究和写作的开始阶段，就能够养成好的习惯。

我想强调的是：学术是一种崇高的境界，学者必须洁身自好，自省自律。学术贵在创新:就是你有了新材料、新方法、新问题(陈寅恪语意),才能写论文;而写出的论文一定要遵守学术规范,这样的文章才具有学术价值和流传价值,也才能真正体现一个学者对学术的贡献。为此,我愿意和年轻的学子一起努力。

荣新江

2011 年 3 月

目　录

前　言 / 001

第一讲　传统古籍的翻阅 / 001
　　一、史志目录 / 002
　　二、丛书和丛书目录 / 008
　　三、佛教道教藏经和目录 / 013
　　四、类　书 / 018
　　五、小　结 / 023

第二讲　石刻史料的收集 / 026
　　一、传统的石刻文献 / 028
　　二、新出土的石刻史料 / 031
　　三、石刻资料目录 / 045
　　四、小　结 / 049

第三讲　简牍帛书的检索 / 052

一、战国简牍 / 054

　　二、秦代简牍 / 059

　　三、汉代简帛 / 063

　　四、曹魏、孙吴、西晋简牍 / 083

第四讲　敦煌吐鲁番文书的浏览 / 089

　　一、"敦煌吐鲁番文书"释义 / 090

　　二、敦煌吐鲁番文书目录 / 092

　　三、敦煌吐鲁番文书图录 / 103

　　四、敦煌吐鲁番文书录文集 / 114

第五讲　版本与校勘的常识 / 124

　　一、版本的基本知识 / 125

　　二、古籍版本目录和提要 / 129

　　三、标点本古籍的价值和问题 / 138

　　四、电子文本的优劣 / 144

　　五、校勘学的基本方法 / 146

　　六、小　结 / 152

第六讲　考古新发现的追踪 / 154

　　一、最新考古资料的追踪 / 155

　　二、期刊杂志的定期翻检 / 157

　　三、港台与外文杂志 / 163

四、考古报告 / 171

五、文物图录和展览图录 / 176

第七讲　图像材料的积累 / 180

一、图像材料提供给我们的想象空间 / 181

二、著录古代书画的资料 / 185

三、现存的书画目录 / 192

四、现存的书画图录 / 193

五、画家词典和索引 / 197

第八讲　今人论著的查阅 / 199

一、今人论著目录索引 / 200

二、研究综述和动态 / 205

三、博硕士论文 / 210

四、电子文本的检索 / 211

第九讲　刊物的定期翻检 / 215

第十讲　论文的写作（上）：标题、结构与学术史 / 243

一、标　题 / 244

二、篇章结构 / 247

三、学术史 / 250

第十一讲　论文的写作（下）：不同类型的论文 / 265

　　一、硕士论文 / 265

　　二、博士论文 / 267

　　三、期刊论文 / 273

　　四、会议论文 / 276

　　五、贡献给祝寿或纪念文集的文章 / 278

第十二讲　书评与札记 / 282

　　一、书评制度 / 283

　　二、书评种类 / 288

　　三、哪些书值得评 / 289

　　四、书评内容 / 292

　　五、书评里的称呼 / 294

　　六、要注意的问题 / 294

　　七、札　记 / 297

第十三讲　写作规范 / 300

　　一、正文部分 / 301

　　二、繁简体字的问题 / 307

第十四讲　注释体例与参考文献 / 311

　　一、注释体例 / 311

　　二、参考文献的编纂体例 / 317

第十五讲　专业中英文的翻译 / 325
　　　　　一、英译汉的问题 / 326
　　　　　二、汉译英的问题 / 332

后　记 / 344
再版后记 / 346

第一讲

传统古籍的翻阅

我这门课程是给硕士研究生、博士研究生（以下统称为研究生）开的。研究生不是本科生，除了要上的课程之外，更主要的工作是做研究，并把自己的研究成果写成文章。一个硕士生读两三年，一个博士生读三四年，在国外，有的时候时间更长。如果只是写论文的话，似乎要不了这么长的时间，为什么要这样长的研究生阶段呢？实际上，研究生更多的时间是做研究，为写好论文做准备。而作为一个科班出身的研究生，必须全面地武装自己，系统地做好写作论文的各种准备工作，这样写出来的东西，才是有分量的，有功力的；而不是像网上的票友，提起笔来就是一篇博客，那不是学术论文，不一定经得起推敲。

中国是一个重视文献编纂的国家，历史上产生的典籍著述不计其数，虽然经过多次"书厄"，但保存下来的历史文献仍然是汗牛充栋。要做某一项历史研究之前，最重要的工作是阅读、检索历史文献，从中找到第一手材料。

首先要在自己的知识结构中建构起一个中国古籍的框架，然后再一点点细化，一块块解决。中国古籍的构成，主要是经史子集四部，加上丛书、类书、释道书，这其中有些部分是重复的。

面对如此庞大的文献，从何处动手呢？我以为首先要熟悉古籍和丛书目录、提要。通过这些目录和目录提要，你可以知道某个朝代、某个类别有哪些书，也可以大体上知道哪些书和自己的专业有关，哪些书关系比较密切，哪些书暂时无关，可以先不去看它。

一、史志目录

历代正史，多有《艺文志》或《经籍志》，如《汉书·艺文志》《隋书·经籍志》《旧唐书·经籍志》《新唐书·艺文志》《宋史·艺文志》等，大多依靠当时的官修目录和私家目录，来著录所述朝代的藏书情况。有的正史原缺此志，则往往有后人的补辑本，清至民国时的补志，大多收入《二十五史补编》，这些补辑本良莠并存，有的志被反复补辑，虽说应当是后出转精，实际也未必尽然。

《汉书·艺文志》既是我们奠定古籍目录学的基础，又是建立中国古代典籍基本构成的知识架构的必经途径，每个研究中国历史和传统文化的人都应当熟悉。

东汉班固所编著的《汉书·艺文志》,是现存最早的一部系统概述先秦学术的著作。它是剪裁删改刘歆(前53—前23)的《七略》而成的。刘歆的父亲刘向(前77—前7)是西汉末年整理皇家图书的主要负责人,他把皇家所藏西汉政府两百年所聚图书作了系统的整理,并给每部书写了书录,编成《别录》。刘歆继承父业,继续整理图书,并节录《别录》,编成《七略》一书。《七略》包括《辑略》和六艺、诸子、诗赋、兵书、数术、方技等六略。《辑略》是全书的总录,包括对各类图书内容和学术源流的说明。其余六略是依类著录图书,共著录六类图书38种,603家,3219卷。可惜此书唐以后亡佚,幸亏借《汉书·艺文志》保存了它的主要内容。

《汉书·艺文志》也分六艺、诸子、诗赋、兵书、数术、方技等六略,著录38种,596家,13269卷,与《七略》稍有不同:

1. 六艺略
(1)易(2)书(3)诗(4)礼(5)乐(6)春秋(7)论语(8)孝经(9)小学

2. 诸子略
(1)儒家(2)道家(3)阴阳家(4)法家(5)名家(6)墨家(7)纵横家(8)杂家(9)农家(10)小说家

3. 诗赋略
(1)屈原赋之属(2)陆贾赋之属(3)荀卿赋之属(4)杂赋

（5）歌诗

4. 兵书略

（1）兵权谋（2）兵形势（3）兵阴阳（4）兵技巧

5. 数术略

（1）天文（2）历谱（3）五行（4）蓍龟（5）杂占（6）形法

6. 方技略

（1）医经（2）经方（3）房中（4）神仙

这个分类所反映的是经过了秦始皇"焚书坑儒"和汉武帝"独尊儒术"之后的情况，但仍然可以看出，在我们所熟悉的儒、墨、道、法之外，先秦时期的兵书、数术书和方技书的盛行。《志》前有总序，各略前也有小序。我们从《汉书·艺文志》六略的38小类及其序言中，可以看出先秦至西汉典籍流行的大致状态，与近年来各地陆续出土的简帛古书反映的情况是基本吻合的。

我们上大学的时候，邓广铭教授就请王利器先生来给我们上一门专讲《汉书·艺文志》的课，现在，大家也可以看陈国庆《汉书艺文志注释汇编》（中华书局，1983年）、张舜徽《汉书艺文志通释》（湖北教育出版社，1990年），较新的研究，见徐建委《文本革命：刘向、〈汉书·艺文志〉与早期文本研究》（中国社会科学出版社，2017年），程苏东《从六艺到十三经——以经目演变为中心》上册（北京大学出版社，2018年）。有关先秦秦汉时期古书的留存情况，可参看李零《现存先秦两汉古书一览表》（载作者《简帛古书与学术源流》，三联书店，2004年，17—38页）。

第二部重要的史志目录是《隋书·经籍志》，它是我们了解魏晋南北朝时期学术文化和书籍存佚情况的主要参考文献。《隋志》由李延寿编，魏徵删定。大概依据梁阮孝绪《七录》和《隋大业正御书目录》编成的，包括了梁、陈、齐、周、隋五代官私书目所载的现存图书，以撰者卒年为限，共著录书6520部，56881卷，并记录了书的存佚状况。《隋志》首次按经史子集四部分类法排列。卷首有总叙，四部有后叙四篇，每类有小叙40篇，释道书有叙无书目，末有后叙一篇。这些叙与《汉志》并重于世，是我们了解魏晋南北朝学术源流的重要文献，历来受到重视。对《隋志》的评论和研究，可以参考章宗源《隋书经籍志考证》13卷、姚振宗《隋书经籍志考证》52卷、张鹏一《隋书经籍志补》4卷，以上三书都收入《二十五史补编》。目前最好的著作是兴膳宏、川合康三合著的《隋书经籍志详考》（汲古书院，1995年），有极好的索引[①]。弄通了《隋书·经籍志》，对于魏晋南北朝时期的书籍情况就有了把握。

研究唐朝历史的学生应当熟悉以下这些史志目录和公私藏书目录：

《旧唐书·经籍志》，五代时编成，但依据的是唐玄宗时毋煚编撰的《古今书录》四十卷。《古今书录》著录书3060部，51852卷，所录是开元时的国家藏书情况，但要记住，开元以后的著述没有收录，《旧唐书·经籍志》也是同样，所以并不是有唐一代书的

---

① 参看葛兆光书评，《唐研究》第2卷，北京大学出版社，1996年，536—541页。

全貌，是开元盛世在图书方面的表征，与《大唐开元礼》《唐六典》《唐律疏议》《开元释教录》《开元道藏》等，共同构成了图书方面的"盛唐气象"。

《新唐书·艺文志》，宋人欧阳修等编，在《旧唐书·经籍志》所记开元时藏书的基础上，增补两万余卷唐人著述，其实主要是把《新唐书》传记中提到的著述补入《艺文志》中。但中晚唐的史料散佚比较严重，所以《新志》著录这一时期的书也缺漏较多。有人为了恢复有唐一代典籍的情况，主要是针对《新志》加以补充，如陈尚君《〈新唐书·艺文志〉补——集部别集类》(《唐研究》第1卷，1995年)，张固也《新唐书艺文志补》（吉林大学出版社，1996年)[1]，会谷佳光《宋代书籍聚散考——新唐书艺文志释氏类の研究》（汲古书院，2004年)，等等。

了解唐人著述，我们还可以利用下面几部书：

《日本国见在书目录》，藤原佐世编，成书年代相当于唐昭宗时，著录书1586部，17160卷，是日本遣唐使或其他留学生、留学僧带回日本而当时保存着的书籍目录，有不少是后来在中国散佚而在日本传存下来的。此书收入《古逸丛书》，整理者也有数家，其中矢岛玄亮《日本国见在书目录集证》（汲古书院，1984年)，为目前已出版的集大成之作。但仍有补充的必要，孙猛正在做这一工作，已经发表了许多单篇的文章，如《日本国见在书目录辩证（经部)》(《学人》第3辑，1992年)，《唐集十种考》《薛元超与〈醉

---

[1] 参看陈尚君书评，《唐研究》第5卷，北京大学出版社，1999年，536—540页。

后集〉》(《中国文学研究》25、26册,1999、2000年)等。这些成果现在都汇入孙猛《日本国见在书目录详考》三大册(上海古籍出版社,2015年),其中对于每一种书都做了详细的解题,不仅考证其源流,还把日本、敦煌等地传存的抄本、刻本以及研究情况,做了系统的提示。

《郡斋读书志》二十卷,宋人晁公武著,著录书一千多种,可补两《唐书》经籍、艺文志。作者把书分为四部,每部有总序,重要的是各种书都撰有提要,提示作者、主旨、学术源流等。这部书的宋本有两个系统(衢本和袁本),孙猛的《郡斋读书志校证》(上海古籍出版社,1990年)以衢本为底本,合校袁本,使一册在手,相关版本的不同尽在其中,最便学者使用。

《直斋书录解题》,原本五十六卷,宋人陈振孙撰,著录各书作者、卷帙、内容、价值、撰著时间和版本等情况,也是带有解题的书目。此书后来散佚,四库馆臣自《永乐大典》辑为二十二卷本,收入武英殿《聚珍版丛书》,上海古籍出版社1987年出版了徐小蛮、顾美华的点校本。

以上两部书都是带有解题的著作,对于一些现已不存的唐人著述,我们可以据此了解书的基本内容。

此外,还可以参考宋人郑樵《通志·艺文略》(可以用《通志二十略》,王树民点校本,中华书局,1995年)、王应麟《玉海·艺文》、马端临《文献通考·经籍考》(有华东师范大学古籍研究所点校本,华东师范大学出版社,1985年)等。也就是说,在一部相对完整的"唐人著述考"出现以前,我们要明了每一种唐朝人的著述时，基本上都要翻阅上面这几种书，这其实并不包括敦煌、吐鲁番出土文献和日本求法目录中以及其他零散遗存的唐人著作。

这类目录还有很多，就不一一介绍了。

目录只是我们了解古籍基本情况的一把钥匙，要收集第一手资料，就要从中选择与自己相关的书籍来阅读。

二、丛书和丛书目录

中国古代还有一类书，往往既有目录，又有原书，就是丛书。其中对于中国古籍收录最多，现在由于有了台湾商务印书馆印本的电子文本而被利用最广的，就是清朝乾隆四十六年（1781）十二月初六日率先完成的文渊阁《四库全书》（七部《四库全书》最终完成于乾隆五十二年四月）。按文渊阁本《四库全书》计收书3461种，79309卷（其他各本实际收书量略有差异），举凡经史子集四部书，无所不包，乾隆以前的中国古代的主要典籍，基本上尽在其中。但清朝文字狱大盛，所以《四库全书》的编纂，既是保存古籍，也是毁灭古籍，凡是有碍清朝统治的著作，特别是明末清初有关满人早期历史和明朝抵抗清军入侵的许多史料，皆被排除在外，甚至销毁；即使是收入"钦定"《四库全书》的书，也都经过四库馆臣的严格把关，删除了对清政府不利的文字，也改动了很多旧史有关周边少数民族的文字（有些是污蔑性的语言，有些其实只是专门名词），使得一些古书的面目已非原貌。苗润博在湖南图书馆发现的《续资治通鉴长编》未经四库馆臣删改的四库底本，意义十分重大，2016 年中华书局已影印为《续资治通鉴长编（四库全书底本）》50 册。目前我们使用的《四库全书》电子本，主要是根据原藏清宫、移运台北故宫博物院的文渊阁本。文渊阁本先后由台北商务印书馆（1983—1986 年）、上海古籍出版社（1987 年）影印。2005 年，北京商务印书馆又影印了原藏承德避暑山庄、现藏中国国家图书馆的文津阁本，并出版《文津阁四库全书提要汇编》。北京大学中国古代史研究中心图书馆拥有文渊阁、文津阁两部《四库全书》影印本，是很少可以两本对读的地方。

《四库全书总目》，乾隆六十年首次刊印，对于每一种收录的书都做了提要，除了对书名、作者、卷数、主要内容的提示外，还做了大量的烦琐考证，这对于我们使用这些书，提供了很好的帮助。这部书有中华书局影印本（1965 年）。但《总目提要》也有不少错误，后人有一些订正的著作，其中如余嘉锡《四库提要辨证》（科学出版社，1958 年；中华书局，1980 年；云南人民出版社，2004 年），李裕民《四库提要订误（增订本）》（中华书局，2005 年），就是使用《总目提要》时必须参考的书。1997 年中华书局出版了卢光明等组成的四库全书研究所整理的《钦定四库全书总目》，该整理本在标点、校勘、辨证方面做了大量工作，特别是吸收了余嘉锡等今人的考证成果，方便使用。另外，清朝考据学发达，四库馆臣在《总目提要》对每种书都做了详细的考证，占据篇幅很多，如果只想了解一本书最基本的情况，则可以使用《四库全书简明目录》（上海古籍出版社，1985 年），一册在手，最为便利。《四库全书总目提要》还有一项重要的内容，就是把由于种种原因而未收入

《四库全书》的 6793 种、93551 卷"存目"书，也都做了提要，使得我们能够了解许多现在已经不存于世的书的内容。但是，《四库全书简明目录》未收"存目"部分的提要。与《总目》相关的，还有赵望秦等《四库全书初次进呈存目校证》（全三卷，陕西师范大学出版社，2016 年），可以参考。

由于《四库全书》存在着种种问题，所以续修《四库》就是学者一直想做的一件事情。1931—1945 年利用日本退还的庚子赔款，由桥川时雄主持的"北平人文科学研究所"负责，约请中国各方面的专家编撰《续修四库全书总目提要》。这部《续修提要》主要收录《四库全书》和《提要》有篡改、版本不精和遗漏的古籍，以及乾隆以后的书、禁毁书、佛道藏中的重要典籍、词曲小说方志类书籍、敦煌遗书、外国人用汉文所撰著作等，共收入古籍三万余种。其稿本现存中国科学院图书馆，大约三分之一（10080 种）的打印本存京都大学人文科学研究所。1972 年台湾商务印书馆据京大藏本排印为《续修四库全书提要》12 册，索引 1 册。1980 年以来，中科院图书馆开始整理，陆续出版，但目前只出版了《续修四库全书总目提要·经部》（中国科学院图书馆整理，中华书局，1993 年）。好在齐鲁书社在 1996 年出版了《续修四库全书总目提要》稿本的全部影印本，计 37 册，又《索引卷》1 册。

大略与此同时，1995—1997 年，齐鲁书社又出版了《四库全书存目丛书》，计经部 220、史部 290、子部 261、集部 429 册，凡 1200 册；2001 年又出版《四库全书存目丛书补编》，99 册，二书收四库存目书之现存者合计 4730 种。乾隆时《四库全书总目提要》

归入"存目"的书，有许多和收入《四库全书》的著作大体类似，比如唐宋时期的一些别集，大多数是些没有太多价值的刻本；另外还有一些乾隆时没有收入《四库》，但后来多次刻印过的书，如顾炎武《天下郡国利病书》，也没有太大的必要。但原本列入"存目"的许多明末清初的书，则有不少是普通人不常见到的书，影印出来流通，也是很有必要的。此外，《存目丛书》还找到一些当年四库馆臣工作过的底本，这些书的影印，对于《四库全书》的研究，也是很好的参考资料。

比《存目丛书》更有规模的《续修四库全书》，也几乎在同时运作，同时出版，即 1995—2002 年上海古籍出版社出版的续修四库全书编纂委员会编《续修四库全书》，计经部 260、史部 930、子部 370、集部 500 册，凡 2060 册，收书 5123 种。该书的收录范围，包括《四库全书》以外的现存中国古籍，即补辑乾隆以前有价值的但《四库全书》所未收的著述，以及系统辑集乾隆以后至民国元年前各类有代表性的著作，它的收书数量是《四库全书》的一倍半，遴选最佳的版本影印，也避免了《四库全书》抄写失实的诟病。它与《四库全书》配套，构筑了一个中国基本古籍的大型书库。

《四库全书》编纂后，逐渐形成一个系列，这类书有复旦大学图书馆古籍部编的一套《四库系列丛书目录》（上海古籍出版社，2008 年），收有《文渊阁四库全书》、《文渊阁四库全书珍本（初集—十二集)》及《别辑》、《文渊阁四库全书选粹》、《文渊阁四库全书四种》、《文渊阁四库全书珍赏》、《文渊阁四库全书荟要》、《续修四库全书》、《四库全书存目丛书》及《补编》、《四库禁毁书丛刊》及《补编》、《四库未收书辑刊》等的目录，附有书名和著者索引。

虽然许多古籍有单刻本，但更大量的古籍是收录在某个丛书当中，所以，要想阅读某本书，要知道是单行的，还是收入某种丛书的，还是有单行也有丛书本的。古书的刻印非常复杂，单行本和丛书本、不同的丛书本之间，某种书的价值可能不一样，所以这些都应当检索到，通过前人的目录，也要通过自己的翻检。

要查找某部书在什么丛书中，就要查阅上海图书馆编《中国丛书综录》（中华书局，1959 年），收丛书 2797 种，涉及 41 个图书馆所藏。第一册《总目》，分"汇编""类编"，第二册《子目》，第三册《索引》。使用时一般是倒着检索的。如果你知道一本书的书名或一位作者的名字，可以从第三册书名、作者《索引》查到要想知道的书或作者在《子目》（第二册）中的具体页码，再从《子目》看该书或该作者所著书都收在哪部丛书中，然后可以从第一册《总目》的"汇编"或"类编"查这部丛书以及该丛书的收藏单位。当然《总目》也可供浏览，其中"类编"分经史子集四类，"汇编"则将无法分类的丛书按照杂纂、辑佚、郡邑、氏族、独撰给予分类。

《丛书综录》是我们查找古籍时经常使用的工具书。使用时还要利用下面三种增补之作。阳海清编撰，蒋孝达校订《中国丛书综录补正》（江苏广陵古籍刻印社，1984 年）和阳海清编《中国丛书综录广录》（湖北人民出版社，1999 年）。前者是对《中国丛书综录》的补正，体例和编排与《综录》一致，并且在条目后注出

《综录》第一册《总目》的页码,新书不补,主要是对《综录》版本、异名、子目等情况的增补,最后有《丛书异名索引》。后者凡《综录》已著录的书不再收录,复出者必有所不同;近四十年来影印和重新整理的古籍丛书亦予收录;已佚古籍亦酌情收录,用﹡号表示。主体部分,上册是《丛书分类简目》和《丛书分类详目》(相当于《综录》的第一册),并有书名索引、作者编者索引等;下册是《子目分类索引》《子目书名索引》《子目著者索引》。此外,施廷镛《中国丛书综录续编》(北京图书馆出版社,2003 年)则仿效《丛书综录》的体例,收录了《中国丛书综录》和《中国丛书综录广录》之外的 1100 余种丛书。

  虽然工具书为我们查找古籍提供了很好的指南,但如果大家有时间,还是要直接翻看原书,就是把丛书中的书一本本拿出来翻看。我们上学的时候,原来燕京大学的丛书都放在教员、研究生阅览室的书库里,《四部丛刊》就放在阅览室,取用非常方便;现在很多大型丛书都在北大图书馆的古籍部阅览室中,也很方便。季羡林先生在写作《糖史》的时候,每天都去图书馆古籍部翻看《四库全书》,不论春夏秋冬抄录有关史料。在某种意义上讲,这是有象征意义的,表示学问就要这么做,即虽然只是收集糖史的材料,也要竭泽而渔。

三、佛教道教藏经和目录

  中国传统的四部书,往往不包括释道文献,很多丛书也是如此，因佛教和道教典籍自有自己的丛书，这就是佛藏和道藏，也是我们应当熟悉的。

关于历代大藏经的编纂情况，可以参看周叔迦《〈大藏经〉雕印源流纪略》①，或者下引童玮《二十二种大藏经通检》书前的《概述》。要把握佛教的藏经，最好的途径是先熟悉《开元释教录》。此目为长安崇福寺沙门智升编，二十卷，成书于开元十八年（730）。书分两帙，上帙为《总括群经录》，包括《历代出经录》，记东汉至开元时译经及译者传记；又《叙列古今诸家目录》，共41家。下帙为《分别乘藏录》，分为有译有本、有译无本、支派别行、删略繁重、补阙拾遗、疑惑再详、伪妄乱真等七录。智升又撰《入藏录》两卷，实际是《有译有本录》的略出本，共有1076部，5048卷，分作480帙。从《崇宁藏》开始，刻本大藏经都有《开元释教录略出》，收经1080部，分成478帙。因为后来的藏经大多数是按《开元释教录略出》来编排次序的，所以熟悉了《开元录》，就把握了大藏经的基本构成。

但有些《开元录》著录的书后来散佚了，还有些智升不收的疑伪经其实是更有历史价值的资料。这些书后代有的大藏经收录了，还有开元以后产生的佛经陆续被编入新的藏经。我们要了解哪本佛书在哪个大藏经中，要查阅下面的两部工具书。

童玮编《二十二种大藏经通检》（中华书局，1997年），系两种经录和二十种刻本汉文大藏经的对照索引，包括《开元录》《房

---

① 收入《周叔迦佛学论著集》下，中华书局，1991年，551—570页。

山石经》《大正藏》等，共收佛典 4175 种，按汉语拼音排列，每条列名称、卷数、译著人名、时代、经典异名、汉语拼音、梵文、英文译名、简要英文解题，最后是各个版本的索引。后有译著者索引、梵英文名称索引。这是最新最方便使用的大藏经目录。

蔡运辰编《二十五种藏经目录对照考释》（新文丰出版公司，1983 年）。其较童书所多出的本子都是较晚出的普通藏经，但它的主体目录，第一是按《大正藏》顺序排列的目录，下面表列各藏的有无；第二是《大正藏》没有的经典目录；因为《大正藏》目前仍然是最主要的学术性的藏经版本，所以此目自有其方便的地方。最后是作者所作各种大藏经目录的考释。

《大正藏》全称《大正新修大藏经》，100 册，是日本大正年间以《高丽藏》为底本，校勘多种藏经和抄本而成的，包括中国撰述部、图像部、古逸部与疑似部、日本撰述部，其中还包括部分敦煌、日本写本保存的藏外文献，是迄今为止最好的学术版。但其标点有很多问题，需要留意。现在台湾的中华电子佛典协会（CBETA）所做的电子版《大正藏》，比纸本的还要精确。

南北朝时开始编《道藏》，唐朝也有多种《道藏》及其目录，但都没有留下来。宋徽宗政和年间（1111—1117）编《政和万寿道藏》，凡 5481 卷，并雕版印刷，惜已亡佚。但宋真宗时张君房编的小道藏《云笈七签》保存了下来。

现在保存的唯一一部道藏是明代的道藏，正编是明英宗正统九年至十年（1444—1445）编成的《正统道藏》，续编为明神宗万历三十五年（1607）编成的《万历续道藏》，正、续合起来，共收道教典籍 5485 卷，正续《道藏》后都有相应的目录。除明代雕印的经夹本外，20 世纪 30 年代上海涵芬楼影印为线装本，1977 年台湾艺文印书馆影印精装本 60 册，同年台北新文丰出版公司影印精装本 60 册，1988 年文物出版社、上海书店、天津古籍出版社合作影印精装大开本 36 册。过去看到道藏的人不多，30 年代影印本也比较贵，多为西方、日本学术机构购藏，这也是在相当长的一段时间里海外道教研究发达的原因之一。现在有了精装本，就比较方便使用了。要查找哪部道教典籍在上述五种版本道藏的哪一册，可以使用施舟人原编、陈耀庭改编《道藏索引——五种版本道藏通检》（上海书店，1996 年）。又胡道静等编《藏外道书》36 册（巴蜀书社，1992—1994 年），广收正统、万历正续《道藏》未收的明以前道书，以及此后直到 1949 年的各种道教典籍，为道藏的补充。

张继禹主编《中华道藏》，全 49 册，华夏出版社 2003 年出版了前 48 册，最后一册《目录·索引》目前也已出版。本书是继明代《道藏》之后，对道教经书所作的系统整理。在保留三洞四辅名目的前提下，据经书内容性质和时代先后、所属门派，重新分类编次，计分为三洞真经、四辅真经、道教论集、道教众术、道教科仪、仙传道史、目录索引等七大类。对每种经典做了校刊、补佚、校注、标点等工作。所收明《道藏》经书 1476 种，以 1988 年影印的三家本为底本，另外酌情收入黄老道家简帛佚籍、敦煌道经写本、金元藏经刻本孑遗等，共 1526 种。第 49 册《目录·索引》包括《中华道藏》诸经的分类目录和笔画索引；明《道藏》所收的《道藏经目录》《续道藏经目录》和《道藏阙经目录》；以及《中华道藏经书引用书名笔画索引》；后者的索引收录经文中出现的书名，有助于考察道教典籍的源流。类似工具书还有大渊忍尔、石井昌子、尾崎正治等编《六朝唐宋の古文献所引道教典籍目录·索引》（改订增补版，东京：国书刊行会，1999 年）。但《中华道藏》的整理和点校出于众手，水平参差不齐。一般不宜直接引用此本，若一定要用，也要核对《道藏》影印本的原文。最好能同时注出三家本和点校本的出处。

另外，《道藏》的影印本，大陆目前都用三家本，台湾地区则多用艺文印书馆或新文丰本；海外用艺文馆或新文丰本的较多。而《道藏》诸经的编号，也有千字文编号、哈佛燕京编号和施舟人（Kristofer Schipper）的编号等，应注意引用时编号、册数、页数都不同。

道藏的形成史是一个非常复杂的问题，要使用道教典籍，最好先读陈国符《道藏源流考》（中华书局，1963 年）。也可以参考任继愈主编《道藏提要》（中国社会科学出版社，1991 年）和施舟人、傅飞岚（Franciscus Verellen）主编的《道藏通考》（*The Taoist Canon: A Historical Companion to the Daozang*, vols. 1-3, Chicago：University of Chicago Press，2004）。丁培仁编著《增注新修道藏目录》（巴蜀书社，2008 年），将现存与道教相关文献及其称引的约有 5000 多种道教典籍按照自己的分类体系重新分类，并考证主要道书的著者、编著年代、内容、传承、流变等著述情况，成一家之言，但尚不为学界所广泛承认。

四、类　书

中国古代的典籍中还有一种类书，就是采辑各种古籍中有关某类事物的资料，分类编排而成，以便查阅。这是古人所编工具书，有的是为皇帝查阅某类资料时用的，有的是给官员用的，也有民间使用的日常生活类书。虽然以今天的学术标准来看，这些书收集的材料不可能到家，但对于我们今天了解和考证典章制度、事物源流、成语典故、名词本义等等，也都有帮助。对于魏晋南北朝隋唐五代史的研究者来讲，类书更为重要，因为有关这一时段的类书较多，有许多大部头的著作，而这一段的史书佚失较多，在类书里保存了大量的原始文献。

比较重要的类书有：

《艺文类聚》一百卷，唐欧阳询等编，分730余目，先事后文。前者引经、史、子部文献，后者引诗文。该书目前有上海古籍出版社1982年出版的根据汪绍楹整理校订本汇校宋明诸刻的排印本，编制有包括人名和书名、篇名的索引，极便利用。

《北堂书钞》一百七十四卷（此据《隋志》；两《唐志》记一百七十三卷，今存本一百六十卷），唐虞世南编，分19部582类，摘引古籍词句。目前所用的善本是光绪十四年（1888）孔广陶据传写本校注刊行的本子，1973年名古屋采华林出版社出版了山田孝雄所编《北堂书钞索引》。

《文馆词林》一千卷，唐许敬宗、刘伯庄等编，崔玄昉训注。显庆二年（657）成书，分类纂辑先秦至唐初各体诗文，是《文选》之后的诗文总集。宋初散佚，残本收入《丛书集成》。又，罗国威整理出版《日藏弘仁本文馆词林校证》（中华书局，2001年）。但有些日本文献家的相关记录还值得补充，如卷四五五有《阙题碑文》一篇，江户时代学者尾崎雅嘉所纂《群书一览别录》中所载的《文馆词林》目录记卷五五有"右骁骑将军安修仁碑铭一首并序"，山下将司据以判断"阙题"者即安修仁碑，见所撰《隋·唐初の河西ソグド人军团——天理图书馆藏〈文馆词林〉〈安修仁墓志铭〉残卷をめぐって》[①]。

《初学记》三十卷，唐徐坚编，开元十五年（727）编成，分23部，下有若干子目，摘录六经诸子百家之言、历代诗赋及唐初诸家作品，以类相从，按照叙事、事对、诗文的体例编排。今有中华书局1962年点校本，1980年重印时编制了事对和引书索引。

《太平御览》一千卷，宋李昉等编，太平兴国八年（983）成书，分55部，4558个子目。今有1960年中华书局据《四部丛刊》的影印本。对于唐史研究者来说，其所引《唐书》，与后代列为正史的《旧唐书》不同。户崎哲彦认为可能是已佚的韦述《唐书》，见所撰《唐临事迹考》[②]。吴玉贵先生将这些《唐书》文字辑录出来，成《唐书辑校》一书（中华书局，2009年）。

《太平广记》五百卷，宋李昉等编。太平兴国三年（978）成书。全书92类，150余个细目，专门收录自汉迄宋初的野史小说，

---

① 《東方学》第110辑，2005年，69—71页。
② 《唐研究》第8卷，2002年，82页及注3。

引书475种，大半佚散，赖该书得以保存。今有中华书局1961年排印本。2011年，北京燕山出版社出版了张国风《太平广记会校（附索引）》20册，成为《太平广记》的权威版本。

《册府元龟》一千卷，宋王钦若等编，大中祥符六年（1013）编成。分31部，1104门。所辑材料，多为唐五代诏令、奏议等官文书，可以和《唐会要》等唐代史籍对勘。且多整篇收录，不做删节，保存隋唐五代史料极为丰富。宇都宫清吉等编有《册府元龟奉使部外臣部索引》（东方文化研究所，1938年）。陈尚君《旧五代史新辑会证》（复旦大学出版社，2005年）就是充分利用了《册府元龟》中的五代史料编纂而成的。2006年，凤凰出版社出版周勋初等人完成的《册府元龟：校订本》全12册，附人名索引。虽然有人批评整理有些问题，但毕竟比影印本要方便使用了，厥功至伟。

《文苑英华》一千卷，宋李昉等编，太平兴国时开始辑，雍熙三年（986）成书。该书为诗文总集，分为38类，收录上起萧梁、下迄晚唐五代的作品两万多篇，其中唐代部分占了十分之九。

习惯上，把以上四部书并称为北宋官修的四大类书。

《类要》，宋晏殊编，系其平日读书之时，摘录各种书籍，分门别类编撰而成的一部类书，计74篇，76卷，其四世孙晏袤增为100卷，开禧二年（1206）奏进。此书没有刻印，仅有抄本流传，国内现存三个抄本，皆属晏袤的一百卷本系统，分别藏于西安文物管理委员会（陕本）、北京大学图书馆（北大本）与中国社科院文学所（社科院本）。陕本和社科院本三十七卷，北大本十六卷，皆见于三十七卷本。《四库存目丛书》影印陕本，其引录宋初以前四部书达七百种以上，其中已佚文献近半①。陈尚君先生发现其中有高昌王麴伯雅诗，提供给王素，王素撰成《新发现麴伯雅佚诗的撰写时地及其意义》，补充了高昌史的一页②。又，其中包含唐韦述《两京新记》佚文计24条，其中19条，或未见于其他文献，或较其他文献所引为详，可补原辑本之未备，陈尚君的学生唐雯撰《〈两京新记〉新见佚文辑考——兼论〈两京新记〉复原的可能性》③。随后，唐雯出版《晏殊〈类要〉研究》（上海古籍出版社，2012年），除综论其书外，还把所引各种珍秘文献辑录出来，并附有佚书索引，极为有用。

《山堂考索》（又名《群书考索》），宋章如愚编，宋刊本10集100卷，元明刊本4集212卷。4集共50门，门下分若干类，有关政治制度及其源流方面比较详细。今有1992年中华书局影印明正德刘洪慎独斋本行世。

《玉海》200卷，宋王应麟编，分21部240余类，采集资料丰富，有实录、国史、日历等已佚书。

类书中部头最大，收录文献材料最全的，是明姚广孝等编《永乐大典》，计22877卷，10095册。因为部头太大，只有写本。永乐六年（1408）的原写本，后来佚失。隆庆元年（1567）的录副本，后来也有残缺。清乾隆时尚存9677册。1860年英法联军入京，大

---

① 陈尚君《晏殊〈类要〉研究》，《陈尚君自选集》，广西师范大学出版社，2000年，298—322页。
② 《西域研究》2003年第2期，10—13页。
③ 《唐研究》第15卷"长安学研究专号"，北京大学出版社，2009年，577—597页。

量遗失。1900年八国联军入京,又劫走大批,仅存64册。经过不断的努力,目前中国国家图书馆收藏了224册(包括现暂存于台北故宫博物院的62册),是所知现存于世的400多册、800余卷《永乐大典》中最集中的部分。1959年中华书局影印本收720卷,202册,约当原书百分之三强。1960年台北世界书局影印本,补12卷。1960年中华书局影印本,730卷,67册。1982年中华书局影印本,20函,202册,又2函,20册。1986年中华书局精装影印本,补67卷,总计达797卷。栾贵明为此编有《永乐大典索引》(作家出版社,1997年),所引书籍作者立目,下列书名,便于检索。近年出版的《海外新发现永乐大典十七卷》(上海辞书出版社,2003年),又补辑了17卷。

《永乐大典》中包含了明代初年以前的大量古籍,许多古书被分类按照韵部分别抄录在不同的韵字下面,几乎完整地保存了许多文献,包括大部头的文献。很可惜这部书后来逐渐散佚,而又经过英法联军和八国联军的两次劫掠,与原书相比,所存极其有限。在乾隆时四库馆臣编《四库全书》时,还可以辑出大量的已佚古书,如我们现在经常使用的《旧五代史》,就是从《永乐大典》里辑出来的。嘉庆时,徐松利用在宫中编《全唐文》之便,得以从《永乐大典》中辑出《宋会要》五六百卷[①]。只要看看《宋会要》对于宋史研究有多么重要,就可以知道《永乐大典》的价值了。这样的

---

① 有1957年北京中华书局、1976年台北新文丰出版公司、2002年上海古籍出版社《续修四库全书》(775—786册)影印本行世。

书你不去翻阅一遍,你做的学问就不是完整的。现存的《永乐大典》已经是残之又残的本子,但相信你还是会有新发现的。

五、小　结

中国传统的古籍文献非常丰富多彩,我主张只要有时间,就广泛地翻阅各类图书,打下雄厚的学问基础;同时也要在翻阅中不断思考问题,发现问题,然后带着问题去翻阅,甚至重检已经翻阅过的图书,从中辑出自己研究主题所拟要用的材料,也确定一些书是要仔细阅读的基本文献。精读与泛览,是读书的两种方式,面对如此大量的古籍,不可能本本精读,但也不能所有的书都只知其大概,而不求甚解。

在阅读中,尽可能利用前人编纂的目录、解题,因为即使再全的"全书",也是不全的,各种目录可以互补,不论是古代官府藏书目录、现在公共图书馆藏书目录,还是佛寺、道观以及私人藏书目录;不论是国内的藏书目录,还是海外藏书目录;不论是普通古籍目录,还是善本书目;不论是综合图书目录,还是某个专题的目录;不论是普通的著录,还是带有解题的目录;不论是现存图书目录,还是佚书目录,都尽可能地加以利用。这些不同的目录,在研究某个课题的时候,也有专门的作用。比如你研究某个地方的文化,或某个地方王国的艺文,则要注意地方志中的《艺文志》《经籍志》,以及特别编纂的地方图书目录,如吴庆坻《杭州艺文志》10 卷、孙诒让《温州经籍志》36 卷、刘纬毅主编《山西文献总目提要》（山西人民出版社，1998年）等。又比如你研究唐代文学人物，则万曼《唐集叙录》（中华书局，1980年）是很好的参考书；研究医疗或疾病史，丁福保撰《历代医学书目提要》、日人丹波元胤等著《医籍考》（又名《中国医籍考》，有学苑出版社2007年标点本），就是很好的指南。

我所说的从翻阅的书中辑出自己研究主题所拟要用的材料，就是要做史料长编。一般来说，要对一个问题做彻底的、系统的研究，最好是先做史料长编，把所有相关的史料，都收集起来，按照类别，或者按照年代，或者按照你要论述的角度，把所收集的材料条理在一起，然后一步步分析，从中检出最能说明问题的史料，用到自己的研究文章中。一部博士论文相当于一本书，不是一朝一夕就能写就的，所以最好的办法是先编史料长编。

南宋人李焘在写北宋史的时候，就是编长编，后来干脆就用《续资治通鉴长编》为名，也成为一代学术名著。如果把所辑史料很好地剪裁出来，就是一本很好的书。如丁文江、赵丰田编《梁启超年谱长编》（上海人民出版社，1983年），中间汇集了大量的原始文献材料，既是年谱，又是史料长编。这些优秀著作的背后，就是因为有史料长编。

我自己在研究沙州归义军史的时候，也先做史料长编，凡是属于归义军时代的敦煌文书，不论属于官文书的牒、状、告身、入破历，还是属于私人文书的契约、学郎题记、发愿文，还有大量的寺院文书、写经题记，都辑录出来；凡是涉及归义军甚至晚唐五代宋初西北史事的传世文献材料、碑刻、石窟题记等，也都辑录出来，按年代排列之后，就发现许多史事之间的前后因果关系，使得归义军史渐次有了一个历史的脉络可以把握①。归义军这样的地方政权，在传统的史书中是没有系统记载的，敦煌文书又是偶然留下的材料，只有把这些零零碎碎的资料汇在一起，才能构筑归义军史的广阔天地。

研究生阶段不可能把中国古籍都翻阅一遍——可能一辈子也翻阅不完，有些书可能也没有必要去看。但要知道哪些要看，哪些不要看。同时，研究生阶段是做学问打基础的阶段，如果你这个时候积累的资料多，翻阅的书多，按自己的研究主题归拢起来的材料多，那么你除了圆满完成硕士、博士论文外，还可以为今后的学术研究准备很多素材。要知道，年轻学者走上工作岗位后，就会有很多其他的事情要做，读书的时间相对会少很多，这时候要写出更好的文章来，一方面看你的积累，另一方也要不断增补新的材料，唯其如此，才能写出一篇篇像样的文章。

---

① 参看荣新江《归义军史研究——唐宋时代敦煌历史考索》，上海古籍出版社，1996年。

第二讲

石刻史料的收集

上一讲我们谈的是中国传统的文献，主要是指流传下来的古籍，它们一般的外部形态是刻本，其中也有一些是抄本，不过是古书的稿本或者是从稿本或刻本抄录下来的抄本。这其中也有一些属于传统金石学的著作，不过因为金石材料有自己的特征，特别是近年来大量增加的石刻材料，更多的是属于出土文献，其整理发表的方式与传统的古籍不同，所以我们这里独立出来专门来谈。作为出土文献，与之类似的还有先秦、秦汉、三国时期的简牍，以及中古时期的敦煌、吐鲁番和西北其他一些地方出土的文书资料。

中国自宋代以来，就有发达的金石学，所研究的资料包括金属器皿上的铭文和砖石上的铭刻。作为金文的主要材料，先秦时期的钟鼎铭文是研究商、西周、春秋、战国历史的重要资料。但这类资料比较集中，而且文字数量不多。秦汉以后，金文资料也有，比如越南发现的唐贞元年间的《青梅社钟铭》，长安等地发现的中晚唐节度使的进奉银铤，都是非常关键的材料。但它们数量不多，文字也不够丰富，所以只能帮助我们讨论一些具体的问题，而不是全面地改写历史内容。石刻史料就不一样了，其数量极其庞大，延续时间很长，而且种类繁多，内容涉及各个方面，有不少石刻资料甚至可以改写我们已知的历史，因此已经是现在史学研究所不可不予理会的文献材料。

以传统的金石学方法，对石刻史料所做的集大成式的概说，是清末叶昌炽的《语石》，这是每个古代史研究生都应当阅读的著作，阅读时应当使用柯昌泗的增订本：叶昌炽撰、柯昌泗评《语石·语石异同评》（中华书局，1994年）。这种以札记的形式所写的书对于现代人来说不容易记住，但其中许多总结性的文字是非常经典的结论，是我们搜集、使用石刻史料时要作为前提的一些提醒。

现代人所写的石刻学论著也有不少，文章可以看黄永年《碑刻学》[1]、毛汉光《石刻分类与石刻集释》[2]，专著可以看赵超《中国古代石刻概论》（文物出版社，1997年）和《古代石刻》（文物出

---

[1] 《新美术》1999年第3期；收入作者《古文献学四讲》，鹭江出版社，2003年，211—241页。
[2] 《汉学研究》第7卷第2期，1989年，225—234页。

版社，2001年)、徐自强、吴梦麟《古代石刻通论》(紫禁城出版社，2003年)。现在研究石刻本身的人，多是考古专业出身，比较重视新出土的石刻材料，对于传统的金石学，特别是"金石例"一类著作，介绍不足，这方面可以参看叶国良《石学蠡探》(大安出版社，1989年)和《石学续探》(大安出版社，1999年)、程章灿《石学论丛》(大安出版社，1999年)中的相关文章。如果你知道了石刻撰写的体例，就能够了解不同类别的石刻文献的撰写规则和文字的大致脉络，这样对于一些缺失文字的推补，就有了一定的根据。同时，使用石刻材料的时候，如果是考古发现的资料，一定要和考古学相结合，比如墓志实际上是墓葬的随葬品之一，是墓葬的组成部分，看墓志的时候最好能够同时观照同一墓葬出土的其他资料，才能更好地利用墓志文献的记载。

一、传统的石刻文献

传统的石刻文献主要是指中国古籍中专门收集、整理石刻资料的著作，有目录，也有录文集，还有专门辑录石刻跋文的书，也有把后两者合在一起刻印的。主要的著作提示如下：

《集古录》十卷，宋欧阳修撰，又名《集古录跋尾》，列周代至宋初金石碑帖，做跋考释，以石刻为主。《集古录目》二十卷，宋人欧阳棐编，记其父欧阳修收藏的千卷石刻拓本的总目，惜已佚失，有清人缪荃孙辑本十卷。

《金石录》三十卷，宋赵明诚编，李清照于1132年编定。前十卷著录三代至唐五代石刻等器物2000种,按时代为次,每目下著录年月和撰书人名。后二十卷是502篇金石的跋语,因为其所著录的碑石有不少已经不存于世,所以我们可以通过跋语了解大概内容。有金文明校证本(上海书画出版社,1985年;广西师范大学出版社,2005年)。

《舆地碑记目》,南宋王象之编《舆地纪胜》一百卷中之金石门,成于1227年。按地理志分郡编次,但仅限南宋疆域之内。每条著录年月、姓氏等。

《宝刻丛编》二十卷,宋陈思编。以府县为纲,著录各地碑刻,包括江淮以北地区。每刻下著录各家题跋。上面这两种目录是按地域来著录碑石,这样有助于我们研究某一地域时寻找资料,现在史学界比较关注地域社会、地方文化等问题,这两种书是研究宋代及宋以前某个地域的重要参考。《宝刻丛编》也像《金石录》一样,提供了许多已佚碑石的内容提要。

与此同类的石刻资料目录,还有明赵崡著《石墨镌华》八卷,收碑目253种,附跋考证;清吴式芬著《捃古录》二十卷,著录三代至元代金石一万八千余种;清缪荃孙著《艺风堂金石文字目》十八卷,著录以石刻为主的金石二万余种;清孙星衍编《寰宇访碑录》十二卷,按年代顺序,著录自三代至元代石刻的年月日。

古人对于碑石的录文或附有跋语的录文集,主要有以下这些:

《古刻丛钞》一卷,明陶宗仪著,录石刻71种,以唐代文献为多,因为所录碑现在多已毁坏,所以更加有用。

《金石萃编》一百六十卷,清王昶著,1805年成书,按时代编次从三代到宋辽金时期的金石碑刻一千五百余种，摹录原文，并汇编各家考释文字于每篇之后，最后是王氏本人的总结考订。这部书是古代石刻史料的集大成著作，而且把每一种碑石历代的考证文字都附在该碑石的录文后面，极其方便（当然我们引用这些考证结果时要核对原书）。对此书补正的著作，有《金石续编》二十一卷，清陆耀遹编著；《金石萃编补正》四卷，清方履籛编著；《金石萃编补略》二卷，清王言编著；《希古楼金石萃编》十卷，刘承幹编；《八琼室金石补正》一百三十卷，陆增祥编著。最后一种对《金石萃编》的订正和材料的补充最为丰富，历来受到学术界的重视。

古代金石学发达，除了上面这些录文总集外，还有就某些专题，特别是某个地域的金石合集，各种地方志中，往往也有金石门，收录当地的金石材料。

另外，前人还有许多专门研究或考释金石文字的著作，像清朝就有顾炎武《金石文字记》六卷，朱彝尊《曝书亭金石文字跋尾》六卷，钱大昕《潜研堂金石文跋尾》二十八卷，武亿《授堂金石跋》二十四卷，都是很有水平的著作。

台湾的新文丰出版公司曾经把有关石刻的古籍以及地方志中的金石志收集在一起，影印为《石刻史料新编》。第 1 辑 1977 年出版，30 册，第 1—12 册是一般类金石书，第 13—23 册为地方类，第 24—30 册为目录题跋类；第 2 辑 1979 年出版，20 册，第 1—8 册一般类，第 9—15 册地方类，第 16—20 册考证目录题跋类；第 3 辑 1986 年出版，40 册，第 1—4 册一般类，第 5—32 册地方类，第

33—38 册考证目录题跋类，第 39—40 册研究参考类；第 4 辑，二十年后的 2006 年出版，10 册，相当于前三辑的补编，包括目录类、文字类、通考类、题跋类、字书类、杂著类、传记类、图像类，有的一类不够一册，所以各类分册不等。总共收宋到 1980 年代石刻史料书 1092 种。整部新编丛书为精装本，使用方便，在目前大多数图书馆已经不让复制线装书的情况下，这套书不论是翻阅，还是影印收集资料，都比较方便。高桥继男编《〈石刻史料新编〉（全 4 辑）书名·著者索引》，附载于他的《中国石刻关系图书目录（1949—2007）》（汲古书院，2009 年）。

金石文字非常零散，需要在收集资料的时候加以翻阅，并用自己喜欢的方式把有关的材料辑录出来。如果是你知道某种石刻，想了解传统金石书中到底哪本书著录或抄录了该石刻材料，我们应当感谢杨殿珣先生编成的《石刻题跋索引》（长沙：商务印书馆，1940 年；北京：商务印书馆，1990 年重印本），为我们提供了很好的工具，但该书是分类著录的，有些石刻因为原书著录时的分类不同而被归入两类；还有就是一种石刻往往名称很不一致，所以也有一种碑刻分在两处的情形。

二、新出土的石刻史料

民国以来新出土的石刻史料现在越来越蔚为大观，特别是墓志，增加的速度惊人。

石刻作为文献材料的同时，往往也是一种书法作品，有的还出自书法名家之手，特别是碑刻，更是如此，墓志也不乏其例。正因为如此，所以一些盗墓比较猖獗的地区，如河南洛阳一带，从民国初年到今天，大量的墓葬被盗掘，许多墓志通过数次转手，或经地下交易，或经古玩商店，流入民间收藏者的手中。民国年间，一些有见识的学者、官员大力收购，其中出土最多的洛阳地区的墓志，主要为坐落于新安县铁门镇的张钫千唐志斋、陕西三原县于右任鸳鸯七志斋（后归西安碑林博物馆）、江苏苏州李根源曲石精庐所收藏，其中以千唐志斋收罗最富。此外，一些公立机构如图书馆或博物馆，也有多少不等的收集，如北京的故宫博物院、北京大学、西安碑林博物馆、河南省博物馆等处，都有收藏。

这些民国年间出土的碑志材料，大多有拓本流传，虽然各个地方收藏的拓本质量相差很大，但作为文献来说，这些资料对于学术界并不陌生。像千唐志斋就曾有整套的拓片出售，许多学术机构都有收藏，武汉大学历史系魏晋南北朝隋唐史研究室就曾整理过所藏千唐志斋的拓片目录①。但一张张拓片要展开阅读并不那么容易，特别是要把这数千张拓片都看一遍，也不是每个学者都能做到的事，所以1949年以前的研究者并没有充分利用这些资料。

从20世纪80年代以来，这些收藏陆续有了整理，有的以图录的形式整体刊布出来：

《千唐志斋藏志》上下册，河南省文物研究所、河南省洛阳地

---

① 谭两宜编《千唐志斋藏石目录》（上、下），《魏晋南北朝隋唐史资料》第1期，1979年，27—92页；第2期，1980年，29—69页。

区文管处编,文物出版社 1984 年出版,计收墓志 1360 方,其中唐代墓志 1209 方,主要是 1920—1930 年代洛阳出土。此书出版后,池田温先生撰书评介绍其内容和价值①,吉冈真编制了《〈千唐志斋藏志〉墓主人名索引稿》②,并撰《〈千唐志斋藏志〉关系文献调查概要》③,此外还有一些订正之作④。其实,据说这部书的拓本是为出版这部书时才拓的,其时碑石都已镶入墙中,有些边缘的文字拓不到,所以拓本质量远不如一些学术单位所保存的千唐志斋藏志拓本。

《鸳鸯七志斋藏石》,西安碑林博物馆赵力光主编,三秦出版社 1995 年出版,计收汉至宋石刻 317 件,其中墓志 307 方,主要属魏晋至隋唐时期。石兴邦先生有《〈鸳鸯七志斋藏石〉评介》⑤。

《曲石精庐藏唐墓志》,李希泌编,齐鲁书社 1986 年出版,计收唐朝墓志 94 方,均为洛阳出土。吉冈真有《〈曲石精庐藏唐墓志〉叙录》⑥,鲁才全有《〈曲石唐志目〉校补》⑦。

对于 1949 年以前收集的拓本汇集影印的书也在不断出版,其中最重要的是北京图书馆金石组编《北京图书馆藏中国历代石刻拓

---

① 《东洋史研究》第 44 卷第 3 号,1985 年,137—144 页。
② 《广岛大学东洋史研究室报告》第 7 号,1985 年。
③ 横山英等编《中国社会史の诸相》,劲草书房,1988 年,235—269 页。
④ 王其祎、李志凡《〈千唐志斋藏志〉图版说明地名纠谬》,《中国历史地理论丛》1992 年第 3 期,247—248 页;王七一《〈千唐志斋藏志〉纪年未详墓志考辨》,《陕西师范大学学报》1992 年第 4 期,74—77 页;鲁才全《〈千唐志·孙瑝妻李夫人墓志〉图版说明辨证》,《魏晋南北朝隋唐史资料》第 15 辑,1997 年,147—151 页。
⑤ 《碑林集刊》第 5 辑,陕西人民美术出版社,1999 年,277—278 页。
⑥ 《福大史学》第 46·47 号,1989 年,249—272 页。
⑦ 《魏晋南北朝隋唐史资料》第 13 辑,1994 年,150—160 页。

本汇编》，100 册，中州古籍出版社 1989—1991 年出版，其中第 11—35 册为唐朝，共 3182 方，主要是北图所藏 1949 年以前出土碑志的拓片①。此书八开本，一页一张拓本，一般来说，墓志都可以看清楚，但大型的碑石，也用一页一张，则有些碑石的文字已经小得无法看清。而且，北京图书馆作为国家博物馆，收藏丰富，同一碑石往往有帖本的拓片，往往质量更佳，但这本书追求一页一张的格式，所以许多北图所藏更好的拓本没有收入，这是大家在使用的时候应当注意的。而对于那些看不清楚的文字，可以根据本书提供的馆藏编号，到今国家图书馆善本部借阅原拓。有《索引》一册，1992 年出版。

《汉魏南北朝墓志集释》，1 函 6 册，赵万里编，科学出版社 1956 年出版，是一部影印质量很好的合集，除去重复，计收墓志 609 方，主要是北魏、北齐、北周和隋朝的，只有拓本影印和考释。

《唐代墓志铭汇编附考》，18 册，毛汉光主编，台北"中研院"历史语言研究所 1984—1994 年出版。该书按年代编排，每册 100 方，共 1800 方，主体是 1949 年以前发现的墓志，也根据大陆的考古报告，收录部分新出土墓志。图版以史语所藏拓为主，图版之外有录文、注释、石刻题跋著录资料汇录。除据拓本录入外，兼收《全唐文》等总集、别集中的墓志。这部书校录精审，收录全面，参考文献齐备，可惜因为版权等问题，未能进行下去，至开元十五

---

① 参看吉冈真《北京图书馆藏唐代墓志拓本管见》，1992 年广岛大学研究报告书，非卖品。

年《吉浑墓志》止。

此外，饶宗颐编《唐宋墓志：远东学院藏拓片图录》（香港中文大学出版社，1981年），所收墓志都是1949年前出土，原石存开封市博物馆，共388方，其中唐代部分共369方①。又，王锦厚等主编《辽宁省博物馆藏墓志精粹》（文物出版社与日本中教出版，2000年），所收也是辽宁省博物馆藏历代墓志旧拓精品109方，其中魏晋至隋唐墓志55方。还有一些大型图录或录文集是包含1949年前后的资料，我们放在下面有关1949年后的部分一起介绍。

从1949年到1980年代末，随着基本建设和城市发展，许多城市周边的墓葬由考古工作者做了清理和发掘，其中发现的墓志大多数保存在各省、市、县的考古所、文管所等单位，拓本流传在外的很少，而有些大一点的墓葬发表过简报，大量的普通墓志没有经过报道，即使是在简报中发表，有时也只是简单地摘录墓主人身份、埋葬年代等词句，全文没有发表。1990年代以后，墓志又开始大量出现在古董市场，为公私收藏者所得的原石或拓片数量剧增，这其中大量是珍贵的文献资料，个别也有一些赝品或翻刻复制的拓片，所以应当有所留意。

同样是从1990年代开始，一些大型的石刻文献图录、图版附录文的合集、只有录文的文献合集等著作开始大量出现，其中也有不少重复劳动，但现代出版也由于制图、排版技术的革命性变革，

---

① 参看吉冈真《フランス极东学院藏唐代墓志拓本绍介》，《广岛大学文学部纪要》第43号，1983年，140—160页。

出版社好大喜功，愿意出版大部头的著作，哪怕是重复劳动，也在所不惜。这样就苦了我们学者和研究生，要仔细去对比本是一方墓志的三五个照片和几种不同的录文。我这里尽量给出各种不同合集的异同，以节省大家的翻检之劳。叙述的顺序大体按照一种书第一本的出版时间先后，以看出一个学术史意义上的先后。有些方面只能分组叙述，以免过于零散。

《隋唐五代墓志汇编》，30册，隋唐五代墓志汇编总编辑委员会编，天津古籍出版社1991—1992年出版，收河南、陕西、北京、辽宁、河北、山西、江苏、山东、新疆等地1949年前后出土的隋唐五代墓志拓本图版，并有出土情况等简要解说。另有北京大学册，增补他处没有的北大藏品，总计收录5050方（重复和志盖除外），其中唐朝墓志共4964方[1]，除了河南部分的大多数与千唐志斋等旧拓重复外，陕西等地的许多墓志都是第一次显露真容。

《洛阳出土历代墓志辑绳》，洛阳市文物工作队编，中国社会科学出版社1991年出版。计收836方，唐朝墓志共646方，其中1949年前出土的有509方，1949年后137方。洛阳地区是新出墓志的一个集中区域，有关的整理成果也在不断出版，主要的有：《洛阳新获墓志》，李献奇、郭引强编，文物出版社1996年出版，收洛

---

[1] 参看张忱石《〈隋唐五代墓志汇编〉举正》，《出土文献研究》第3辑，1998年，274—298页；孟宪实《〈隋唐五代墓志汇编·新疆卷〉评介》，《中国敦煌吐鲁番学会研究通讯》1993年第1期，7—13页；宋英《〈隋唐五代墓志汇编·陕西卷〉第一、二册"图版说明"补正》，《人文杂志》1995年增刊2期，43—45、17页；程章灿《〈隋唐五代墓志汇编·洛阳卷〉著录订补》，《石学论丛》，大安出版社，1999年。

阳出土历代碑志183方,其中东汉至隋唐墓志110方,均为新近出土①。《洛阳新获墓志续编》,洛阳市第二文物工作队乔栋、李献奇、史家珍编,科学出版社2008年出版,收洛阳新出墓志304方,唐代258方。《洛阳出土北魏墓志选编》,洛阳市文物局编,科学出版社2001年出版,收录北魏墓志近300方,并将能寻到的伪志73方加以重新核实,附录图版二百多幅。《洛阳新出土墓志释录》,杨作龙、赵水森等编著,北京图书馆出版社2004年出版,收北魏至清墓志170余方的拓本及释文,其中唐代47方。《邙洛碑志三百种》,赵君平编,中华书局2004年出版,收录308方碑志拓本,除少数为汉至隋的碑志外,其余多是唐代碑刻和墓志,据编者在洛阳地区历年所获拓片编成。《河洛墓刻拾零》2册,赵君平、赵文成编,北京图书馆出版社2007年出版,收录汉至清代墓志碑刻509篇,其中以唐志最多,也是据作者藏拓编成。以上两书中有不少流散在民间的洛阳出土石刻材料,非常珍贵,如新出景教经幢即在其中。

《唐代墓志汇编》上下册,周绍良主编,上海古籍出版社1992年出版,共计3607方,多数为1949年前出土,只作录文,是有关唐代墓志的首次大规模的校录结果,嘉惠士林②。《唐代墓志汇编续集》,周绍良、赵超主编,上海古籍出版社2001年出版,共计1576

---

① 参看任昉《〈洛阳新获墓志〉释文举正》,《故宫博物院院刊》2001年第5期,38—46页。
② 书评有鲁才全《读〈唐代墓志汇编〉札记》,《魏晋南北朝隋唐史资料》第13辑,1994年,64—68页;胡可先《〈唐代墓志汇编〉残志考》,《文献》1996年第1期,158—170页;吴玉贵《〈唐代墓志汇编〉重收墓志举证》,《原学》第5辑,1996年,187—195页;曹汛《〈唐代墓志汇编〉残志辨证》(上、中、下),《文史》第46—48辑,1998—1999年,87—102、91—106、155—171页。

方①。两者都附有包括志文中出现的人名索引,极其有用。

《汉魏南北朝墓志汇编》,赵超著,天津古籍出版社 1992 年初版,2008 修订本。计收墓志 565 方的释文,是迄今收载此时段墓志数量最大的合集。

《昭陵碑石》,张沛编,三秦出版社 1993 年出版。收昭陵出土碑石 115 件,其中唐墓志 46 方,均为新近出土。本书所收多为大型碑石,八开印制,图版清晰,录文也下了功夫,把原录和补字用不同字体表示出来,用心极佳。使用时,可参看陈尚君、黄清发书评②。

①《昭陵碑石》是三秦出版社有关陕西碑石丛书之一种,大概是做得最精的一本。这套陕西省古籍整理办公室主编的丛书"陕西金石文献汇集"已经出版的还有:②《咸阳碑石》,张鸿杰主编,1990 年,收入西汉至民国碑刻 325 种;③《安康碑石》,张沛编,1991 年;④《高陵碑石》,董国柱编,1993 年,收北周至民国碑石 97 通;⑤《华山碑石》,张江涛编,1995 年,收录汉至民国碑石 306 种;⑥《楼观台道教碑石》,王忠信编,1995 年,收录 84 通;⑦《汉中碑石》,陈显远编,1996 年,收 347 方碑石,还有 5 件砖铭和钟铭;⑧《重阳宫道教碑石》,刘兆鹤、王西平编,1998 年;⑨《潼关碑石》,刘兰芳、张江涛编,1999 年;⑩《澄城碑石》,张近忠编,2001 年,收录碑石 112 件;⑪《咸阳碑刻》,王友怀主

---

① 参看斋藤胜书评,《东洋学报》第 85 卷第 1 期,2003 年,65—90 页。
② 《唐研究》第 6 卷,2000 年,425—430 页。又参看牛致功《对唐史研究的重要贡献——〈昭陵碑石〉评介》,《史学月刊》1995 年第 5 期,117—118 页。

编，收汉至民国碑石325通，2003年；⑫《榆林碑石》，康兰英主编，2003年；⑬《户县碑刻》，吴敏霞主编，收西晋至民国257通，2005年。这些书都是32开本，图版没有使用铜版纸，所以不够清晰，但它们收录一个地方古代到民国时期的所有碑石，往往有外人所不经见者。

《全唐文补遗》第1—9辑，陕西省古籍整理办公室编，吴钢主编，三秦出版社1994—2007年陆续出版。所收唐文主要是石刻史料，计6872篇（有重复），但主要是墓志，而且价值最大的也是墓志。第8辑为洛阳市第二文物工作队编。第9辑收录500件敦煌文书，分为赋、状、书、启、牒等类。编者得地利之便，并广泛联系地方考古单位，获得大量新出墓志拓片，所录文字，有时胜于已刊录文，但新录的墓志，则也有问题①。《全唐文补遗·千唐志斋新藏专辑》，吴钢主编，三秦出版社2006年出版。所收均为1990年以后千唐志斋新入藏的墓志，计唐墓志527方，附录北朝至清代墓志57方。

《新中国出土墓志》是在国家文物局支持下，由中国文物研究所与地方相关部门合作实施，王素先生具体负责，文物出版社出版，以下按出版时间先后略加说明。①《新中国出土墓志·河南》[壹] 上、下2册，1994年出版，为河南北部和中部41县市出土墓志460方，唐朝共83方，但所有图版与《隋唐五代墓志汇编·河

---

① 陈尚君关于第1、2辑的书评，《唐研究》第3卷，1997年，471—475页；蒙曼关于第3—6辑的书评，《唐研究》第6卷，2000年，431—435页。

南卷》相同，只是增加了录文①；②《新中国出土墓志·陕西》[壹] 上、下 2 册，2000 年出版，收陕西出土历代墓志 448 方，其中魏晋至隋唐墓志 135 方②；③《新中国出土墓志·重庆》，2002 年出版，收墓志（碑）174 方，其中主要为明清墓志；④《新中国出土墓志·河南》[贰] 上、下 2 册，2002 年出版，收墓志（含少量买地券）366 方，其中唐代墓志 41 方，绝大部分未曾发表；⑤《新中国出土墓志·陕西》[贰] 上、下 2 册，2003 年出版，收墓志（砖）468 方，其中北魏至五代墓志超过 300 方；⑥《新中国出土墓志·北京》[壹] 上、下 2 册，2003 年出版，收墓志 411 方，其中唐代墓志 43 方，绝大部分未曾发表；⑦《新中国出土墓志·河北》[壹] 上、下 2 册，2004 年出版，收入东汉至民国墓志 450 方，唐代 104 方，约 90% 为首次发表；⑧《新中国出土墓志·江苏》[壹]（常熟）2 册，2007 年出版，收入唐至民国墓志 323 方，唐代 29 方；⑨《新中国出土墓志·河南》[叁]（千唐志斋[壹]）上、下 2 册，2008 年出版，收入北魏至明墓志 350 方；⑩《新中国出土墓志·上海、天津》上、下 2 册，2009 年出版。这套书有拓本和释文，兼有部分考释。

此套书包括录文和图版，有关于出土地的解题，收录范围从魏晋到明清，所以规模庞大，凡 1949 年以后出土的墓志均收，但由于墓志收藏单位极其分散，有的地方文物部门也希望先出版独立的

---

① 参看荣新江书评，《唐研究》第 1 卷，北京大学出版社，1995 年，557—560 页；任昉、王昕的评介，《中国文物报》1995 年 7 月 16 日第 3 版。
② 参看荣新江《评介》，《古籍整理出版情况简报》2001 年第 11 期，21—24 页。

墓志合集，再收入《新中国出土墓志》，所以本书与其前后出版的类似著作有些重复，我们要关注的是那些不重复的部分，还有就是后出转精，本书的录文也在前人的基础上有所进步。

《西安碑林全集》，共 25 函、200 卷，高峡主编，广东经济出版社、海天出版社 1999 年出版，收西安碑林博物馆所藏魏晋至隋唐石刻（石经除外）1000 余件，其中墓志近 700 方，超过半数为新近出土。然而，本书为高价书，又非专业出版社出版，所以在学术界的利用率很低，但实际上这部书的拓本质量很好，而且碑林重要的石刻均在其中。

《全隋文补遗》，韩理洲辑校编年，三秦出版社 2004 年出版，其中包括出土墓志。

《全唐文补编》3 册，陈尚君辑校，中华书局 2005 年出版。增补唐文 6500 余篇，虽然不收《唐代墓志汇编》已收录的墓志，但作者增补的碑志材料也不少。

《汉魏六朝碑刻校注》8 册，毛远明编著校注，线装书局 2009 年出版，共著录 2007 年年底以前所有公布的汉魏两晋南北朝各类碑刻近 1400 通，并从语言、文字、音韵、训诂、历史、地理等多方面对石刻进行了校勘考释。

《隋代墓志铭汇考》6 册，王其祎、周晓薇编著，线装书局 2007 年出版，共收录了 643 方隋代墓志（不含塔铭、塔记、砖志），其中有 230 方未见著录[①]。全书体例为先图后文，对每方墓志

---

① 辛德勇书评，《书品》2008 年第 4 辑，95—127 页。

包含的卒葬时间、行款书体、撰书人名、志文标题、志盖标题、形制纹饰、出土时地、存佚状况、主要著录情况等信息，都有交代，并对每方志文标点校录，附有相关金石书的著录和研究文献的相关考证和编者的评语。本书体例仿毛汉光《唐代墓志铭汇编附考》，是目前整理墓志的著作中学术含量最高的一种。

《西安碑林博物馆新藏墓志汇编》，西安碑林博物馆编，赵力光主编，上、中、下3册，线装书局2007年出版，收录了1980—2006年期间西安碑林博物馆入藏的后秦至元的墓志381方，绝大多数属首次公布，其中唐代墓志多来自山西南部，即泽潞一带，是研究中晚唐这一地区的重要史料群。

事实上，现在各地都在整理地方出土的石刻材料，因为数量太多，我这里不能一一列举，只选择一些例子。如《山西碑碣》，山西省考古研究所编，山西人民出版社1997年出版，收从汉至元碑碣112通，每通均由简介、拓本、释文三部分组成，是有关山西石碑的较好文本；《武威金石录》，王其英主编，兰州大学出版社2001年出版，收录武威地区出土石刻，包括新出土的墓志，其中如1997年在武威市高坝镇发现的开元十四年（726）合葬墓所出《翟舍集及夫人安氏墓志》，是我们研究武威等地胡人情况的重要史料，此前未见发表；《北京市文物研究所藏墓志拓片》，王鑫、程利主编，燕山出版社2003年出版，收西晋1方、北齐1方、唐代墓志42方、辽代15方、金代11方、元代6方、明代184方、清代12方，只有图版和墓志出土情况的提要；《宁夏历代碑刻集》，银川美术馆编，宁夏人民出版社2007年出版，收前秦到民国宁夏地区的

102 件碑刻拓片或照片；《沧州出土墓志》，沧州市文物局编，科学出版社 2007 年出版，收录墓志 108 方的图录及录文。这些集中在某一地区的墓志，对于我们研究地域社会史，是很好的集合史料。

也有学者或单位做某个专题的辑录，如《龙门石窟碑刻题记汇录》，刘景龙、李玉昆主编，中国大百科全书出版社 1998 年出版。《北京图书馆藏龙门石窟造像题记拓本全编》，吴元真主编，广西师范大学出版社 2000 年出版，收录国家图书馆馆藏龙门石窟中造像记、造像题名，共 2016 品，下有简要文字说明，按朝代的先后顺序编排。《房山石经》，30 册，中国佛教协会、中国佛教图书文物馆编，华夏出版社 2000 年出版，影印北京房山所存石刻佛经，其中 1—5 册为隋唐刻经，6—28 册为辽金刻经，29 册为明代刻经，30 册为目录索引，其中以辽金刻经最重要。又《房山石经题记汇编》，北京图书馆金石组、中国佛教图书文物馆石经组编，书目文献出版社 1987 年出版，是抄录石经后的题记的，历史价值较高。《巴蜀道教碑文集成》，龙显昭、黄海德主编，四川大学出版社 1997 年出版。《巴蜀佛教碑文集成》，龙显昭主编，巴蜀书社 2004 年出版。《泉州宗教石刻（增订本）》，吴文良著、吴幼雄增订，科学出版社 2005 年出版。《泉州伊斯兰教石刻》，福建省泉州海外交通史博物馆编，宁夏人民出版社、福建人民出版社 1984 年出版，收录泉州发现的伊斯兰教碑刻（主要为教寺与墓葬建石刻）共 200 余方，包括碑刻照片、原碑古阿拉伯文或波斯文移录、汉译和说明。

周边地域的石刻材料，一般来讲收集比较困难，史料价值也相对较高。这类石刻史料的整理著作，可以举几个例子：《辽代石刻文编》，向南编，河北教育出版社，1995年出版，有近400篇的录文；《吐鲁番出土砖志集注》，侯灿、吴美琳著，巴蜀书社2003年出版，是吐鲁番出土墓志的集大成著作；《吐蕃金石录》，王尧编译，文物出版社1987年出版，收录吐蕃时期的金石文献，有碑刻10件、钟铭3件，且均有录文；还可参看《古代西藏碑文研究》，李方桂、柯蔚南著，王启龙译，清华大学出版社2007年出版；《古代突厥文碑铭研究》，耿世民著，中央民族大学出版社2005年出版；《中国回族金石录》，余振贵、雷晓静主编，宁夏人民出版社2001年出版，选编有关回族的碑记440篇。

  虽然还有大量的有关石刻的图录、录文集没有提到，但已经可以看出最近三十年来石刻文献整理的成果之巨。在丰富多彩的出版物背后，也有很大的隐忧，就是许多工作做得不到家，拓本重复影印，辨伪工作不够，录文大多没有校记，许多材料来源交代不清，像《唐代墓志汇编》那样交代所据拓本或照片的来源，像《隋代墓志铭汇考》把前人研究成果尽可能汇聚起来的著作，实在是不多见的。那么我们一方面只好自己翻阅、比对，要利用的材料需要核对不同的拓本图版，文字也需要核对几家录文，对照图版，择善而从。我们知道，有的时候拓本的质量可以说有天壤之别。比如洛阳出土唐咸亨元年（670）《康敬本墓志》，原为千唐志斋藏石，《千唐志斋藏志》《北京图书馆藏中国历代石刻拓本汇编》《隋唐五代墓志汇编》所刊图版相近，均为残泐之本，《唐代墓志汇编》据以释录，缺字很多；唯《洛阳出土历代墓志辑绳》所刊图版为善拓，文字比较完整,《全唐文补遗》大概即据此图版释录,所得文字较《汇编》为多①。原石藏在千唐志斋,其拓本各处多有,我不知道为何只有洛阳市文物工作队所编《辑绳》用了这个善拓?我想其他一些收藏单位也应当有同样的善拓,只是发表的时候没有仔细校对而已。

三、石刻资料目录

面对如此繁复的石刻史料集,怎么知道哪一方墓志收录在哪本图录或录文汇编中呢?目前,有关唐代墓志的最方便的对照手册是气贺泽保规编《唐代墓志所在总合目录》(汲古书院,1997年)②,他也在不断更新,2004年出版《新版唐代墓志所在总合目录》(明治大学东洋史资料丛刊3,汲古书院),近年,又有更新的版本:气贺泽保规编,落合悠纪、堀井裕之、会田大辅(编集协力)《新版 唐代墓志所在总合目录(增订版)》(明治大学东洋史资料丛刊5,明治大学石刻文物研究所,2009年10月),把主要的刊布唐代墓志的图版和录文集做了清晰的对照表,使我们得知一方墓志收入哪些书中;最前面的《石刻题跋索引》,可以据知相关墓志在旧金石书中的著录情况。而一种墓志在新刊合集中的有无,从收集资料的角度来说,也是很有参考价值的,因为如果一方墓志只见于最

---

① 具体的文字对照,见史睿《金石学与粟特研究》,荣新江与张志清合编《从撒马尔干到长安:粟特人在中国的文化遗迹》,北京图书馆出版社,2004年,34—40页。
② 参阅刘健明书评,《唐研究》第5卷,北京大学出版社,1999年,551—557页。

新出版的图录当中,那它很可能就是一篇新的材料。当然,要确定这一点还要看是否已有考古报告和先期的研究论文。

按照时代编纂的石刻目录还有《汉魏六朝碑刻校注·总目提要》,毛远明编,线装书局 2008 年出版;《唐末至宋初墓志目录》(*Tomb Epitaphs from the Tang-Song Transition*),谭凯(Nicolas Tackett)编,上海:非卖品,2005 年。后面一种出自一位美国学者之手,虽然有为个人研究的目的,但其所著录的北京大学图书馆藏唐代墓志,就有其他图录、录文集所不经见者,值得表彰。我把它特别列出来,其实也是给北大的学子一点启发,一是要按照自己的研究主题编史料目录,二是要知道就在你自己的身边,就有还未发表的新资料。

今人所编的石刻材料的目录,更多的是馆藏目录,下面列举一些主要的馆藏目录:孙贯文编《北京大学图书馆藏金石拓片草目》,油印本,后分载《考古学集刊》;徐自强主编《北京图书馆藏墓志拓片目录》,中华书局,1990 年;《北京图书馆藏北京石刻拓片目录》,徐自强主编,书目文献出版社,1994 年;《北京图书馆藏中国历代石刻拓本汇编索引》,北京图书馆金石组编,中州古籍出版社,1991 年;毛汉光编《"中研院"历史语言研究所藏历代墓志铭拓片目录》,"中研院"史语所,1985 年;毛汉光编《"中研院"历史语言研究所藏历代碑志铭、塔志铭、杂志铭拓片目录》,"中研院"史语所,1987 年;台湾图书馆(台北)所编的墓志拓片目录,中华丛书编审委员会,1972 年。还有一些特藏的目录,如《山西师范大学戏曲博物馆馆藏拓本目录》,王福才编著,山西古籍出版社,2005 年。以及捐赠目录,如《戚叔玉捐赠历代石刻文字拓本目录》,上海博物馆图书馆编,上海古籍出版社,2006年;《北京大学图书馆藏徐国卫捐赠石刻拓本选编》,北京大学图书馆金石组胡海帆、汤燕编,上海人民出版社,2007年。

对于研究隋唐长安的人来说,或者对于研究隋唐史的人来说,有关石刻材料的一个非常好的工具书是《西安碑林博物馆藏碑刻总目提要》,陈忠凯、王其祎、李举纲、岳绍辉编著,线装书局2006年出版,收录2005年12月以前入藏西安碑林的各类碑刻,分碑石(556目,1401石)、墓志(1053目,1514石)、造像(70目,70石)、经幢(63目,63石)、2005年入藏碑志(100目,140石)五部分,共计1842目,3188石。其中著录了这些碑石原在长安的位置,如颜真卿书《多宝塔碑》原在长安安定坊千福寺中。我们可以据以把其中的碑志放回到原来隋唐长安城的空间里,再结合碑志所处的原本场景,相关的碑志可以帮助我们了解长安某些局部甚至更大的历史内涵①。

一位研究生在收集自己的研究资料时,逐渐地会从已知的文献材料,进入探寻未知的文献材料,馆藏石刻目录(其他古籍目录也是一样)有时候会提示一些未刊的碑志资料,这当然需要把馆藏目录和已刊的合集目录仔细对照。有些没有出版的馆藏目录,如果有机会,也应当仔细浏览。陕西师范大学唐史研究所(现并入历史文化学院)杜文玉先生在帮助校图书馆整理墓志拓片时,把一些目录抄示给我,

---

① 参看荣新江《碑志与隋唐长安研究》关于《孔子庙堂碑》的讨论,《纪念西安碑林九百二十周年华诞国际学术研讨会论文集》,文物出版社,2008年,46—50页。

我发现其中有玄奘大弟子普光的墓志，对照气贺泽保规和我们长安读书班所编的墓志目录，都没有见到任何普光墓志的记录，所以请杜先生撰写一文，发表在我主编的《唐研究》第5卷上①。现在我们到西安南郊杜曲镇东南少陵原畔上的兴教寺参观，玄奘舍利塔院内只有窥基和圆测的舍利塔伴奘师塔侧，其实这里原本有普光的舍利塔，不知何时倾圮，墓志为我们补充了不少有关普光法师的事迹。

  在利用墓志史料时，最好能够知道墓志的出土地，但有很多不是正规考古发掘的墓志，其来源很难得知。1949年前洛阳的书估郭玉堂是个有心人，留意于此，撰写了《洛阳出土石刻时地记》（大华书报供应社，1941年）。他在马衡、徐森玉先生到洛阳为故宫博物院、北大文科研究所购买墓志或拓片时，曾提供帮助，也从两位金石学大家那里学了一些本领，这本书颇有学术参考价值。气贺泽保规曾对此书加以整理，成《复刻〈洛阳出土石刻时地记〉（郭玉堂原著）——附解说·所载墓志碑刻目录》（汲古书院，2002年）。国内则有郭培育、郭培智的整理本《洛阳出土石刻时地记》（大象出版社，2005年），但他们没有利用气贺泽保规的整理成果，十分可惜。关于洛阳出土墓志的情况，现在我们还可以参看洛阳市文物管理局、洛阳市文物工作队编《洛阳出土墓志目录》（朝华出版社，2001年）；余扶危、张剑主编《洛阳出土墓志卒葬地资料汇编》（北京图书馆出版社，2002年）。

---

① 杜文玉《唐慈恩寺普光法师墓志考释》，《唐研究》第5卷，北京大学出版社，1999年，463—467页，图版三。

对于考古发掘到的墓志资料,其原考古报告或简报所在,可以查荣丽华编《1949—1989年四十年出土墓志目录》(中华书局,1993年)。可惜的是这项工作没有续编出版。

在阅读石刻史料时,会遇到别字问题。因为石刻产生的时代,汉字还没有非常规范。遇到不认识或不确定的字,可查阅清人赵之谦原著、马向欣著《六朝别字记新编》(书目文献出版社,1995年),秦公与刘大新著《广碑别字》(国际文化出版社,1995年)等字书。近年来也有一些专著研究石刻文字,可以参看:张涌泉《汉语俗字丛考》(中华书局,2000年);吴钢辑《唐碑俗字录》(三秦出版社,2004年);欧昌俊、李海霞《六朝唐五代石刻俗字研究》(巴蜀书社,2004年);曾良《隋唐出土墓志文字研究及整理》(齐鲁书社,2007年)。

高桥继男先生出版了所编《中国石刻关系图书目录(1949—2007)》(汲古书院,2009年),详细罗列了1949年以后各地出版的有关石刻史料的图书目录,对于我们查找具体的某一地区或某一方面的石刻图书很有帮助。

四、小　结

有关石刻内容的考释文章很多,形成书的也有一些。这里推荐一本给大家参考,即罗新、叶炜《新出魏晋南北朝墓志疏证》(中华书局,2005年),也请参考陆扬的书评论文《从墓志的史料分析走向墓志的史学分析：以〈新出魏晋南北朝墓志疏证〉为中心》》①。这对于研究生使用墓志来研究历史问题，应当会有帮助的。

总之，石刻史料为历史研究提供了大量的文献材料，唐人墓志的传记资料，远远多于两《唐书》的史料，而一些不见经传的人物，恰恰是新的史学思潮所关注的一些社会群体，如妇女、地方士人、下层民众等。

不少新发现的墓志可以填补历史的某些空白，如上举《榆林碑石》，所刊几乎全是靖边县统万城（夏州）周边新出土的墓志，除个别有所报道外，几乎没有公布过，所以价值最高。在该书出版前，主编康兰英女史曾将几乎所有拓本交给我，希望合作研究，我也根据内容拟定了一些围绕统万城的研究课题，分给研究生去做②，但终因我分身无术，最后放弃了这个研究计划，感到很对不起康老师。后来，周伟洲先生写出《陕北出土三方唐五代党项拓跋氏墓志考释——兼论党项拓跋氏之族源问题》③，利用这中间最重要的资料，填补了拓跋氏世袭情况，以及他们从青海到宁夏的迁徙历程，为党项史研究做出了贡献。

---

① 《中华文史论丛》2006 年第 4 期，95—127 页。
② 统万城曾经在行政上归内蒙古乌审旗，所以乌审旗文保所也收藏有统万城的出土墓志，我曾在《唐研究》上发表过北京大学城环系邓辉先生与乌审旗文保所白庆元合写的《内蒙古乌审旗发现的五代至北宋夏州拓跋部李氏家族墓志铭考释》（《唐研究》第 8 卷，2002 年，379—394 页），所以对此也有所关注。此后乌审旗文保所发现的资料，见杜建录、白庆元、杨满忠、贺吉德《宋代党项拓跋部大首领李光睿墓志铭考释》，《西夏学》第 1 辑，2006 年，81—86 页。
③ 《民族研究》2004 年第 6 期；收入作者《早期党项史研究》，中国社会科学出版社，2004 年，240—260 页。

比如我近年关注隋唐长安研究，其中一个出发点就是西安周边出土的大量墓志开始发表出来，使得我们对于原本生活在长安的许多重要人物，有了比以前更为充分的了解，甚至一个家族墓地出土墓志，也可以构建他们在长安城中居住的网络和社会关系。我曾以2003年发表的1976年陕西蒲城县唐睿宗桥陵出土的《大唐睿宗大圣真皇帝贤妃王氏墓志》，辅以《金石录》卷五著录的景云二年（711）徐彦伯撰、张庭珪八分书的《唐左仆射刘延景碑》，1989年8月西安市雁塔区裴家孔村征集、《全唐文补遗》第3辑的《大唐监察御史裴炎故妻刘氏墓志铭》，《全唐文补遗》第4辑发表的《鸿胪少卿阳济故夫人彭城县君刘氏墓志铭并序》，《唐代墓志汇编》所刊《大周故润州刺史王美畅夫人故长孙氏墓志》，重构了相王（睿宗）与刘氏、王氏的亲属关系表，从而使我们可以理解《长安志》卷七安仁坊的下述记载："东南隅，赠尚书左仆射刘延景宅。坊西南，汝州刺史王昕宅。注：延景即宁王宪之外祖，昕即薛王业之舅，皆是亲王外家。甲第并列，京城美之。"这其实是韦述开元十年所撰《两京新记》的文字，描述的是开元初的情形[①]。

---

① 参看荣新江《碑志与隋唐长安研究》，《纪念西安碑林九百二十周年华诞国际学术研讨会论文集》，50—54页。

第三讲

简牍帛书的检索

除了石刻资料外,出土文献应当还包括甲骨文、金文、简牍、帛书和纸本的典籍和文书。甲骨文和金文主要是商周时代的文字记录,对于商周史方向的研究生,当然要翻阅《甲骨文合集》《甲骨文合集释文》《商周甲骨文总集》《金文总集》《殷周金文集成》《殷周金文集成释文》《近出殷周金文集录》等,但对于一般的中国古代史研究生来说,这些是专门之学,没有古文字的训练,要翻阅也是很难看懂的。本讲的重点,是先秦、秦汉到魏晋时期的简牍和帛书。

20世纪初,斯坦因在敦煌长城烽燧下掘得汉简,经沙畹考释,为世人所知,特别是由于罗振玉、王国维《流沙坠简》的出版,更加受到学界的关注,得以与甲骨、敦煌文书、清代内阁大库档案一起,构成推进中国近代学术发展的四大发现。其实与另外三项发现相比,不论数量还是质量,20世纪初叶西北地区发现的简牍文书,都是最弱的一项,而且其内容主要是一些边塞屯戍文书,只有日历和诏书,算是从中原传来的文献,我们不是说这些日常生活的官私文书不重要,而是从今日的简牍文书回眸一看,的确早期的出土物中"虽有零散书籍,未涉典要"[①],就是极少有与中国文化根本相关的文献材料。

但是从20世纪50年代开始,不断有重要的简牍帛书通过考古发掘重现于世,如武威汉简,70年代临沂银雀山汉简、定县八角廊汉简、长沙马王堆帛书、居延新简、湖北云梦睡虎地秦简等,给"文革"期间沉寂的学术界多少带来一点点兴奋,记得当时连我这个喜欢文物考古的中学生,都把《光明日报》上有关马王堆帛书的文章剪报留存。到了20世纪末21世纪初,就像前一百年西北地区遍地出土文书一样,长江流域,甚至山东、河南、河北、广东等许多地方简牍层出不穷,近年又有所谓"清华简""北大简"等,目不暇接。这些简帛文献产生的时代,早的到战国时代,晚的到孙吴西晋,各种类型,各种内容,丰富多彩,美不胜收,其中既有构筑

---

① 借用李学勤先生语,见《简帛佚籍与学术史·自序》,江西教育出版社,2001年,1页。

中国文化脊梁的《周易》《老子》《论语》等"要籍",又有各类行政文书,还有个人的私信、遣策、名刺、习字等。因此,这类文献的基本内涵是中国古代史的研究生所应当了解的,当然作为史料是研究战国、秦汉、魏晋的学生应当仔细翻阅的,而其中的典籍类文献,则是每一个关注中国古代文化史、学术史的学子都应当留意的资料。

以下就较为重要的简帛文献,大致按时代先后,对其考古发掘或来源信息,以及资料整理的基本情况作简要介绍,以利于研究生们在检索这类文献时有个入门的途径。

一、战国简牍

1. 信阳楚简

1957年3月河南信阳长台关1号楚墓出土,竹简共148枚,可分为两组:一组119枚,疑为一部竹书,是记载申徒狄与周公对话的一篇短文,有些学者认为可能是思孟学派的佚书;另一组29枚,属遣策。考古简报见河南省文物工作队第一队《我国考古史上的空前发现、信阳长台关发掘一座战国大墓》(《文物参考资料》1957年第9期),早期图录有河南省文化局文物工作队《河南信阳楚墓出土文物图录》(河南人民出版社,1959年),正式考古报告为中国社会科学院考古研究所《信阳楚墓》(文物出版社,1986年)。释文可参商承祚《战国楚竹简汇编》(齐鲁书社,1995年)和陈伟主编《楚地出土战国简册[十四种]》(经济科学出版社,2009年)。

2. 望山楚简

1965 年冬至 1966 年春湖北江陵望山楚墓出土，1 号墓存竹简 207 枚，内容主要是墓主卜筮祭祷的记录，2 号墓存竹简 66 枚，内容为遣策。简报见湖北省文化局文物工作队《湖北江陵三座楚墓出土大批重要文物》(《文物》1966 年第 5 期)，正式报告为湖北省文物考古研究所《江陵望山沙冢楚墓》(文物出版社，1996 年)。竹简整理本为湖北省文物考古研究所、北京大学中文系《望山楚简》(中华书局，1995 年)。释文可参商承祚《战国楚竹简汇编》(1995 年) 和陈伟主编《楚地出土战国简册 [十四种]》(2009 年)。

3. 九店楚简

1981—1989 年年底湖北江陵九店楚墓出土，56 号墓出竹简 146 枚，内容为与农作物有关的文献和日书，621 号墓出土有字残简 88 枚，其中 54 枚文字漫漶不清，从 34 枚可以辨认的残文谈到烹饪等来看，当是古佚书。正式报告为湖北省文物考古研究所《江陵九店东周墓》(科学出版社，1995 年)，竹简整理本为湖北省文物考古研究所、北京大学中文系《九店楚简》(中华书局，2000 年)，释文可参陈伟主编《楚地出土战国简册 [十四种]》(2009 年)。

4. 包山楚简

1986 年 11 月至 1987 年 1 月湖北荆门包山 2 号楚墓出土，有竹简 448 枚，有字简 278 枚，内容可分为文书、卜筮祭祷记录和遣策三大类。简报见湖北省荆沙铁路考古队包山墓地整理小组《荆门市包山楚墓发掘简报》，包山墓地竹简整理小组《包山 2 号墓竹简概述》（均载《文物》1988 年第 5 期），正式报告为湖北省荆沙铁路考古队《包山楚墓（上、下）》（文物出版社，1991 年）。竹简整理本为湖北省荆沙铁路考古队编《包山楚简》（文物出版社，1991 年），释文可参陈伟主编《楚地出土战国简册［十四种］》（2009 年）。

5. 慈利楚简

1987 年 5—6 月湖南慈利石板村 36 号楚墓出土，存残简 4557 片，内容为记事性古书，以记吴、越二国史事为主。简报和内容介绍见湖南省文物考古研究所、慈利县文物保护管理研究所《湖南慈利石板村 36 号战国墓发掘简报》（《文物》1990 年第 10 期），湖南省文物考古研究所、慈利县文物保护管理研究所《湖南慈利县石板村战国墓》（《考古学报》1995 年第 2 期）和张春龙《慈利楚简概述》，载艾兰、邢文编《新出简帛研究——新出简帛国际学术研讨会论文集》（文物出版社，2004 年）。

6. 郭店楚简

1993 年 10 月抢救性发掘湖北荆门郭店 1 号楚墓，出土竹简 800 余枚，有字简 703 枚，包含多种儒、道家古书。简报见湖北省荆门市博物馆《荆门郭店一号楚墓》（《文物》1997 年第 7 期），竹简整理本为荆门市博物馆编《郭店楚墓竹简》（文物出版社，1998 年），另有一枚遗漏竹简见龙永芳《湖北荆门发现一枚遗漏的"郭店楚简"》(《中国文物报》2002 年 5 月 3 日第 2 版),释文可参陈伟主编《楚地出土战国简册 [十四种]》(2009 年),李零《郭店楚简校读记》(北京大学出版社,2002 年;中国人民大学出版社,2007 年增订再版)。

7. 新蔡楚简

1994 年 5 月抢救性发掘河南新蔡葛陵村平夜君成墓,出土竹简 1571 枚,内容为墓主生前卜筮祭祷的记录和遣策。简报见河南省文物考古研究所等《河南新蔡平夜君成墓的发掘》(《文物》2002 年第 8 期),正式报告为河南省文物考古研究所《新蔡葛陵楚墓》(大象出版社,2003 年),释文可参陈伟主编《楚地出土战国简册 [十四种]》(2009 年)。

8. 上博楚简

1994 年 5 月上海博物馆购自香港古玩市场,共计 1200 余枚,1994 年秋冬之际,又发现一批与此有着密切关联的竹简,共计 497 枚,由香港友人收购捐赠给上海博物馆。这批简牍出土时间和地点不明,据专家推测,当出土于湖北江陵一带,内容涉及约百种战国古籍,以儒家类为主,兼及道家、兵家、阴阳家等,其中多数为佚书。上博楚简与香港中文大学文物馆藏 10 枚楚简可能属于同一批,有的可以缀合。已经出版马承源主编《上海博物馆藏战国楚竹书》(一)、(二)、(三)、(四)、(五)、(六)、(七)(上海古籍出版社,2001 年、2002 年、2003 年、2004 年、2006 年、2007 年、2008 年)。

此外，1942 年湖南长沙城东南子弹库楚墓曾有战国帛书被盗掘出土，其性质当与古代的历忌之书相近，主要部分流散到美国，国内现存唯一楚帛书原物由商承祚之子公布，见商志醰《记商承祚教授藏长沙子弹库楚国残帛书》(《文物》1992 年第 11 期)。1973 年湖南省博物馆对该墓地进行了清理，又出土了一件人物御龙帛画，报告见湖南省博物馆《长沙子弹库战国木椁墓》(《文物》1974 年第 2 期)，湖南省博物馆《新发现的长沙战国楚墓帛画》(《文物》1973 年第 7 期)。该帛书的出土和外流情况可参看蔡季襄《晚周缯书考证》(蓝田，石印本，1944 年)，商承祚《战国楚帛书述略》(《文物》1964 年第 9 期)。关于释文和研究概况可参看李零《长沙子弹库战国楚帛书研究》之《楚帛书研究概况》(中华书局，1985 年) 和李零《楚帛书的再认识》(《中国文化》第 10 辑，1994 年)。

先秦的简牍还在不断出现。2008 年 7 月，经校友捐赠，清华大学收藏一批战国竹简，经碳十四测定，其年代约为战国中晚期，文字风格主要是楚国的，一共 2388 枚，这批竹简的性质是书籍，大多与历史有关，甚至有《尚书》和编年体史书，现在一般称作"清华简"。2008—2009 年，整理者简要介绍了"清华简"的基本情况，并发表了《保训》及其研究成果，如李学勤《初识清华简》(《光明日报》2008 年 12 月 1 日)，清华大学出土文献研究与保护中心《清华大学藏战国竹简〈保训〉释文》(《文物》2009 年第 6 期)，以及李学勤《周文王遗言》(《光明日报》2009 年 4 月 13 日) 和《论清华简〈保训〉的几个问题》(《文物》2009 年第 6 期) 等。2010 年，清华大学出土文献研究与保护中心编，李学勤主编的

《清华大学藏战国竹简（壹）》问世（中西书局，2010年12月），披露了《尹至》《尹诰》《程寤》《保训》《耆夜》《金縢》《皇门》《祭公》和《楚居》九篇文献，包括图版、释文、注释。所收前八篇都属于《尚书》或类似《尚书》的文献，为解决学术史上历来聚讼纷纭的今古文尚书之争提供了全新的材料。

二、秦代简牍

1. 云梦秦简

1975年12月湖北云梦睡虎地11号秦墓出土，共计1155枚，残片80枚，内容为编年记、语书、秦律和日书等。简报见季勋《云梦睡虎地秦简概述》（《文物》1976年第5期），湖北省孝感地区第二期亦工亦农文物考古训练班《湖北云梦睡虎地十一号秦墓发掘报告》（《文物》1976年第6期）。正式报告为云梦睡虎地秦墓编写组《云梦睡虎地秦墓》（文物出版社，1981年）。竹简整理本为睡虎地秦墓竹简整理小组《睡虎地秦墓竹简》（8开线装本，文物出版社，1977年），又《睡虎地秦墓竹简》（32开平装，文物出版社，1978年），又《睡虎地秦墓竹简》（8开精装，全收，文物出版社，1990年）。

2. 放马滩秦简

1986年6月甘肃天水放马滩1号秦墓出土，竹简461支，内容为日书、志怪故事、木板地图。简报见甘肃省文物考古研究所、天水市北道区文化馆《甘肃天水放马滩战国秦汉墓群的发掘》和何双全《天水放马滩秦简综述》（均载《文物》1989年第2期），刘信芳《〈天水放马滩秦简综述〉质疑》（《文物》1990年第9期）。竹简整理本和正式报告为甘肃文物考古研究所《天水放马滩秦简》（中华书局，2009年）。

3. 龙岗秦简

1989年10月湖北云梦龙岗6号秦墓出土，有木牍1枚，竹简303枚，含10枚残片。木牍是与墓主有关的法律文书，竹简是关于禁苑等事务的法律文书的摘抄和汇编。简报见湖北省文物考古研究所、云梦县博物馆、孝感地区博物馆《云梦龙岗秦汉墓地第一次发掘简报》和刘信芳、梁柱《云梦龙岗秦简综述》（均载《江汉考古》1990年第3期），湖北省文物考古研究所、云梦县博物馆、孝感地区博物馆《云梦龙岗秦汉墓地第二次发掘简报》（《江汉考古》1993年第1期），梁柱、刘信芳《云梦龙岗秦代简牍述略》（《简帛研究》第1辑，法律出版社，1993年），湖北省文物考古研究所、孝感地区博物馆、云梦县博物馆《云梦龙岗六号秦墓及出土简牍》（《考古学集刊》第8辑，科学出版社，1994年）公布了简牍照片、释文、考释。整理本有梁柱、刘信芳《云梦龙岗秦简》（科学出版社，1997年），中国文物研究所、湖北省文物考古研究所《龙岗秦简》（中华书局，2001年）。

4. 王家台秦简

1993年3月湖北江陵王家台15号秦墓出土,竹简813枚,主要内容为效律、日书和易占。简报见荆州地区博物馆《江陵王家台15号秦墓》(《文物》1995年第1期),内含少量竹简的释文和照片,介绍简文内容的有王明钦《王家台秦墓竹简概述》,载艾兰、邢文编《新出简帛研究——新出简帛国际学术研讨会论文集》(2004年)。

5. 关沮秦简

1993年6月湖北沙市周家台30号秦墓出土,竹简389枚,木牍1枚。内容可分为三组:第一组竹简130枚和木牍1枚,为历谱;第二组竹简178枚,为日书;第三组竹简73枚,内容为医方、占卜、农事等。简报见湖北省荆州市周梁玉桥遗址博物馆《关沮秦汉墓清理简报》和彭锦华《周家台30号秦墓竹简"秦始皇三十四年历谱"释文与考释》(均载《文物》1999年第6期),简牍整理与正式报告见湖北省荆州市周梁玉桥遗址博物馆《关沮秦汉墓简牍》附《周家台30号秦墓发掘报告》(中华书局,2001年),内含1992年萧家草场26号汉墓发掘报告和汉简35枚,内容为遣策。

6. 里耶秦简

2002年4月发掘湖南龙山里耶1号井,出土少量战国楚简和大量秦代简牍,共计36000余枚。简报见湖南省文物考古研究所等《湖南龙山里耶战国—秦代古城1号井发掘简报》(《文物》2003年第 1 期),湖南省文物考古研究所等《湘西里耶秦代简牍选释》(《中国历史文物》2003 年第 1 期)。正式报告为湖南省文物考古所《里耶发掘报告》(岳麓书社,2006 年),公布了祠先农简和出土于里耶护城壕 11 号坑的户籍简。陆续公布的材料还有:张春龙、龙京沙《里耶秦简中的祠先农简》(《第三届简帛研讨会文集》,文化大学,2005 年),张春龙《里耶秦简祠先农、祠和祠隄简》(《简帛》第 2 辑,上海古籍出版社,2007 年)、又《里耶秦简所见的户籍和人口管理》(《里耶古城·秦简与秦文化研究——中国里耶古城·秦简与秦文化国际学术研讨会论文集》,科学出版社,2009 年)、又《湘西里耶秦简 8—455 号》(《简帛》第 4 辑,上海古籍出版社,2009 年)。中国社会科学院历史研究所秦汉魏晋室"里耶秦简研读小组"对上述《湘西里耶秦代简牍选释》及《发掘报告》重做整理及释录,见马怡《里耶秦简选校》(一)、(二)、(三),简帛网之"秦简专栏"连载,2005 年 11 月 14 日、11 月 18 日、11 月 24 日。

2007 年 12 月湖南大学岳麓书院从香港收购一批秦简,共编 2098 号。2008 年 8 月,香港一位收藏家捐赠岳麓书院少量竹简,共 76 个编号,应属同一批出土物。主要内容大致为:质日、为吏治官及黔首、占梦书、数书、奏谳书和律令杂抄。简报见陈松长《岳麓书院所藏秦简综述》(《文物》2009 年第 3 期)。陆续公布的材料有陈松长《岳麓书院藏秦简中的郡名考略》、肖灿与朱汉民《岳麓书院藏秦简〈数书〉中的土地面积计算》(均载《湖南大学学报》2009 年第 2 期)、陈松长《岳麓书院藏秦简中的行书律令初论》、肖灿与朱汉民《岳麓书院藏秦简〈数〉的主要内容及历史价值》、朱汉民与肖灿《从岳麓书院藏秦简〈数〉看周秦之际的几何学成就》、肖永明《读岳麓书院藏秦简〈为吏治官及黔首〉札记》、于振波《秦律令中的"新黔首"与"新地吏"》（均载《中国史研究》2009年第3期）。2011年1月，《岳麓书院藏秦简》（壹）由上海辞书出版社出版，收录《质日》《为吏治官及黔首》《占梦书》三种文献的彩色、红外图版及释文、注释，并按照科学整理方法，附有竹简揭取时的原始照片和简序示意图。

三、汉代简帛

1. 敦煌汉简

敦煌汉简是近代最早发现的汉简，在汉代敦煌郡的范围内，不断有新的发现，特别是长城沿线的烽燧下面，基本上都保存有汉简，这里提示比较集中的几组发现，相关的酒泉郡范围的出土汉简，也一并叙述。

①英藏汉简（一）

1907年英国人斯坦因（M. A. Stein）第二次中亚考察期间，在敦煌西北汉代长城烽燧沿线掘得，计708枚，其中纪年简166枚，内容多为西汉武帝天汉三年（前98）至东汉顺帝永和二年（137）边塞文书。1908年，斯坦因在同一区域还发现几件帛书。报告见斯坦因《西域考古图记》第 2 卷（牛津，1921 年）①，汉简整理发表在沙畹（E. Chavannes）《斯坦因在东突厥斯坦沙漠中发现的汉文文书》（牛津，1913 年）②，罗振玉、王国维《流沙坠简》（1914 年上虞罗氏宸翰楼印行，中华书局 1993 年重版）。

②英藏汉简（二）

1913 年至 1915 年 4 月，斯坦因第三次中亚考察期间，在敦煌汉塞烽燧遗址中又掘得汉简 84 枚，出土地点大部分属于汉代敦煌郡玉门都尉和中部都尉，又在安西、酒泉两县境内采得 105 枚，出土地点大部分属于汉代酒泉郡西部都尉和北部都尉。报告见斯坦因《亚洲腹地考古记》（牛津，1928 年）③，汉简整理本有马伯乐《斯坦因第三次中亚探险所得汉文文书》（伦敦，1953 年）④，张凤《汉晋西陲木简汇编》（上海有正书局，1931 年），郭锋《斯坦因第三次中亚探险所获甘肃新疆出土汉文文书——未经马斯伯乐刊布的部分》（甘肃人民出版社，1993 年）。

以上英藏敦煌汉简后来由大庭脩做了重新整理，编为《大英图书馆藏敦煌汉简》（京都同朋舍，1990 年）。但仍有一些残片前人都没有进行过整理，收入汪涛、胡平生、吴芳思编著《英国国家图

---

① A. Stein, *Serindia. Detailed Report of Explorations in Central Asia and Westernmost China*, vol. II, Oxford, 1921.

② E. Chavannes, *Les documents chinois découverts par Aurel Stein dans les sables du Turkestan oriental*, Oxford, 1913.

③ A. Stein, *Innermost Asia. Detailed Report of Explorations in Central Asia, Kan-su and Eastern Iran*, 4 vols., Oxford, 1928.

④ H. Maspero, *Les documents chinois de la troisième expédition de Sir Aurel Stein en Asie centrale*, London, 1953.

书馆藏斯坦因所获未刊汉文简牍》（上海辞书出版社，2007年）。

③小方盘城汉简

距今敦煌市区西北约71公里处的小方盘城是汉代玉门关的故址，因此也是保存汉简比较多的地方，经过后人的数次发掘。1920年周炳南掘得17枚汉简，具体地点不明，原简现藏敦煌研究院，考释见初师宾《关于敦煌文物研究所收藏的一组汉简》（《敦煌研究》1985年第3期）。1944年西北科学考察团历史考古组在小方盘城遗址附近掘得76枚（原称49枚）汉简，原简现藏"中研院"历史语言研究所，出土情况参见阎文儒《河西考古杂记》（《文物参考资料》1953年第12期／《社会科学战线》1986年第4期、1987年第1期），释文和图版见夏鼐《新获之敦煌汉简》（《中央研究院历史语言研究所集刊》第19本，1948年），又刊夏鼐《考古学论文集》（科学出版社，1961年），整理本有台湾"中研院"史语所简牍整理小组《居延汉简补编》附录（"中研院"史语所专刊之九十九，1998年）。1999年敦煌市博物馆在小方盘城遗址中获木简300余支，何双全《简牍》（敦煌文艺出版社，2004年）有报道，但尚未见整理出版。

④花海汉简

1977年8月嘉峪关市文物保管处在玉门花海汉代烽燧遗址采集到简牍91枚、素简12枚、七面菱形觚1简，内容为酒泉郡北部都尉的文书档案、书信等，原简现藏嘉峪关市长城博物馆。见嘉峪关市文物保管所《玉门花海汉代烽燧遗址出土的简牍》，载《汉简研究文集》（甘肃人民出版社，1984年）。

⑤马圈湾汉简

1979年9月甘肃省文物工作队和敦煌县文化馆在敦煌西北玉门关外马圈湾汉代烽燧遗址发掘所得，计1217枚简牍。简报见甘肃省博物馆、敦煌县文化馆《敦煌马圈湾汉代烽燧遗址发掘简报》(《文物》1981年第10期/《汉简研究文集》，1984年)。

⑥酥油土汉简

1981年在敦煌市博物馆在酥油土汉代烽燧遗址采得简牍76枚。见《敦煌酥油土汉代烽燧遗址出土的木简》，载《汉简研究文集》(1984年)。

⑦清水沟汉简

1990年在敦煌市博物馆在清水沟汉代烽燧遗址采集汉简一册27枚，内容为历谱，又散简14枚，素简21枚，散简内容为爰书、簿籍等。见敦煌市博物馆《敦煌清水沟汉代烽燧遗址出土文物调查及汉简考释》，殷光明《敦煌清水沟汉代烽燧遗址出土〈历谱〉述考》，均载《简帛研究》第2辑（法律出版社，1996年），李永良《河西汉简的考古发掘与研究》，载《简牍学研究》第1辑（甘肃人民出版社，1996年）。

以上早期发现的汉简，重新的录文收入林梅村、李均明《疏勒河流域出土简牍》（文物出版社，1984年）和李均明、何双全《散见简牍合辑》（文物出版社，1990年），上述大多数汉简的简影及释文，收入甘肃省文物考古研究所编《敦煌汉简》（中华书局，1991年），吴礽骧、李永良、马建华《敦煌汉简释文》（甘肃人民出版社，1991年）。

⑧悬泉汉简

1990 年 10 月—1992 年 12 月间，甘肃文物考古研究所对敦煌市东 61 公里甜水井附近的汉代悬泉置遗址做了全面发掘，共得 35000 枚简牍，有字简 23000 枚，所出纪年简牍最早者为汉武帝元鼎六年（前 111），最晚者为东汉安帝永初元年（107），内容涉及汉代中央到地方各种文书、簿籍以及信札、日书、历谱、医方、相马经、佚书等，特别是有关驿站管理文件、使者的过所（通行证）和乘传公文，以及大量招待往来客使，包括西域各国使者食物的账簿，尤为珍贵。另有 10 件帛书，均为私人信札。相关报道见柴生芳《悬泉遗址发掘又获新成果》（《中国文物报》1993 年 3 月 14 日），吴礽骧《敦煌悬泉遗址简牍整理简介》（《敦煌研究》1999 年第 4 期），简报为甘肃省文物考古研究所《甘肃敦煌汉代悬泉置遗址发掘简报》《敦煌悬泉汉简内容概述》《敦煌悬泉汉简释文选》（均载《文物》2000 年第 5 期），全部汉简尚未整理完毕，部分简牍释文和考证有胡平生、张德芳编撰《敦煌悬泉汉简释粹》（上海古籍出版社，2001 年）以及一些散见的文章。郝树声、张德芳的《悬泉汉简研究》（甘肃文化出版社，2009 年）对悬泉汉简中的一些问题做了探讨。有关帛书的研究，见王冠英《汉悬泉置遗址出土元与子方帛书信札考释》（《中国历史博物馆馆刊》1998 年第 1 期），图版见《中国文物精华》（文物出版社，1997 年）。悬泉遗址一间房子的墙上，还抄写着西汉平帝元始五年（5）五月从长安颁发的《使者和中所督察诏书四时月令五十条》，已由中国文物研究所、甘肃省文物考古研究所合作整理出版，即《敦煌悬泉月令诏条》（中华书局，2001 年）。

⑨采集散简

敦煌市博物馆在各地陆续采集到的汉简也有不少,1986 年至 1988 年陆续采得汉简 137 枚,具体出土地点为后坑墩 17 枚、马圈湾墩 4 枚、小方盘城 2 枚、臭墩子 2 枚、小方盘城南第一烽燧 5 枚、小方盘城南第二烽燧 12 枚、盐池湾墩 11 枚、小月牙湖东墩 19 枚、悬泉遗址 64 枚、大坡墩 1 枚。见《敦煌汉简》《敦煌汉简释文》,何双全《敦煌新出简牍辑录》(《简帛研究》第 1 辑,法律出版社,1993 年),敦煌市博物馆《敦煌汉代烽燧遗址调查所获简牍释文》(《文物》1991 年第 8 期)。

2. 罗布淖尔汉简

1930 年和 1934 年黄文弼在罗布淖尔的默得沙尔汉代居卢訾仓故址获得木简 71 枚,见黄文弼《罗布淖尔考古记》(中国西北科学考察团丛刊之一,北京大学,1948 年),现藏于台湾"中研院"罗布淖尔简计 58 枚,收入"中研院"简牍整理小组《居延汉简补编》,释文可参林梅村、李均明《疏勒河流域出土简牍》(1984 年)。

3. 尼雅汉简

1906 年斯坦因发掘 11 支,沙畹考释发表在《斯坦因在东突厥斯坦沙漠中发现的汉文文书》中①,但与魏晋简牍未加区分。罗振

---

① E. Chavannes, *Les documents chinois découverts par Aurel Stein dans les sables du Turkestan oriental*, pp. 198-200.

玉、王国维《流沙坠简》指出这些是汉简。

1931年斯坦因第四次中亚考察在新疆尼雅遗址盗掘所得，共26枚，内容包括西域使者往来文书。因系非法盗掘，原简被勒令留在新疆，现不知所在，照片于20世纪90年代在英国图书馆找到，见Wang Jiqing（王冀青），"Photographs in the British Library of Documents and Manuscripts from Sir Aurel Stein's Fourth Central Asian Expedition", *The British Library Journal*, xxiv-1, Spring 1998, pp. 23-74；王冀青《斯坦因第四次中亚考察所获汉文文书》（《敦煌吐鲁番研究》第3卷，1998年，259—290页）；林梅村《尼雅汉简与汉文化在西域的初传——兼论悬泉汉简中的相关史料》（《中国学术》第2辑，2001年，241—258页）。释文可参汪涛、胡平生、吴芳思编著《英国国家图书馆藏斯坦因所获未刊汉文简牍》附录胡平生、汪涛《斯坦因第四次中亚考察所获汉文简牍》。

1993年，考古工作者在尼雅遗址采集汉简2支，内容为《苍颉》，见王樾《略说尼雅发现的"苍颉篇"汉简》（《西域研究》1998年第4期）；林梅村《尼雅汉简与汉文化在西域的初传》（《中国学术》第2辑，2001年）。

4. 居延汉简

在从甘肃酒泉地区流入内蒙古居延海的额济纳河沿线，分布着一系列汉代的烽燧和关城，其中也出土了多批汉简，现在分属不同的收藏机构，以下分别介绍。

①居延汉简（史语所藏）

1930年至1931年中瑞西北科学考察团在汉代额济纳河沿线的居延旧地，发掘到约11000枚简牍。这批汉简最初收藏在北京大学，抗日战争爆发，转移到四川李庄，由劳榦整理。抗战胜利后，原简辗转收藏在台湾"中研院"历史语言研究所。整理工作在台湾和大陆都有成果：劳榦《居延汉简考释·释文之部》（石印手写本，四川南溪，1943年／上海商务印书馆，1949年），又《居延汉简考释·考证之部》（石印手写本，四川南溪，1944年），《居延汉简·图版之部》（台湾"中研院"历史语言研究所专刊之二十一，1957年），《居延汉简·考释之部》（台湾"中研院"历史语言研究所专刊之四十，1960年）。中国科学院考古研究所《居延汉简甲编》（科学出版社，1959年），中国社会科学院考古研究所《居延汉简甲乙编》（中华书局，1980年），马先醒等《居延汉简新编》（台北简牍学社，1981年），谢桂华、李均明、朱国炤《居延汉简释文合校》（文物出版社，1987年），台湾"中研院"历史语言研究所简牍整理小组《居延汉简补编》（1998年）。

②居延新简（甘肃藏）

1972年至1974年，甘肃省文物考古研究所与甘肃省博物馆在居延汉代遗址甲渠候官、甲渠塞第四燧和肩水金关发掘到简牍19400余枚，1972年收集散简两组，一组14枚，一组7枚，1976年在居延都尉卅井塞次东燧收集木简173枚。整理本为甘肃省文物考古研究所、甘肃省博物馆、国家文物局文献研究室、中国社会科学院历史研究所《居延新简——甲渠候官与第四燧》（文物出版社，1990 年），32 开平装本，无图版；《居延新简——甲渠候官》（中华书局，1994 年），8 开精装本，有全部简影和释文。该书姊妹篇《居延新简——肩水金关》壹—伍（约 11000 枚简），于 2011—2016 年由上海中西书局陆续出版。

③额济纳汉简（内蒙古藏）

古居延海一带现在行政区划上属于内蒙古自治区额济纳旗。1999 年至 2002 年，内蒙古文物考古研究所在此发掘，获得 500 余枚汉简，内容以行政文书居多，此外还出土有古籍、医方、日书等残简。图版和录文载魏坚主编《额济纳汉简》（广西师范大学出版社，2005 年），又有孙家洲主编《额济纳汉简释文校本》（文物出版社，2007 年）。

5. 武威汉简

武威地区出土的汉简也有数批，主要如下：

①剌麻湾汉简

1945 年 11 月，西北科学考察团历史考古组在武威南山剌麻湾发掘，获得汉简 7 枚。收入台湾"中研院"历史语言研究所简牍整理小组《居延汉简补编》（1998 年）。

②磨咀子汉简

1959 年 7 月，甘肃博物馆发掘武威磨咀子 6 号汉墓，获木简 600 余枚，完整 385 枚，残简约 225 枚，内容为《仪礼》部分篇章。1959 年秋发掘 18 号汉墓，获木简 10 枚，一般称为"王杖十简"。简报见甘肃省博物馆《甘肃武威磨咀子 6 号汉墓》（《考古》1960

年第 5 期），甘肃省博物馆《武威汉简在学术上的贡献》（《考古》1960 年第 8 期），甘肃省博物馆《武威磨咀子汉墓发掘简报》，考古研究所编辑室《武威磨咀子汉墓出土王杖十简释文》（均载《考古》1960 年第 9 期）。整理本为甘肃省博物馆、中国科学院考古研究所《武威汉简》（科学出版社，1964 年／中华书局，2005 年）。1981 年 9 月武威县文物管理委员会征集到在磨咀子汉墓出土的"王杖诏书令"木简 26 枚，见武威县博物馆《武威新出土王杖诏书令册》，载《汉简研究文集》（1984 年），释文可参李均明、何双全《散见简牍合辑》（1990 年）。

③旱滩坡汉简

1972 年 11 月发掘武威旱滩坡东汉墓，得木简 78 枚，木牍 14 枚，内容全是医方类。简报为甘肃省博物馆、甘肃省武威县文化馆《武威旱滩坡汉墓发掘简报——出土大批医药简牍》（《文物》1973 年第 12 期），整理本是甘肃省博物馆、武威县文化馆《武威汉代医简》（文物出版社，1975 年）。1989 年 8 月又发掘旱滩坡东汉墓，得残简 16 枚，内容皆为律令条文。简报为武威地区博物馆《甘肃武威旱滩坡东汉墓》，李均明、刘军《武威旱滩坡出土汉简考述——兼论"挈令"》（均载《文物》1993 年第 10 期）。

6. 马王堆汉简与帛书

1972 年发掘湖南长沙马王堆 1 号汉墓，获竹简 312 枚，木楬 49 枚，内容为遣策类。简报为湖南省博物馆、中国科学院考古研究所、文物编辑委员会《长沙马王堆一号汉墓发掘简报》（文物出版社，1972年），正式报告为湖南省博物馆、中国科学院考古研究所《长沙马王堆一号汉墓（上、下）》（文物出版社，1973年），1973年年底至1974年年初又发掘马王堆2、3号汉墓，获竹木简600多枚，除220余枚为古代医书外，其余皆为遣策类；还出土大量帛书，字数约十几万，内容大致可分为六艺类、诸子类、术数类、兵书类、方技类和古地图。简报为湖南省博物馆、中国科学院考古研究所《长沙马王堆二、三号汉墓发掘简报》（《文物》1974年第7期），中国科学院考古研究所、湖南省博物馆《马王堆二、三号汉墓发掘的主要收获》（《考古》1975年第1期），正式报告为湖南省博物馆、湖南省文物考古研究所《长沙马王堆二、三号汉墓》（文物出版社，2004年）。1974年成立"马王堆汉墓帛书整理小组"，计划出六函整理报告，已出版的有《马王堆汉墓帛书》（壹）（线装本，文物出版社，1974年／精装本，北京文物出版社，1980年），（叁）（线装本，文物出版社，1978年／精装本，文物出版社，1983年），（肆）（文物出版社，1985年）。此后，傅举有、陈松长《马王堆汉墓文物》（湖南出版社，1992年）公布了一些未刊帛书。由于仍有较多帛书尚未整理出版，1996年又重新启动了马王堆帛书整理小组工作，有关帛书《刑德》《阴阳五行》和其他术数类帛书研究得以逐渐展开，但正式报告仍未出版。

7. 银雀山汉简

1972年4月发掘山东临沂银雀山汉墓，1号墓出土竹简4942枚，木牍5枚，内容为古籍和古佚书，2号墓出土竹简32枚，内容是一份完整的"元光元年历谱"。简报为山东省博物馆、临沂文物组《山东临沂西汉墓发现〈孙子兵法〉和〈孙膑兵法〉等竹简的简报》，罗福颐《临沂汉简概述》（均载《文物》1974年第2期）。银雀山汉墓竹简整理小组已将全部竹简整理完毕，拟分三批出版，目前出版了《银雀山汉墓竹简》（壹）（线装本，文物出版社，1975年／精装本，文物出版社，1985年），（贰）（8开精装本，文物出版社，2010年，收古佚书类）。（叁）拟出"散简"，惜至今仍未出版。

8. 定县八角廊汉简

1973年河北定县八角廊村40号汉墓发掘，获2500余枚竹简，内容多为古代书籍。简报河北省文物研究所《河北定县40号汉墓发掘简报》，国家文物局古文献研究室、河北省博物馆、河北省文物研究所定县汉墓竹简整理小组《河北定县40号汉墓出土竹简简介》及《〈儒家者言〉释文》（均载《文物》1981年第8期）。竹简古籍整理成果有：河北省文物研究所定州汉简整理组《定州西汉中山怀王墓竹简〈文子〉释文》《定州西汉中山怀王墓竹简〈文子〉校勘记》，刘来成《定州西汉中山怀王墓竹简〈文子〉的整理和意义》（均载《文物》1995年第12期），河北省文物研究所定县汉墓竹简整理组《定州汉墓竹简·论语》（文物出版社，1997年），河北省文物研究所定州汉简整理小组《定州西汉中山怀王墓竹简〈六韬〉释文及校注》，《定州西汉中山怀王墓竹简〈六韬〉的整理及其意义》（均载《文物》2001年第5期）。

9. 江陵凤凰山汉简

湖北江陵凤凰山汉墓群也不是一次发掘的，现分别介绍。

①1973年9月发掘8、9、10号汉墓，8号墓出土竹简176枚，9号墓80枚，皆为遣策，10号墓出土竹简172枚、木牍6枚，内容主要为乡里行政机构的文书。简报为长江流域第二期文物考古工作人员训练班《湖北江陵凤凰山西汉墓发掘简报》，黄盛璋《江陵凤凰山汉墓简牍及其在历史地理研究上的价值》，弘一《江陵凤凰山十号汉墓简牍初探》（均载《文物》1974年第6期），释文和考释可参裘锡圭《湖北江陵凤凰山十号汉墓出土简牍考释》（《文物》1974年第7期）和李均明、何双全《散见简牍合辑》（1990年）。

②1975年3月发掘168号汉墓，出土竹牍1枚、竹简66枚、衡杆1件。竹牍内容为告地书，竹简为遣策，衡杆文字为有关衡的一条汉律。简报为纪南城凤凰山一六八号汉墓发掘整理组《湖北江陵凤凰山一六八号汉墓发掘简报》，《关于凤凰山一六八号汉墓座谈纪要》（均载《文物》1975年第9期）。关于衡杆，见华泉、钟志诚《关于凤凰山一六八号汉墓天平衡杆文字的释读问题》（《文物》1977年第1期），骈宇骞《江陵凤凰山168号汉墓天平衡杆文字释读》（《社会科学战线》1980年第4期），释文可参考李均明、何双全《散见简牍合辑》（1990年）。

③1975年11月发掘167号汉墓，获木简74枚，皆为遣策。简报为凤凰山一六七号汉墓发掘整理小组《江陵凤凰山一六七号汉墓发掘简报》，简牍考释见吉林大学历史系考古专业赴纪南城开门办学小分队《凤凰山一六七号汉墓遣策考释》（均载《文物》1976年第

10 期),释文可参和李均明、何双全《散见简牍合辑》(1990 年)。

④1975 年发掘凤凰山 169 号汉墓,所获竹简内容为随葬器物的清单,参见俞伟超《古史分期问题的考古学观察(一)》(《文物》1981 年第 5 期)和陈振裕《从凤凰山简牍看文景时期的农业生产》(《农业考古》1982 年第 1 期)。

10. 阜阳汉简

1977 年发掘安徽阜阳双古堆 1 号汉墓,出土 6000 余枚竹简、木简和木牍,主要为古代书籍。简报为安徽省文物工作队、阜阳地区博物馆、阜阳县文化局《阜阳双古堆西汉汝阴侯墓发掘简报》(《文物》1978 年第 8 期)。简牍整理成果:国家文物局古文献研究室、安徽省阜阳地区博物馆阜阳汉简整理组《阜阳汉简简介》《阜阳汉简〈苍颉篇〉》,胡平生、韩自强《〈苍颉篇〉的初步研究》(均载《文物》1983 年第 2 期),国家文物局古文献研究室、安徽省阜阳地区博物馆阜阳汉简整理组《阜阳汉简〈诗经〉》,胡平生、韩自强《阜阳汉简〈诗经〉简论》(均载《文物》1984 年第 8 期),文化部古文献研究室、安徽阜阳地区博物馆阜阳汉简整理组《阜阳汉简〈万物〉》,胡平生、韩自强《〈万物〉略说》(均载《文物》1988 年第 4 期),胡平生、韩自强《阜阳汉简〈诗经〉研究》(上海古籍出版社,1988 年),韩自强《阜阳汉简〈周易〉研究》(上海古籍出版社,2004 年),该书附有同墓出土的《儒家者言》章题和《春秋事语》章题及相关竹简的照片、摹本、释文及研究文章。

11. 上孙家寨汉简

1978年7月发掘青海大通上孙家寨115号汉墓,获木简240余枚,内容主要是有关兵法、军法、军令等。简报为青海省文物考古工作队《青海大通县上孙家寨一一五号汉墓》,国家文物局古文献研究室、大通上孙家寨汉简整理小组《大通上孙家寨汉简释文》,朱国炤《上孙家寨木简初探》(均载《文物》1981年第2期),李零《青海大通县上孙家寨汉简性质小议》(《考古》1983年第6期),陈公柔等《青海大通马良墓出土汉简的整理与研究》(《考古学集刊》第5辑,中国社会科学出版社,1987年)。正式报告为青海省文物考古研究所《上孙家寨汉晋墓》(文物出版社,1993年)。

12. 未央宫汉简

1980年6月发掘陕西西安汉未央宫遗址,获木简115枚,内容属于病历医方类。简报见李毓芳《汉长安城未央宫的考古发掘与研究》(《文博》1995年第3期)。正式报告为中国社会科学院考古研究所《汉长安城未央宫——1980—1989年考古发掘报告》(中国大百科出版社,1996年)。简牍整理有:胡平生《未央宫前殿遗址出土王莽简牍校释》(《出土文献研究》第6辑,上海古籍出版社,2004年)。

13. 张家山汉简

湖北江陵张家山汉墓竹简已发现两批:

①1983年12月至1984年1月发掘了247、249、258号汉墓,其中247号墓出土1236枚,内容为二年律令、奏谳书、脉书、算

术书、盖庐、引书、历谱、遣策等，249 墓出土约 400 枚，内容为日书，258 号墓出土 58 枚，内容为历谱。简报为荆州地区博物馆《江陵张家山三座汉墓出土大批竹简》，张家山汉墓竹简整理小组《江陵张家山汉简概述》（均载《文物》1985 年第 1 期）。张家山二四七号汉墓竹简整理本主要有：张家山二四七号墓竹简整理小组编著《张家山汉墓竹简〔二四七号墓〕》（文物出版社，2001 年），张家山二四七号墓汉墓竹简整理小组编著《张家山汉墓竹简〔二四七号墓〕（释文修订本）》（文物出版社，2006 年），彭浩、陈伟、工藤元男《二年律令与奏谳书——张家山二四七号墓出土法律文献释读》（上海古籍出版社，2007 年）。

②1985 年发掘了 327 号西汉墓，获简 300 余枚支，内容为日书，336 号西汉墓，获简 829 枚，内容为汉律十五种、食气却谷之法、盗跖、宴享及饮食器皿、七年质日和遣策，其中，汉律十五种可与张家山二四七号墓二年律令比较研究。简报为《江陵张家山两座汉墓出土大批竹简》（《文物》1992 年第 9 期），陈跃钧《江陵张家山汉墓竹简》（《中国考古学年鉴1987》，文物出版社，1988 年），正式报告至今仍未出版。

14. 尹湾汉代简牍

1993 年 2 月发掘江苏东海尹湾汉墓群，2 号墓出土木牍 1 枚，为衣物疏，6 号墓出土木牍 23 枚，竹简 133 枚，木牍内容为簿籍类文书、占卜、历谱、衣物疏、名谒等，竹简为日忌、刑德行时、行道吉凶、神乌傅（赋）等。简报为连云港市博物馆《江苏东海县尹湾汉墓群发掘简报》《尹湾汉墓简牍释文选》，滕昭宗《尹湾汉墓简牍概述》（均载《文物》1996 年第 8 期）。简牍整理本为连云港市博物馆、中国社会科学院简帛研究中心、东海县博物馆、中国文物研究所《尹湾汉墓简牍》（中华书局，1997 年）。

15. 虎溪山汉简

1999 年夏湖南沅陵县虎溪山一号汉墓出土，竹简残断 1336 枚，内容为黄簿、日书、美食方。简报见湖南省文物考古研究所、怀化市文物所、沅陵县博物馆《沅陵虎溪山一号汉墓发掘简报》（《文物》2003 年第 1 期），西林昭一编辑《简牍名迹选》2《湖南篇二》（东京二玄社，2009 年）刊布部分日书和美食方的图版和释文，张春龙《沅陵虎溪山汉简选》（《出土文献研究》第 9 辑，中华书局，2009 年）公布部分"美食方"。

16. 孔家坡西汉简

2000 年 3 月湖北省随州市孔家坡 8 号汉墓出土，竹简可分为两组，一组约 700 余枚，为日书；一组 78 枚，为历日。木牍 4 枚，1 枚为告地书，另 3 枚无字。简报见湖北省文物考古研究所、随州市文物局《随州孔家坡墓地 M8 发掘简报》（《文物》2001 年第 9 期），张昌平《随州孔家坡墓地出土简牍概述》，艾兰、邢文编《新出简帛研究——新出简帛国际学术研讨会论文集》（2004 年），竹简整理和正式报告见湖北省文物考古研究所、随州市考古队《随州孔家坡汉墓简牍》（文物出版社，2006 年）。

17. 印台西汉简

2002—2004 年抢救性发掘荆州市沙市区印台墓地，相继在 9 座西汉墓葬中清理出竹木简 2300 余枚，木牍 60 余方，内容分为文书、卒簿、历谱、编年记、日书、律令以及遣策、器籍、告地书等。郑忠华《印台墓地出土大批西汉简牍》（《荆州重要考古发现》，文物出版社，2009 年）简要介绍了简牍的发现情况并公布了 24 枚竹简的图版。

18. 走马楼西汉简牍

2003 年湖南长沙走马楼 J8 出土，约 3000 余支，内容主要是官文书，涉及司法案卷。简报见长沙简牍博物馆、长沙市文物考古研究所联合发掘组《2003 年长沙走马楼西汉简牍重大考古发现》（《出土文献研究》第 7 辑，上海古籍出版社，2005 年），此外西林昭一编辑《简牍名迹选》2《湖南篇二》（2009 年）刊布少量图版和释文。

19. 东牌楼东汉简

2004 年 4—6 月长沙东牌楼 J7 出土，426 枚简牍，218 枚有字，内容为公文、私信、事目、名籍、名刺、券书、签牌、杂帐、习字等。简报为长沙市文物考古研究所《长沙东牌楼 7 号古井（J7）发掘简报》、王素《长沙东牌楼东汉简牍选释》（均载《文物》2005 年第 12 期），简牍整理本和正式报告为长沙市文物考古研究所、中国文物研究所《长沙东牌楼东汉简牍》（文物出版社，2006 年），释文可参长沙东牌楼东汉简牍研读班《〈长沙东牌楼东汉简牍〉释文校订稿》,载《简帛研究二〇〇五》(广西师范大学出版社,2008年)。

20. 广州南越王宫署遗址木简

2004年11月至2005年1月在广州南越国宫署遗址J264中清理出百余枚木简,内容主要是簿籍和法律文书。简报见广州市文物考古研究所、中国社会科学院考古研究所、南越王宫博物馆筹建处《广州市南越国宫署遗址西汉木简发掘简报》(《考古》2006年第3期),有黄展岳《南越木简选释》,《先秦两汉考古论丛》(科学出版社,2008年)。

21. 天长西汉木牍

2004年11月抢救性发掘安徽天长19号西汉墓,获木牍34块,内容有名籍、算簿、书信、木刺、医方、礼单等。简报为天长市文物管理所、天长市博物馆《安徽天长西汉墓发掘简报》(《文物》2006年第11期),公布了部分木牍释文。

22. 纪南西汉木牍

2004年年底抢救性发掘湖北荆州纪南松柏1号西汉墓,获木牍63块,内容有遣书、户口簿、正里簿、免老簿、新傅簿、罢癃簿、归义簿、复事算簿、见(现)卒簿、置吏卒簿、叶(牒)书等。简报为荆州博物馆《湖北荆州纪南松柏汉墓发掘简报》(《文物》

2008 年第 4 期)、朱江松《罕见的松柏汉代木牍》(《荆州重要考古发现》,2009 年)刊布了四枚木牍图版,彭浩《读松柏出土的四枚西汉木牍》(《简帛》第 4 辑,2009 年)对这四枚木牍作了初步释文和研究。

23. 云梦睡虎地西汉简

2006 年抢救性发掘湖北云梦睡虎地 77 号汉墓,获竹简 2137 枚,内容可分为质日、日书、书籍、算术、法律五大类。简报见湖北省文物考古研究所、云梦县博物馆《湖北云梦睡虎地 M77 发掘简报》(《江汉考古》2008 年第 4 期),初步整理研究参看熊北生《云梦睡虎地 77 号西汉墓出土简牍的清理与编联》和刘乐贤《睡虎地 77 号汉墓出土的伍子胥故事残简》,载《出土文献研究》第 9 辑 (2009 年)。

24. 谢家桥汉简

2007 年 11 月抢救性发掘湖北荆州沙市区关沮乡清河村谢家桥 1 号汉墓,获竹简 208 枚,内容为遣策,竹牍 3 枚,内容为告地书。简报见荆州博物馆《湖北荆州谢家桥一号汉墓发掘简报》(《文物》2009 年第 4 期),杨开勇《谢家桥 1 号汉墓》(《荆州重要考古发现》,2009 年)刊布部分竹简和全部竹牍图版。

25. 水泉子西汉简

2008 年 8—10 月抢救性发掘甘肃省永昌县水泉子汉墓群,共清理 15 座，其中 5 号汉墓出土西汉木简较为完整者 700 多枚，连同残片 1400 余枚，均为有字简，内容大致可分为两部分，一为字书，二为日书。简报见甘肃省文物考古研究所《甘肃永昌水泉子汉墓发掘简报》，张存良、吴荭《水泉子汉简初识》（均载《文物》2009 年第 10 期），张存良《水泉子汉简七言本〈苍颉篇〉蠡测》（《出土文献研究》第 9 辑，2009 年）刊布部分《苍颉篇》图版，并作了初步释文和研究。

2009 年年初，北京大学接受捐赠的一批从海外抢救回归的珍贵西汉竹书，计 3300 余枚，估计经过整理拼对后，可复原的完整简在 2300 枚以上，经初步考察，内容包括典籍类的《老子》《苍颉篇》《赵正（政）书》《周驯（训）》、赋体文学作品、古佚书《妄稽》，数术类文献《日书》《日忌》《日约》《椹（堪）舆》《六博》《雨书》《荆决》《节》，以及古医书等[①]。

四、曹魏、孙吴、西晋简牍

1. 楼兰魏晋简牍

从 20 世纪初叶开始，一些西方探险队就在新疆楼兰地区的遗址中发掘出一些魏晋时期的简牍。1980 年以后，新疆考古工作又陆续有所发现。虽然这里出土的资料相对来说比较零碎，但因为地处

[①] 韩巍《北京大学新获"西汉竹书"概述》，《国际汉学研究通讯》2010 年第 1 期。

西陲，其意义与寻常文书又不一样，所以历来备受学术界的重视。大体说来，主要有以下几组发现。

①1901 年，瑞典人斯文·赫定（Sven Hedin）发掘楼兰古城，获得魏、西晋、前凉简 121 支，内容为公私文书。考察与获得简牍经过见赫定旅行记《中亚与西藏》①，正式报告为赫定《1899—1902 年中亚旅行的科学成果》②。这些汉文木简由孔好古（August Conrady）整理出版，见《斯文·赫定楼兰所获汉文文书和零星文物》（斯德哥尔摩，1920 年）③。1988—1989 年这些木简运到日本展览，日本书道教育会议编有《斯文·赫定楼兰发现的残纸和木牍》，刊布了孔好古书中的全部材料，还补充了孔氏所遗的一些残片④。冨谷至编《流沙出土的文字资料：以楼兰、尼雅文书为中心》⑤ 第二部分整理和介绍了楼兰魏晋简。

②1906 年，斯坦因在楼兰遗址发掘，获魏、西晋、前凉简 166 支，1914 年又掘得 60 支，内容均为文书。前者的报告见上引斯坦因《西域考古图记》第 2 卷（1921 年），文书整理见沙畹《斯坦因在东突厥斯坦沙漠中发现的汉文文书》（1913 年），罗振玉、王国

---

① S. Hedin, *Central Asia and Tibet. Toward the Holy City of Lassa*, 2 vols., London, 1903.
② S. Hedin（ed.）, *Scientific Results of a Journey in Central Asia 1899-1902*, 8 vols., Stockholm, 1904-1907.
③ A. Conrady, *Die chinesischen Handschriften- und Sonstigen Kleinfunde Sven Hedins in Lou-lan*, Stockholm, 1920.
④ 金子民雄监修《スウェン・ヘディン楼兰発现残纸・木牍》，日本书道教育会议，1988 年。
⑤ 冨谷至编《流沙出土の文字资料：楼兰・尼雅（二ヤ）文书を中心に》，京都：京都大学学术出版会，2001 年。

维《流沙坠简》（1914 年）。后者报告见斯坦因《亚洲腹地考古记》（牛津，1928 年），文书整理见马伯乐《斯坦因第三次中亚探险所得汉文文书》（伦敦，1953 年），张凤《汉晋西陲木简汇编》。

③1909 年，日本大谷探险队的橘瑞超也发掘了楼兰古城，获同类木简 4 支，内容为文书。旅行记录为橘瑞超《中亚探险》（东京博文馆，1912 年)①，图版见香川默识编《西域考古图谱》（东京国华社，1915 年/学苑出版社，1999 年）。

④1980 年，新疆考古工作者组织楼兰考古队，第一次进入楼兰地区，在楼兰古城遗址发掘汉文木简 63 枚，也同样是魏晋时期楼兰驻军的官私文书。简报有新疆楼兰考古队《楼兰古城址调查与试掘简报》，新疆楼兰考古队《楼兰城郊古墓群发掘简报》（均载《文物》1988 年第 7 期），相关考释见侯灿《楼兰新发现木简纸文书考释》（《文物》1988 年第 7 期），后收入侯灿《高昌楼兰研究论集》（新疆人民出版社，1990 年）。

⑤其他零星的发现，参看楼兰文物普查队《罗布泊地区文物普查简报》（《新疆文物》1988 年第 3 期），夏训诚主编《罗布泊科学考察与研究》（科学出版社，1987 年），伊斯拉斐尔·玉素甫《新疆新发现的古文献》（《新疆文物》1999 年第 3、4 期）。

对楼兰遗址出土的魏晋简牍录文加以校订重录的，有林梅村《楼兰尼雅出土文书》（文物出版社，1985 年），李均明、何双全《散见简牍合辑》（文物出版社，1990 年）。而把已知楼兰简牍和纸

---

① 橘瑞超《中亚探险》，后收入《中公文库》，东京：中央公论社，1989 年。

本文书全部录文,并与图版对照刊布的集大成著作,则是侯灿、杨代欣《楼兰汉文简纸文书集成》(天地出版社,1999年)。

2. 尼雅西晋简牍

斯坦因第四次中亚探险在尼雅遗址发现的汉简已见上述,尼雅出土更多的是西晋时期的简牍,与数量更多的佉卢文所写的当地行政文书属于同一时期。目前所知有:

①1901年,斯坦因发掘到西晋时期汉文简50支,系文书。报告见斯坦因《古代和田》(1907年),文书整理见沙畹《丹丹乌里克、尼雅和安迪尔遗址中发现的汉文文书》(斯坦因《古代和田》附录,1907年)[1]。

②1959年,新疆博物馆在尼雅遗址发掘木简,新疆维吾尔自治区博物馆考古队《新疆民丰大沙漠中的古代遗址》(《考古》1961年第3期)对此有简要介绍。

③1996年,中日共同尼雅遗迹学术考察第八次调查,获得西晋简9支,内容系文书,见《中日共同尼雅遗迹学术调查报告书》第2卷(京都:非卖品,1999年)。

尼雅遗址出土的魏晋简牍录文,也收入林梅村《楼兰尼雅出土文书》(1985年)。

---

[1] E. Chavannes, "Chinese Documents from the Sites of Dandan-uiliq, Niya and Endere", Appendix A to *Ancient Khotan*, Oxford, 1907, pp. 521-525.

3. 走马楼吴简

1996年7月至11月发掘的湖南长沙走马楼J22共出土孙吴时期的简牍约10万枚，内容大致可分为名籍、账簿、文书、券书、名刺等。简报见长沙市文物工作队、长沙市文物考古研究所《长沙走马楼J22发掘简报》，王素、宋少华、罗新《长沙走马楼简牍整理的新收获》（均载《文物》1999年第5期）。简牍正陆续整理当中，已经出版的有长沙市文物考古研究所、长沙简牍博物馆、中国文物研究所、北京大学历史学系走马楼简牍整理小组《长沙走马楼三国吴简·嘉禾吏民田家莂》附《长沙走马楼二十二号井发掘报告》（文物出版社，1999年），又《长沙走马楼三国吴简·竹简》（壹）、（贰）、（叁）（文物出版社，2003年，2007年，2008年）。

4. 苏仙桥孙吴西晋简

2003年湖南郴州苏仙桥J4出土三国孙吴至西晋时期简牍140余支，内容为簿籍、书信、记事和习字等，见湖南省文物考古研究所、郴州市文物处《湖南郴州苏仙桥J4三国吴简》，载《出土文献研究》第7辑（上海古籍出版社，2005年）。2004年发掘J10，又出土700余支晋简，见龙军、莫崇立《700多枚简牍补正西晋历史》（《光明日报》2004年3月3日），迄今尚未整理公布。简报见湖南省文物考古研究所、郴州市文物处《湖南郴州苏仙桥遗址发掘简报》，湖南省文物考古研究所编《湖南考古辑刊》第8辑（岳麓书社，2009年）。

过去我们研究从战国到魏晋的历史,主要依据的是传统的文献材料,西北边陲的简牍主要对于职官、军事等方面有所帮助。但我们现在面对这样丰富的简帛史料,不论你要研究政治、制度、思想、文化、军事、法律、经济、社会、对外关系等课题的哪个方面,几乎都不能不理会简帛史料的存在,特别是我们要关注下层社会、妇女、疾病、儿童等新的史学领域时,这些简牍中包含着大量传世文献所没有的文书档案。我们应当感谢考古工作者不辞辛劳地发掘出这么多的珍贵文献,我们也应当感谢文字、文献学者不懈地努力整理出这样一本本的简牍和帛书的厘定文本,也感谢不同学科的学者努力钻研发表了这么丰富的研究成果。这些都为今天的学子在翻阅、利用这些出土文献时,提供了巨大的帮助。

第四讲

敦煌吐鲁番文书的浏览

作为出土文献，除了石刻、简帛之外，就是敦煌吐鲁番文书了，它们是研究中古历史许多方面的重要参考资料，应当大致了解这些文书的内容，以便在做博士或硕士论文时，从中发掘对自己有用的资料。特别是对于中古史的研究生来讲，要安排出时间，把刊载敦煌吐鲁番文书的图录和录文集翻阅一遍，我想必定是会有收获的。因为敦煌吐鲁番文书的内容虽然以佛教为主，但除了抄录古代和当代典籍之外，还有公私文书和各类杂写，三教九流，无所不有，所以对于宋代以前的研究者来说，都是具有参考价值的。

一、"敦煌吐鲁番文书"释义

我们这一讲的标题是"敦煌吐鲁番文书",应当说明的是,"文书"在这里是泛称,不仅仅指公私文书,也指写本书籍和典籍之外的其他杂写;"敦煌、吐鲁番文书"只是中古时期西北地区出土文献的代表,其实也应当包括新疆和田、库车、楼兰、巴楚,内蒙古额济纳黑城等地出土的典籍和文书,不论敦煌、吐鲁番还是黑城,也都出土了一些印刷品,有时候我们也笼统地把它们都称为"文书"了,此外还有"文献""遗书""写本""写卷""卷子"等不同的称呼,但因为材料形态和内容的丰富多彩,所以没有一个名称可以统一概括,所以我们还是用习惯的"文书"吧。

敦煌文书主要出自莫高窟的藏经洞(现编号第17窟),文书的时代大概从十六国时期到北宋初年,以写本为主,也有少量的早期印刷品。另外,莫高窟北区也出土了一些文书,其中以西夏到元代的回鹘文、藏文、西夏文、汉文文书为主,但也有少量瘗窟中发现的唐代文书。与敦煌文书可能来自位于莫高窟的三界寺图书馆不同,吐鲁番文献既有出自佛教寺院图书馆遗址者,也有来自墓葬、城址、洞窟废墟者,因此不论是敦煌还是吐鲁番,出土文书与墓葬、城址、洞窟的关系,就是我们在利用这些文书时所特别要关注的问题,其中墓葬出土的墓志、器物,城址或洞窟遗址的建筑布局和壁画、雕像等遗存,都是我们需要同时观照的资料。

不论敦煌还是吐鲁番文献,主体内容都是佛教典籍和公私文书，时代都集中在中古时期（南北朝到隋唐），但由于两地的历史发展在某些时段并不相同，因此两地的文献也各有各的特点，比如敦煌文献中以吐蕃到归义军统治时期的文书居多，而且越到藏经洞封闭的时点（约1006年前后），文书的量越大；而吐鲁番文献的跨度要较敦煌文献长得多，从十六国时期高昌郡文书，到蒙元时代，各个时代都有大量的官私文书被发现，比如高昌郡（327—443年）、高昌大凉政权（443—460年）、高昌国（460—640年）、唐西州（640—803年）以及后来的高昌回鹘时期，都有相当多的文书留存下来，为我们研究古代吐鲁番盆地的各个方面提供了素材。同时，敦煌和吐鲁番都是丝绸之路上的城市，敦煌和吐鲁番文献中都有许多汉语之外的各种语言文献，如敦煌藏经洞发现有藏文、于阗文、回鹘文、粟特文、梵文等，而吐鲁番出土的胡语种类更多，上面提到的五种胡语，除了于阗文外，都在吐鲁番有所发现，而且，吐鲁番还有巴克特里亚语、吐火罗语、中古波斯语、帕提亚语、叙利亚语、蒙古语等非汉语文献被发现。从内容来说，敦煌主要是佛教文献，但也有许多道教典籍，还有少量但极其重要的摩尼教、景教的汉文写本，而吐鲁番除了发现大量佛教文献之外，还有大量的各种语言所写摩尼教、基督教（景教）的文献，这是敦煌写本所无法比拟的。从形式来讲，敦煌文献主要是写本形态，印刷品只有早期的简单印本，而吐鲁番则有宋元时代的大部头刻本佛经和儒家经典、史书、韵书、字书等，还有回鹘文、藏文、蒙文刻经。

至于和田、库车、巴楚地区出土的汉文文书，主要是唐朝统治时期当地驻军和羁縻州管理的行政文书以及汉译佛典，当然还有当地民族用于阗语、吐火罗语、据史德语和梵语所写的大量文献。黑城出土的文献主要是西夏到元代的文书和典籍，西夏文、汉文、藏文、蒙文都用，写本、刻本俱存。

我们这门课程主要讲汉文文献，至于各种其他民族的语言文献，除非与我们讲到的题目有关，否则不在此涉及，我的另外一门课程"西域胡语与西域文明"有专门的讲述。

敦煌吐鲁番文书大多数是20世纪初发现并被各国探险队攫取，带到英、法、德、俄、日等国，中国也得到一些"劫余"之物，后来文书又进一步分散，直到今天，还有一些写经在拍卖行上出现，不知流转到何处。这些散藏各地的敦煌文献是陆续公布出来的，所以学者的整理和刊布也是陆续出版的，特别是最近二三十年来，中国的出版界对于敦煌文献的整理出版抱有极大的兴趣，所以影印出版了英、法、俄等国和国内所藏的大量文书图版。面对这样陆续积累起来的整理成果，如目录、图录、图文对照本、录文集、研究专著等，一位研究生要对这些出版物的相关情况有所了解，才有助于翻检这批数量不少的文献材料，找到对自己研究有用的素材。我的《敦煌学十八讲》（北京大学出版社，2001年）对这类出版物和相关研究成果有比较详细的阐述，可以参考。这里把最重要的目录、图录和录文集介绍如下，并补充《敦煌学十八讲》出版以后的新信息。

二、敦煌吐鲁番文书目录

刊载敦煌吐鲁番文书的图录，大多数是按编号顺序排列的，其中佛经占很大比重，世俗文书又多为残卷，直接翻检图录，常常要翻很长时间，也找不到于自己有用的资料。所以，翻检已经出版的目录，可以帮助大家尽快地找到有用的资料，但要记住，没有一本已经出版的目录是十全十美的，因为敦煌吐鲁番文书中还有许多残卷没有定名，许多文书性质需要进一步研究，这些是从目录上得不到任何帮助的，而前人没有考证出名目的写本，往往正是最富研究旨趣的材料。

1. 综合目录

《敦煌遗书总目索引》，王重民主编（商务印书馆，1962 年），著录刘铭恕编英藏 S.1—6980 号、王重民编法藏 P.2001—5579 号，及北京图书馆藏《敦煌劫余录》部分 8679 号，只是把《劫余录》原来的分类编排改作按千字文号编排，只取编号和题名。这本目录是最早的敦煌文书的综合目录，包含藏品最多的英国图书馆、法国国立图书馆、北京图书馆三大馆藏的主体内容，在相当长的时间里是学者主要的研究指南，特别是当时巴黎所藏文书的缩微胶卷还没有出售，所以学者到巴黎访书，依靠的主要就是这本目录的提示。施萍婷《敦煌遗书总目索引新编》（中华书局，2000 年）对《总目索引》做了一些订正。

《斯坦因敦煌文献及研究文献中业经引用介绍的西域出土汉文文献分类目录初稿》I《非佛教文献之部·古文书类》（I），池田温、菊池英夫编（东京：东洋文库，1964 年）。这是斯坦因敦煌文献中官文书所编的分类目录，附以当时从研究文献中可以看到的其他资料。《斯坦因敦煌文献及研究文献中业经引用介绍的西域出土汉文文献分类目录初稿》II《非佛教文献之部·古文书类》(II)，土肥义和编（东洋文库，1967年）。斯坦因敦煌文献中寺院文书的分类著录，内容分寺院行政和寺院经济两类。迄今为止大多数敦煌文书目录都是按号编排的，所以这种分类目录还是很有参考价值的，特别是一件或一组文书后，有相关的研究文献索引，做得非常细致，所以现在要研究这些文献仍然有参考价值。

《敦煌遗书最新目录》，黄永武编，新文丰出版公司1986年出版。这是配合《敦煌宝藏》使用的工具书，按编号顺序著录英藏、北图和法藏文书，比《敦煌遗书总目索引》著录的稍多一些，即 S.6981—7599 和碎片 1—197 及印本 P.1—19 号。所谓197件碎片，实系 Or.8212 编号下的文书，多为斯坦因第三次中亚考察在吐鲁番、和田、黑城等地所得，而非敦煌文献，这一点大家需要留意。整理斯坦因第三次中亚考察所获汉文文书的学者不太注意这部分目录，其实黄永武还是花了一些功夫，比定出一些文献。

《敦煌道教文献研究——综述·目录·索引》，王卡著，中国社会科学出版社2004年出版。作者在大渊忍尔《敦煌道经·目录编》（东京福武书店，1978年）的基础上，又考证出大量道经断片的归属，分类对每种文献做了提要，并编制了所有敦煌道教文献目录和索引。[①] 这是晚出的比较好的某一类文献的目录，很有参考价值。

---

① 参看刘屹的书评，《敦煌吐鲁番研究》第9卷，中华书局，2006年，492—500页。

敦煌文献中还有一些佛典也有分类目录,但目前还没有所有文书的整个分类目录,所以还是要看各种馆藏目录。

2. 英藏敦煌文书目录

《英国博物馆藏敦煌汉文写本注记目录》,翟林奈(Lionel Giles)编(伦敦,1957年)①。著录斯坦因敦煌收集品中的 S. 1—6980 和 Or. 8212/1—195 中一些背面有其他民族文字的敦煌汉文写本以及 P. 1—19 号印本。这是翟林奈从 1919 年到 1957 年几乎穷尽毕生精力所编的分类目录,在文献比定上有很多贡献,但对于世俗文书,不论分类还是拟题都有问题。

《英国图书馆藏敦煌汉文非佛教文献残卷目录(S. 6981—13624)》,荣新江编,新文丰出版公司 1994 年出版②。S. 6981 号以后的文书一是翟林奈剩下不编的残片,二是英国图书馆从经卷、绘画品、经帙上陆续揭裱下来的残片。1991 年,我受英国图书馆邀请编非佛教文献的目录,当时还没有《大正藏》《四库全书》等电子文本,全凭对于传统文献和敦煌文献已有的知识来比证残片的内容,文书则按整理文书的原则拟题,后附分类索引。参看荣新江《〈英国图书馆藏敦煌汉文非佛教文献残卷目录〉补正》③。现在也

---

① L. Giles, *Descriptive Catalogue of the Chinese Manuscripts from Tunhuang in the British Museum*, London, 1957.
② 参看郝春文书评,《敦煌吐鲁番研究》第 1 卷,北京大学出版社,1996 年,359—368 页。
③ 见宋家钰、刘忠编《英国收藏敦煌汉藏文献研究》,中国社会科学出版社,2000 年,379—387 页。

有必要把这本目录增订再版。

《英国图书馆藏敦煌遗书目录 斯6981号—斯8400号》,方广锠编著,宗教文化出版社2000年出版。这是同时应邀到英图负责编纂佛教文献目录的方广锠所编目录的第一部分,他也把拙编目录的内容囊括了进去。

顺便提一下魏礼(Arthur Waley)编《斯坦因敦煌所获绘画品目录》(伦敦,1931年)[1]。其中包括现藏英国博物馆和印度国立博物馆的两部分敦煌绢、纸绘画品的目录,并过录了上面的题记,由于印度藏品后来没有系统地整理出版,所以这个早期的目录仍然具有很高的参考价值。

3. 法藏敦煌文书目录

法国收藏的敦煌写本的编目也经历了漫长的岁月,先后由伯希和、那波利贞、王重民、杨联陞、左景权等人编写,到1970年,才出版了《敦煌汉文写本目录》第1卷,谢和耐(J. Gernet)与吴其昱(Wu Chiyu)主编,收P.2001—2500号[2];以后第3、4、5卷,由苏远鸣(Michel Soymié)主编,分别在1983年、1991年、1995年出版,按顺序号每500号为一卷,分别收P.3001—3500、

---

[1] A. Waley, *A Catalogue of Paintings Recovered from Tunhuang by Sir Aurel Stein*, London, 1931.

[2] *Catalogue des manuscrits chinois de Touen-houang Fonds Pelliot chinois de la Bibliothèque Nationale*, I, eds. J. Gernet et Wu Chiyu, Paris: Bibliothèque Nationale, 1970.

P. 3501—4000、P. 4001—6040①；第 6 卷，由王薇（F. Wang-Toutain）编，2001 年出版，著录藏文卷子背面的汉文写本②。但第 2 卷迄今没有出版。与已刊敦煌写本目录相比，法目著录最详，包括标题（汉文原文和法文转写，文书类则用法文拟题）、提要、题记（译为法文）、有关该写本的研究文献出处、写本物质性描述（尺幅长短、纸质、颜色等）、索引（专有名词、主题分类）。其著录详尽，可以让看不到原卷的人尽可能了解原卷的外观，特别是一些缩微胶卷或照片上看不到的红字和朱印。可惜的是，国内研究敦煌文书的人，很少利用这部工具书。

4. 俄藏敦煌文书目录

《苏联科学院亚洲民族研究所藏敦煌汉文写本注记目录》，共两册，孟列夫（L. N. Men'sikov）等编（莫斯科，1963—1967 年）③；汉译本《俄藏敦煌汉文写卷叙录》，上海古籍出版社 1999 年出版。其中第 1 册分类著录新编号 1—1707 号，第 2 册著录 1708—2954 号，相当于原 Ф 编号的 307 件和 Дx 编号的 2000 多件写本的目录。

---

① *Catalogue des manuscrits chinois de Touen-houang Fonds Pelliot chinois de la Bibliothèque Nationale*, III, ed. M. Soymié, Paris, 1983; IV, ed. M. Soymié, Paris, 1991; V, ed. M. Soymié, Paris, 1995.

② *Catalogue des manuscrits chinois de Touen-houang Fonds Pelliot chinois de la Bibliotheque Nationale*, VI. *Fragments chinois du Fonds Pelliot Tibetain de la Bibliotheque Nationale de France*, ed. F. Wang-Toutain, Paris, 2001.

③ L. N. Men'sikov et al., *Opisanie Kitaiskikh rukopisei Dun'khuanskogo fonda Instituta Narodov Azii*, 2 vols., Moscow, 1963, 1967.

5. 中国藏敦煌吐鲁番文书目录

《敦煌劫余录》，陈垣编，俞泽箴助理（北平：中央研究院历史语言研究所专刊之四，1931年），分类著录京师图书馆（今中国国家图书馆）藏卷8679号。此后北京图书馆写经组编成《敦煌劫余录续编》，但因为抗日战争爆发，稿本没有出版。1981年北京图书馆善本部编印《敦煌劫余录续编》，实为1949年后新入藏的"新"字号写本约1000余件，按标题的笔画顺序排列。

在中国许多公私收藏家手中，都有数量不等的敦煌文书，有些藏家的目录已经出版，方便大家检索，这些目录有：

《敦煌文物研究所藏敦煌遗书目录》，施萍婷编，《文物资料丛刊》第1辑，1977年。

《西北师院历史系文物室藏敦煌经卷录》，曹怀玉编，《西北师院学报》1983年第4期，44—46页。

《上海图书馆藏敦煌遗书目录》，吴织、胡群耘编，《敦煌研究》1986年第2期，93—107页。

《敦煌县博物馆藏敦煌遗书目录》，敦煌县博物馆编，荣恩奇整理，《敦煌吐鲁番文献研究论集》第3辑，北京大学出版社，1986年，541—584页。

《关于甘肃省博物馆藏敦煌遗书之浅考和目录》，秦明智编，《1983年全国敦煌学术讨论会文集·文史遗书编》上，甘肃人民出版社，1987年，459—499页。

《天津市艺术博物馆藏敦煌遗书目录》，刘国展、李桂英编，《敦煌研究》1987年第2期，74—95页。

《北京大学图书馆藏敦煌遗书目录》，张玉范编，《敦煌吐鲁番文献研究论集》第 5 辑，北京大学出版社，1990 年，503—562 页。

《重庆市博物馆藏敦煌吐鲁番写经目录》，杨铭编，《敦煌研究》1996 年第 1 期，121—124 页；《重庆市博物馆藏敦煌吐鲁番写经题录》，杨铭编，《敦煌吐鲁番研究》第 6 卷，2002 年，353—358 页。

《南京图书馆藏敦煌卷子考》，徐忆农撰，《敦煌学辑刊》1998 年第 1 期，77—80 页；《南京图书馆所藏敦煌遗书目录》，方广锠、徐忆农编，《敦煌研究》1998 年第 4 期，134—143 页。

《台北"中研院"傅斯年图书馆藏敦煌卷子题记》，郑阿财撰，《庆祝吴其昱先生八秩华诞敦煌学特刊》，台北文津出版社，2000 年，355—402 页。

《〈晋魏隋唐残墨〉缀目》，方广锠编，《敦煌吐鲁番研究》第 6 卷，2002 年，297—334 页。

《天津图书馆藏敦煌遗书目录》，天津图书馆历史文献部编，《敦煌吐鲁番研究》第 8 卷，2005 年，311—358 页。

《湖北省博物馆藏敦煌经卷概述》（附目录），王倚平、唐刚卯编，《敦煌吐鲁番研究》第 5 卷，2001 年，269—276 页；《湖北省博物馆藏敦煌遗书目录》，王倚平编，《敦煌吐鲁番研究》第 11 卷，2008 年，451—487 页。

《首都博物馆藏敦煌吐鲁番文献经眼录》，荣新江、王素、余欣合撰，《首都博物馆丛刊》第 18 期，北京燕山出版社，2004 年，

166—174 页；又《首都博物馆藏敦煌吐鲁番文献经眼录（续）》，《首都博物馆丛刊》第 21 期，2007 年，126—137 页。

《故宫博物院藏敦煌吐鲁番文献目录》，王素、任昉、孟嗣徽编，《敦煌研究》2006 年第 6 期，173—182 页。

以上大多数收入申国美编《中国散藏敦煌文献分类目录》，北京图书馆出版社，2007 年。

6. 日本藏敦煌吐鲁番文书目录

日本收藏的敦煌文书比较零散，有的和吐鲁番文书混在一起，很难说是敦煌还是吐鲁番出土的。有关敦煌文书，有《龙谷大学所藏敦煌古经现存目录》，西域文化研究会编《西域文化研究》第 1 卷（京都法藏馆，1958 年）附录，著录了大谷探险队敦煌收集的 37 件和他人捐赠的 27 件写经；《龙谷大学图书馆所藏大谷探险队将来敦煌古写经目录》，井之口泰淳和白田淳三合编，对上面的旧目有所订正，仅著录大谷收集品的 37 件，并增加了橘文书中的 6 件①。

王三庆《日本天理大学天理图书馆典藏之敦煌写卷》②，著录了天理图书馆藏敦煌文书；他的《日本所见敦煌写卷目录提要（一）》③，著录了唐招提寺、大谷大学图书馆藏敦煌写经。施萍婷

---

① 《佛教学研究》第 39、40 号，1984 年，188—208 页，贺小平译，载《敦煌研究》1991 年第 4 期，58—66 页。
② 《第二届敦煌学国际研讨会论文集》，台北：汉学研究中心，1991 年，79—98 页。
③ 《敦煌学》第 15 辑，1990 年，87—113 页。

《日本公私收藏敦煌遗书叙录》(一)、(二)、(三)[1]，著录了三井文库、藤井有邻馆、唐招提寺藏、法隆寺、国会图书馆、大东急记念文库、东京大学东洋文化研究所等地所藏敦煌文书。陈国灿《东访吐鲁番文书纪要（一）》[2]，也给藤井有邻馆藏品编了目录；他的《东访吐鲁番文书纪要（二）》，则是对宁乐美术馆藏蒲昌府文书的新标目，其中包括日比野丈夫所遗的残片[3]。陈氏两文的内容，基本上收入下面的目录。

《三井文库别馆藏品图录·敦煌写经——北三井家》（三井文库编印，2004年），刊布34件敦煌写经，并附图版解说。

《敦煌秘笈·目录册》，武田科学振兴财团，非卖品，2009年。此为杏雨书屋所藏敦煌文献目录，包括432号原李盛铎家旧藏文书。

《吐鲁番文书总目（日本收藏卷）》，陈国灿、刘安志主编，武汉大学出版社2005年出版。著录了散在日本各地的吐鲁番出土文书，其中最大一批是京都龙谷大学大宫图书馆藏大谷探险队所得文书和橘瑞超文书，包括现不知所在的《西域考古图谱》所刊的大谷文书，此外还有京都国立博物馆京都大学文学部、京都桥本关雪纪念馆、日比野丈夫新获见、东京国立博物馆、东京书道博物馆、东京静嘉堂文库、奈良宁乐美术馆、奈良天理大学图书馆、大阪四天

---

[1] 《敦煌研究》1993年第2期，74—91页；1994年第3期，90—107页；1995年第4期，51—70页。
[2] 《魏晋南北朝隋唐史资料》第12期，1993年，40—45页。
[3] 《魏晋南北朝隋唐史资料》第13期，1994年，32—43页。

王寺出口常顺、静冈县矶部武男、上野淳一旧藏吐鲁番文书,以及京都大学文学部羽田纪念馆藏照片所见吐鲁番文书及散见的吐鲁番出土文书,附录京都藤井有邻馆藏文书,除名称外,还包括简单的提要和研究论著索引①。

7. 德藏吐鲁番文书目录

《汉文佛教文献残卷目录》第 1 卷,施密特(G. Schmitt)与梯娄(T. Thilo)主编(柏林,1975 年);第 2 卷,梯娄主编(柏林,1985 年);两卷共著录了两千多号的佛典断片②。

《柏林藏吐鲁番收集品中的汉文佛教文献》第 3 卷,百济康义编(斯图加特,2005 年),著录《汉文佛典残片目录》第 1—2 卷中未比定的德藏吐鲁番文献 Ch 和 Ch/U 编号的佛典③。

《柏林吐鲁番收集品中的汉文文献》,西胁常记编(柏林,2001 年),著录德藏吐鲁番文献中的非佛典文献④。

---

① 参看王素书评,《敦煌吐鲁番研究》第 10 卷,上海古籍出版社,2007 年,417—421 页。
② *Katalog chinesischer buddhistischer Textfragmente I*, eds. G. Schmitt & T. Thilo, in Zusammenarbeit mit Taijun Inokuchi, mit einem Anhang von Akira Fujieda und Th. Thilo(BTT VI), Berlin, 1975; *Katalog chinesischer buddhistischer Textfragmente II*(BTT XIV), ed. Th. Thilo, Berlin, 1985.
③ K. Kudara, *Chinese Buddhist Texts from the Berlin Turfan Collections*, vol. 3, edited by Toshitaka Hasuike and Mazumi Mitani, Stuttgart: Franz Steiner Verlag, 2005. 参看荣新江书评,《敦煌吐鲁番研究》第 10 卷,226—430 页。
④ T. Nishiwaki, *Chinesische Texte vermischten Inhalts aus der Berliner Turfansammlung*(*Chinesische und manjurische Handschriften und seltene Drücke Teil 3*), Stuttgart: Franz Steiner Verlag, 2001. 关于此目,参看 T. Thilo 的书评, *Orientalistische Literaturzeitung* 97.3, 2002, pp. 424-426.

《吐鲁番文书总目（欧美收藏卷）》，荣新江主编，武汉大学出版社 2007 年出版。主要著录德国国家图书馆藏吐鲁番文献，包括 Ch、Ch/U、U、Tu、Tib、MongHT 编号部分，原藏于 Mainz 科学院部分，德国印度艺术博物馆藏卷，附录现不知所在的德藏吐鲁番文献，除汉文文书外，也包括其他民族语言文字的材料。此外，这本目录也著录了英国图书馆、俄罗斯圣彼得堡东方学研究所、土耳其伊斯坦布尔大学图书馆、安卡拉民族学博物馆、伊斯坦布尔 R. Arat、美国普林斯顿大学葛斯德图书馆所藏吐鲁番文献[1]。

还应当提一下的是《柏林印度艺术博物馆藏吐鲁番收集品中的中亚寺院幡画·丝路北道的绘画织物》，巴塔查娅（Chhaya Bhattacharya-Haesner）著（柏林，2003 年），即带有所有绘画图版的注记目录，有森安孝夫和茨默（P. Zieme）关于回鹘文题记和我关于汉文题记的附录[2]。

三、敦煌吐鲁番文书图录

其实，对于有的馆藏，与其翻目录，不如直接翻图录，因为图录的题名依据的就是相关目录。但有时图录对名称著录不清，还需要对照目录来看图录，而且图录没有有些目录所包含的提要、研究

---

[1] 刘进宝书评，郝春文主编《2008 敦煌学国际联络委员会通讯》，上海古籍出版社，2008 年，137—143 页；刘屹书评，《敦煌学辑刊》2008 年第 2 期，171—173 页。
[2] *Central Asian Temple Banners in the Turfan Collection of the Museum für Indische Kunst*, *Berlin*. *Painted Textiles from the Northern Silk Route*, by Chhaya Bhattacharya-Haesner, Berlin: Dietrich Reimer Verlag, 2003.

文献索引等内容。

《敦煌宝藏》，140 册，黄永武编，新文丰出版公司 1981—1986 年出版。收英、法、中三大馆藏的敦煌文书，其照片是从缩微胶卷翻拍下来的，所以图版质量欠佳，尤其是法藏文书的缩微胶卷拍摄时，原本用作保护写本的丝网有些已经和纸本脱离，所以拍照的缩微胶卷比较模糊，而且越是有用的文书，翻阅的人越多，丝网脱离得越严重，照片也就越不清楚，本书在这些地方往往再附放大图版，但也似无济于事。如果下面的相关图录有已经收载的文书，现在则不必看此书的图版了。由于《英藏敦煌文献》没有影印佛教文献部分，所以此书还没有作废。

《英藏敦煌文献（汉文佛经以外部分）》，15 册，中国社会科学院历史所、英国图书馆等单位合编，四川人民出版社 1990—2009 年出版。收佛经之外的文书，但在禅宗典籍方面前后把握的原则不太一致。S.7600 号以后的文书基本上是首次出版，提供了大量有价值的文书，特别是从经帙中揭出很多唐代官文书，如作为该书封面的《景云二年论事敕书》，都是此前没有见过的珍贵文书。

《俄藏敦煌文献》，17 册，俄罗斯科学院东方研究所圣彼得堡分所、俄罗斯科学出版社东方文学部、上海古籍出版社合编，上海古籍出版社 1992—2001 年出版。此前俄藏敦煌文献只有少量俗文学作品和社会经济文书发表出来，学术界甚至连俄藏敦煌文献中有什么都不清楚。这次影印了全部 Ф.1—366 号和 Дx.1—19092 号的图版，里面富有研究旨趣的新材料极多，我们要感谢上海古籍出版社为此作出的努力和贡献①。但是，本书第 11 册以下（Дx. 3601 号后）没有给出文书的标题，虽然这样做可以尽快提供给研究者图版来做研究，但作为一部很难再印的书，还是没有做到家，目前已有学者为这些部分的佛教典籍或文书分别编出目录，但还没有全面的目录出版。另外应当注意的是，这些敦煌文献中，其实包含有俄国不同的探险队所得的和田、吐鲁番、黑城文书甚至晚期的清代文书，利用时应当格外小心。关于其中的和田文书，参看张广达、荣新江合撰《圣彼得堡藏和田出土汉文文书考释》②；其中的吐鲁番文书，见上引荣新江主编《吐鲁番文书总目（欧美收藏卷）》中《俄罗斯圣彼得堡东方学研究所藏吐鲁番文献》；关于黑城文书，参看荣新江《〈俄藏敦煌文献〉中的黑水城文献》③。

《法国国家图书馆藏敦煌西域文献》，34 册，上海古籍出版社、法国国家图书馆合编，上海古籍出版社 1995—2005 年出版。如上所述，《敦煌宝藏》的法国部分最不清楚，此书的图版要清晰多了，可以据以订正前人的一些录文。但本书的大多数图版，仍然是据缩微胶卷制作的，只有遇到不清楚的时候才重新拍照，所以有些图版的质量还是欠佳。

《敦煌书法丛刊》，29 册，饶宗颐编（东京：二玄社，1985 年）；中文本《法藏敦煌书苑精华》，8 册，广东人民出版社 1993

---

① 参看荣新江关于前五册的书评，《敦煌吐鲁番研究》第 1 卷，1996 年，368—373 页。
② 《敦煌吐鲁番研究》第 6 卷，北京大学出版社，2002 年，221—241 页。
③ 《黑水城人文与环境研究——黑水城人文与环境国际学术讨论会文集》，中国人民大学出版社，2007 年，534—548 页。

年出版。影印饶先生逗留巴黎期间从国立图书馆所藏精选的 150 件敦煌原卷①。前者是日文原本，后者图版相同，解题是 1992—1993 年我在香港时帮助饶先生整理的，他的中文定稿交给了二玄社，只有草稿，所以不少地方是倒译回来的，不过都经过饶先生的认定，其中也增补了一些内容，所以相对来说，图版还是日文版较好，但解说是中文版更佳。这是从书法的角度所做的选集，但选择范围几乎涵盖敦煌文书的各个方面，特别是所有文书都是按原大影印，可以让我们见到文书的原貌，这几乎是其他图录都不太可能做到的。

《王重民向达先生所摄敦煌西域文献旧照片合集》，30 册，国家图书馆善本特藏部编，北京图书馆出版社 2008 年出版。收王重民、向达 20 世纪 30 年代于法、英、德等地所摄的流落于海外的敦煌西域文献，共 1400 余种、11000 多页老照片，其中主要是王重民所摄法藏敦煌文献中的最精华部分，还有他们二位所摄英藏敦煌文书、德藏吐鲁番文书。如上所说，法藏敦煌文献后来加了起保护作用的丝网，使得许多照片不够清楚；另外有些文书因为修复、不断翻阅的原因，形状已经改变，首尾一些纸片也有脱落，而这批照片拍摄在加丝网和后人大量翻阅之前，所以比较清晰。我在给这部书写序的时候举了一个例子："记得有一次周绍良先生让我核《读史编年诗》的录文，因为他据 70 年代的缩微胶卷或《敦煌宝藏》的影本都有不少文字无法见到，我知道中华书局的徐俊先生独具慧眼，明了王重民照片的价值，已经用这批老照片全部核对了他整理

---

① 赵声良与荣新江合撰书评，《敦煌研究》1995 年第 1 期，172—174 页。

的诗歌文字。一问,果然《读史编年诗》的全部文字,都可以通过这批老照片释读出来,周老为之大喜。"还有就是我从这批照片中找到一些数量不多,但价值连城的德藏吐鲁番文书照片,有些二战中已经毁掉,这些照片为天下孤本,价值不次于某些敦煌吐鲁番原件①。李德范校录《敦煌西域文献旧照片合校》(北京图书馆出版社,2007年),用这批照片与法藏、英藏卷子现在的照片做了对照,指出这批照片的价值所在。

《中国国家图书馆藏敦煌遗书》1—7册,中国国家图书馆编,江苏古籍出版社1999—2001年出版。国家图书馆是中国敦煌文书最重要的收藏单位,这个出版计划应学术界的要求,将《劫余录》部分、原写经组编《劫余录续编》部分、1949年后所得"新"字号部分三头并进,但在出版了7册(全是佛经)以后,这个计划遗憾地终止了。此后,中国国家图书馆善本特藏部、上海龙华寺、《藏外佛教文献》编辑部合编的《中国国家图书馆藏敦煌遗书精品选》(中国国家图书馆,2000年),提供了一些非常重要的文书的照片。近年来,国图藏卷才开始大规模刊布,即《国家图书馆藏敦煌遗书》,已出1—117册,中国国家图书馆编,北京图书馆出版社2005—2009年出版,从新编BD00001号开始,依次刊布文书图版,现在已经出版到BD13982号(其中BD12387—13799号,即111—112两册尚未出版),开始进入过去没有系统刊布的文书部分,许

---

① 参看荣新江《中国国家图书馆善本部藏德国吐鲁番文献旧照片的学术价值》,国家图书馆善本特藏部敦煌吐鲁番学资料研究中心编《敦煌学国际研讨会论文集》,北京图书馆出版社,2005年,267—276页及图1—3。

多新的资料应当指日可待。

此外,中国各地收藏的较小规模的敦煌吐鲁番文文书也陆续刊布,其中主体是敦煌,少量是吐鲁番文书;内容大多数是佛经,但也偶尔有重要的文书。

《上海博物馆藏敦煌吐鲁番文献》,2册,上海古籍出版社与上海博物馆合编[①],上海古籍出版社,1993年。

《北京大学藏敦煌文献》,2册,北京大学图书馆与上海古籍出版社合编[②],上海古籍出版社,1995年。

《天津艺术博物馆藏敦煌文献》,7册,上海古籍出版社与天津艺术博物馆合编,上海古籍出版社,1996—1998年。

《上海图书馆藏敦煌吐鲁番文献》,4册,上海图书馆与上海古籍出版社合编,上海古籍出版社,1999年[③]。

《甘肃藏敦煌文献》,6册,甘肃藏敦煌文献编委会、甘肃人民出版社、甘肃省文物局合编,甘肃人民出版社,1999年。包括敦煌研究院、酒泉市博物馆、甘肃省图书馆、西北师范大学、永登县博物馆、甘肃中医学院、张掖市博物馆、甘肃省博物馆、敦煌市博物馆、定西县博物馆、高台县博物馆所藏文书,其中如《天宝十道录》(本书题"地志")、《占云气书》《六祖坛经》《南宗定是非论》《坛语》等,都是极其重要的文书和典籍。

[①] 参看荣新江书评,《敦煌吐鲁番研究》第1卷,373—376页。
[②] 参看刘屹书评,《敦煌吐鲁番研究》第3卷,北京大学出版社,1998年,371—381页。
[③] 参看荣新江书评,上海图书馆历史文献研究所编《历史文献》第7辑,上海古籍出版社,2004年,322—329页。

《浙藏敦煌文献》，1 册，浙江教育出版社，2000 年。

《中国书店藏敦煌文献》，中国书店编，中国书店出版社，2007 年。

在吐鲁番文书的整理刊布方面，在某些方面做得比敦煌文书的整理要好。

《吐鲁番出土文书》，4 册，唐长孺主编，国家文物局古文献研究室、新疆维吾尔自治区博物馆、武汉大学历史系合编，文物出版社 1992—1996 年出版[①]。此为 1959—1975 年间吐鲁番出土文书的整理本，图版和录文对照，可以说是最佳的整理方式。只是图片有些是"文革"期间拍摄，不够清晰，朱笔也没有很好地显现。另外，此前出版的《吐鲁番出土文书》32 开平装本 10 册，文物出版社 1981—1991 年出版，系录文初稿本，按照唐先生的说法，应当以图文对照本为准。

《新出吐鲁番文书及其研究》，柳洪亮著，新疆人民出版社 1997 年出版。收录了现藏吐鲁番博物馆的几组吐鲁番出土文书：(1) 未及收入上述《吐鲁番出土文书》的 66TAM360 墓文书，(2) 1979—1986 年间发掘的 TAM382—391 墓出土文书（其中 390 墓未出文书资料），(3) 其他零散发现的文书，包括 1968 年交河城出土、1981 年吐峪沟出土、1980—1981 年柏孜克里克石窟出土文书。可惜的是图版没有用铜版纸，又比较小，大多不够清楚，录文

---

① 参看孟宪实书评，《敦煌吐鲁番研究》第 2 卷，北京大学出版社，1997 年，355—363 页；第 4 卷，北京大学出版社，1999 年，581—586 页。

也有问题①。

《吐鲁番柏孜克里克石窟出土汉文佛教典籍》，新疆维吾尔自治区吐鲁番学研究院、武汉大学中国三至九世纪研究所合编，文物出版社 2007 年出版。刊布 1980—1981 年柏孜克里克石窟出土的所有汉文文书，上图下文，彩色图版，十分清晰②。

《新获吐鲁番出土文献》，2 册，荣新江、李肖、孟宪实主编，新获吐鲁番出土文献整理小组编，中华书局 2008 年出版。收录了 1997—2006 年在吐鲁番阿斯塔那、巴达木、洋海、木纳尔、台藏塔等地发掘及少量征集到的文献，全部彩色图版，图文对照，最后是人名、地名和文书编号索引。

以上是新中国成立以后出土的吐鲁番文书整理的成果，由于唐长孺先生主持的"吐鲁番出土文书整理小组"整理出版了图文对照本《吐鲁番出土文书》，为文书的整理确立了楷模，这一方式影响到以后吐鲁番文书的整理工作，但敦煌文书大概因为数量较大，内容又多为佛经，所以没有做图文对照本。当然，有些吐鲁番文书的整理工作，尚没有达到这个水平，有的也没有照此方式去做。

《中国历史博物馆藏法书大观》第 11 卷《晋唐写经·晋唐文书》、第 12 卷《战国秦汉唐宋元墨迹》，东京柳原书店与上海教育出版社于 1999 年和 2001 年分别出版，史树青主编，其中包括黄文弼所得吐鲁番文书和罗振玉旧藏文书，有图版，也有录文，但历博

---

① 参看荣新江书评，《敦煌吐鲁番研究》第 4 卷，北京大学出版社，1999 年，586—590 页。
② 参看王素书评，《吐鲁番学研究》2008 年第 2 期，140—144 页。

所藏佛典，有不少是梁玉书（素文）得自吐鲁番的精品，只做提要，没有全文影印，非常可惜①。这部书是中日合作出版，日文本先出，中文本后出。从书名看像是书法选集，实际上却舍弃书法精美的吐鲁番写经，而全部影印了黄文弼所得和罗振玉旧藏吐鲁番公私文书，可以想见日本学者在选择时是有考虑的。此前罗氏藏卷有《贞松堂藏西陲秘籍丛残》的清晰影印件，但黄文弼文书则只见于20世纪50年代出版的《吐鲁番考古记》中质量很差的图版上。

《大谷文书集成》，3卷，小田义久编，京都法藏馆分别于1984年、1990年、2003年出版。收录龙谷大学图书馆藏吐鲁番文书。本书有选择地影印部分文书的图版，所以许多成组的文书我们只能见到一部分图版，对于进一步的研究多有妨碍。另外，本书按编号顺序发表录文，并简要提示前人录文和研究所在，但大谷文书中有许多是已经被拼接在一起的残片，如大津透等拼接103个残片而成的《仪凤二年度支奏抄·金部旨条》，如果分散开来，有些断片没有多大意义，在利用本书时要留意参考已经拼接的文书录文所在，如池田温《中国古代籍帐研究》（东京大学东洋文化研究所，1979年）的录文，就不可或缺。

《旅顺博物馆藏新疆出土汉文佛经选粹》，旅顺博物馆、龙谷大学合编②，法藏馆2006年出版。整理大谷探险队在新疆所获的汉文佛典残片，用《大正藏》电子文本加以比定，并做缀合和分类的工

---

① 参看荣新江书评，《敦煌吐鲁番研究》第5卷，北京大学出版社，2001年，332—337页。
② 日文名《旅順博物館藏トルファン出土漢文仏典斷片選影》。

作，只发表图版，没有做录文，可以通过书后所附图版目录与《大正藏》对照表，了解文字的情况。除了佛典之外，还发表了少量的道经、写经题记、典籍和文书①。

《高昌残影——出口常顺藏吐鲁番出土佛典断片图录》，非卖品，1978 年，《吐鲁番出土佛典之研究·高昌残影释录》，藤枝晃编著，法藏馆 2005 年出版②。系日本大阪四天王寺前寺主出口常顺氏的藏品，据说是 20 世纪 30 年代在柏林购得。前者图版，精印一百册，所以一般不容易见到。后者是研究篇，有录文和考释。我收到过四天王寺现主持赠送的《释录》篇，在日本的书店里看到，《释录》与重印的《高昌残影》图录放在一个盒子中出售，价钱非常昂贵。顺便提到，与出口常顺藏品同样来自德国吐鲁番收集品的土耳其伊斯坦布尔大学图书馆藏品，其中的汉文文书也由西胁常记整理出版，即《伊斯坦布尔大学图书馆所藏吐鲁番出土汉语断片研究》③，京都同志社大学文学部文化史学科西胁研究室，2007 年。

《日本宁乐美术馆藏吐鲁番文书》，陈国灿、刘永增合编，文物出版社 1997 年出版。收入该馆所藏蒲昌府文书，图文对照。

英藏斯坦因所获吐鲁番文书，也经过了多次整理，马伯乐《斯坦因第三次中亚探险所得汉文文书》（伦敦，1953 年），把其中比

---

① 参看荣新江书评，《敦煌吐鲁番研究》第 10 卷，409—413 页。
② 原名《トルファン出土仏典の研究·高昌残影釈録》。
③ 原名《イスタンブル大学図書館所藏トルファン出土漢語断片研究》。

较完整的文书做了录文和法文翻译，只刊布很少一些图版①。郭锋《斯坦因第三次中亚探险所获甘肃新疆出土汉文文书》（甘肃人民出版社，1993 年）②、陈国灿《斯坦因所获吐鲁番文书研究》（武汉大学出版社，1994 年）③，又做了补充和订正工作。沙知、吴芳思（Frances Wood）编《斯坦因第三次中亚考古所获汉文文献（非佛经部分）》，2 册，上海辞书出版社 2005 年出版。应当说是英藏吐鲁番文书的决定版，图文对照，但可惜的是最后的一些校对结果没有及时改正原来的录文，参看沙知《〈斯坦因第三次中亚考古所获汉文文献〉（非佛经部分）勘误》④。

其他资料，我们只能简单提示如下：

É. Trombert, *Les Manuscrits Chinois de Koutcha. Fonds Pelliot de la Bibilothèque Nationale de France*, Paris, 2000. 该书收入伯希和在库车所获汉文文书，有图版、录文和考释。

《俄罗斯科学院东方研究所圣彼得堡分所藏黑水城文献汉文部分》，7 册，俄罗斯科学院东方研究所圣彼得堡分所、上海古籍出版社等合编，史金波主编，上海古籍出版社 1996 年出版。黑城出土文书中的宋元时期的文书材料，非常重要。

The Art of Central Asia. The Stein Collection in the British Museum, 3 vols., ed. R. Whitfield, Tokyo, 1982-1985.

---

① H. Maspero, *Les documents chinois de la troisième expédition de Sir Aurel Stein en Asie centrale*, London, 1953.
② 参看荣新江书评，《唐研究》第 3 卷，北京大学出版社，1997 年，572—575 页。
③ 参看荣新江书评，《唐研究》第 3 卷，575—577 页。
④ 《敦煌吐鲁番研究》第 10 卷，371—382 页。

Les arts de l'Asie centrale: La collection Paul Pelliot du musée national des arts asiatiques-Guimet, 2 vols, ed. J. Gies, Paris, 1995.

《俄罗斯国立艾尔米塔什博物馆藏敦煌艺术品》，6 册，俄罗斯艾尔米塔什博物馆、上海古籍出版社合编，上海古籍出版社 1997—2005 年出版。前 2 册是敦煌艺术品，后 4 册是俄国敦煌考察队的照片、测绘图、摹本、文字记录等资料。

四、敦煌吐鲁番文书录文集

录文要较图版方便阅读，但敦煌吐鲁番文献的录文是很难做的一件事，所以不能保证所有的录文都是正确的，因此，浏览可以看录文，但引用时，最好核对图版。

主要的综合史料录文合集有：

《英藏敦煌社会历史文献释录》，已出版第 1—17 卷，郝春文主编，第 1 卷由科学出版社出版，第 2 卷之后换为社科文献出版社，2001—2021 年①。这是按 S 编号顺序校录文书的录文集，遇到同一文献的不同抄本，编者也做了合校。其收录文书的范围与《英藏敦煌文献》略同，但兼收《英藏》没有的写经题记和一些杂写。

《中国古代籍帐研究·录文》，池田温著，东京大学出版会 1979 年出版。本书成书时，许多敦煌文献还没有公布，作者主要利

---

① 参看赵和平关于《英藏敦煌社会历史文献释录》第 1 卷的书评，《敦煌吐鲁番研究》第 6 卷，389—394 页。

用前人发表的图版、录文和自己的调查成果来工作，除户籍、计帐外，兼收与社会经济相关的各类杂文书，在文书缀合、识字等方面成就极高，而其将写本改成印刷体排版之水平，迄今几乎没有哪本著作能超越。

《敦煌社会经济文献真迹释录》，1—5 辑，唐耕耦等编，书目文献出版社与全国图书馆文献缩微复制中心，1982—1990 年。上图下文，收录地志、氏族谱和家传、籍帐、社邑文书、契约、法律文书、牒状、书仪、邈真赞等共 34 类、1664 件文书。本书是利用缩微胶卷来大规模校录敦煌社会经济文书的成果，其中大量的官府和寺院的入破历、什物历及牒状等都是首次录出，其艰辛之劳作可想而知。但因为工作条件确实很差，所以有些录文还需要订正，图版也不够清晰。

Tun-huang and Turfan Documents Concerning Social and Economic History（《敦煌吐鲁番社会经济资料集》），5 册，东洋文库，1978—2001 年。各册内容为：I. 法制文书；II. 籍帐；III. 契约；IV. 社文书；V. 前四册的补正。每卷内容分两部分：A 为导言（Introduction）和录文（Texts），B 为图版（Plates），山本达郎主编，池田温、冈野诚、土肥义和等参加。因为是申请联合国教科文组织的经费出版，所以用英文解说，但录文都用汉字。相对来说，这部书的录文水平较高，收集材料也是巨细无遗。

其他只涉及某一类别的录文集，主要的有下面一些：

《敦煌经部文献合集》，全 11 册，张涌泉主编、审订，中华书局 2008 年出版。这是收录最全的敦煌经部文献合集，对于每一种文献都做了详细的对校，并有详细的校记。相关的研究成果，可以参看许建平《敦煌经籍叙录》（中华书局，2006年）；又《敦煌文献丛考》（中华书局，2005年）。

《尚书文字合编》，顾颉刚与顾廷龙辑，上海古籍出版社1996年出版。是两位学者收集的《尚书》写本的图录，很清楚。

《唐写本论语郑氏注及其研究》，王素著，文物出版社1991年出版。除敦煌外，更多的写本是吐鲁番出土文书，所得文字，大体上有原书的一半左右。只有极少数的写本，没有收入本书[①]。研究篇汇集了罗振玉、王国维、王重民、陈铁凡、月洞让、金谷治和著者本人的成果。

《唐五代韵书集存》，周祖谟编著，中华书局，1983年；增补版：台湾学生书局，1994年。材料来源包括敦煌和吐鲁番。

《敦煌音义汇考》，张金泉、许建平著，杭州大学出版社，1996年。

《敦煌写本碎金研究》，朱凤玉著，台北文津出版社，1997年。

《春秋后语辑考》，王恒杰编校，齐鲁书社，1993年。作者大概没有见到台湾康世昌先生《〈春秋后语〉辑校》，载《敦煌学》第14辑，1989年，91—187页；第15辑，1990年，9—86页[②]。两相比较，各有所长。上述两家辑本出版后，北京图书馆善本部李际宁先生检索该部所藏未刊敦煌残卷，又比定出一件《春秋后语》，

[①] 参看荣新江《〈唐写本论语郑氏注及其研究〉拾遗》，《文物》1993年第2期，56—59页。
[②] 参看康世昌《孔衍〈春秋后语〉试探》，《敦煌学》第13辑，1988年，112—131页。

编号新 865，内容为《秦语》蔡泽说范雎部分①。1996 年我到柏林调查德国吐鲁番探险队所获汉文文献，在德国国家图书馆又找到一件唐卢藏用《春秋后语注》的抄本残片，现编号 Ch. 734，国图存有王重民先生从德国摄回之照片②。可见，敦煌吐鲁番文献的整理，就是这样一步步积累起来的。

《敦煌写本书仪研究》，赵和平著，新文丰出版公司，1993 年。首次将敦煌书仪类文献校录出版，厥功至伟。但本书系手写排版，虽然能保存写卷原样，但也有许多文字没有厘定，研究者使用起来不够方便。另外，文书都是按行录文，我以为像书仪这样的文章体写本，不必按行录文，只在开头结尾的地方保留原格式即可，使人看到接近唐代书仪著作的原貌更好。

《敦煌表状笺启书仪辑校》，赵和平辑校，江苏古籍出版社，1997 年。这是上面正式的书仪之外的书仪文献，有些是实际应用的文章。

《敦煌地理文书汇辑校注》，郑炳林，甘肃教育出版社，1989 年；《敦煌石室地志残卷考释》，王仲荦著，上海古籍出版社，1993 年③。这两部书几乎同时完成，收录范围略有差别。由于条件所限，录文都有些问题，但前者注释详于其他敦煌文书的互见，后者更多地对照传世文献。对于记录敦煌当地情形的方志，李正宇《古本敦

---

① 李际宁《〈春秋后语〉拾遗》，《敦煌吐鲁番研究》第 1 卷，1996 年，335—338 页。
② 荣新江《德藏吐鲁番出土〈春秋后语〉残卷考释》，《北京图书馆馆刊》1999 年第 2 期，71—73 页及附图。
③ 新版有《敦煌石室地志残卷考释》，王仲荦著、郑宜秀整理，中华书局，2007 年。

煌乡土志八种笺证》校录最为精审，注释也很详尽。该书由新文丰出版公司1993年初版，甘肃人民出版社2008年出了新版。

《慧超往五天竺国传研究》，桑山正进编，京都大学人文科学研究所，1992年。这是敦煌文书的重要发现，自1909年就有许多研究成果。本书汇集考古、历史、语言、艺术等方面专家的研究成果，做出详尽注释，连同录文、日文翻译、图版、索引一道刊出，可以说是《慧超传》的集大成著作。相比而言，张毅《往五天竺国传笺释》（中华书局，1994年）一书，由于作者条件的限制，整理工作不够理想，受到较多的批评[①]。

《敦煌碑铭赞辑释》，郑炳林著，甘肃教育出版社，1992年。录文有可商榷之处，但注释详瞻，特别是敦煌文书本身的互见，发明极多。邈真赞部分，应当使用《敦煌邈真赞校录并研究》，姜伯勤、项楚、荣新江合著，新文丰出版公司，1994年。

《敦煌愿文集》，黄征、吴伟编校，岳麓书社，1995年。这是愿文的首次校录。

《敦煌礼忏文研究》，汪娟著，台北法鼓文化事业股份有限公司，1998年。

《敦煌佛教经录辑校》上下册，方广锠辑校，江苏古籍出版社，1997年。

《藏外佛教文献》第1—12辑，方广锠编，宗教文化出版社，

[①] 王邦维书评，《敦煌吐鲁番研究》第1卷，北京大学出版社，1996年，415—420页；董志翘书评，《学术集林》卷九，上海远东出版社，1996年，280—303页；曾良补校，《俗语言研究》第4期，1997年，66页。

1995—2008 年。

《般若心经译注集成》，方广锠编纂，上海古籍出版社，1994 年。

《敦博本禅籍录校》，邓文宽、荣新江合著，江苏古籍出版社，1998 年。包括《菩提达摩南宗定是非论》《南阳和上顿教解脱禅门直了性坛语》《南宗定邪正五更转》《南宗顿教最上大乘坛经》《注般若波罗蜜多心经》五种。其中的《坛经》，还可看《敦煌写本坛经原本》（周绍良编著，文物出版社，1997 年）；《定是非论》和《坛语》，可参看《神会和尚禅话录》（杨曾文编校，中华书局，1996 年）。

《中国古代写本识语集录》，池田温编，东京大学东洋文化研究所，1990 年。专门记录各种文献，特别是佛经的题记。与《中国古代籍帐研究》相比，有些录文和定年上略有问题。

《敦煌道藏》，5 册，李德范辑，全国图书馆文献缩微复制中心，1999 年。大渊忍尔在《敦煌道经·图录编》（福武书店，1979 年）的基础上，影印了 500 多件道经或与道教相关的文献的图版，又设"存号"一类，主要是大约 50 件新近公布或尚未公布的敦煌道经写本，虽知其馆藏卷号和经典名称，但由于种种原因未能收入该卷图版[①]。

《敦煌天文历法文献辑校》，邓文宽录校，江苏古籍出版社，1996 年。这是关于星图、星占、具注历方面的文献的集大成著作。

---

① 参看刘屹书评，《敦煌吐鲁番研究》第 6 卷，2002 年，384—389 页。

作者后来看到巴黎藏卷的原件和《英藏敦煌文献》的清晰图版，有所补正，见《庆祝吴其昱先生八秩华诞敦煌学特刊》，141—156 页。

有关占卜书的整理，近年来的步伐加快，有《敦煌写本解梦书校录研究》，郑炳林编著，民族出版社，2005 年；《敦煌写本相书校录研究》，郑炳林编著，民族出版社，2004 年；《敦煌写本宅经校录研究》（敦煌学研究文库），陈于柱著，民族出版社，2007 年；《敦煌写本宅经葬书校注》（敦煌学研究文库），金身佳编著，民族出版社，2007 年。

《敦煌古医籍考释》，马继兴主编，江西科学技术出版社，1988 年；《敦煌医药文献辑校》，马继兴、王淑民、陶广正、樊正伦辑校，江苏古籍出版社，1998 年。

《敦煌吐鲁番唐代法制文书考释》，刘俊文著，中华书局，1989 年。这是在 *Tun-huang and Turfan Documents Concerning Social and Economic History*（《敦煌吐鲁番社会经济资料集》）第 I 册的基础上做的，有注释。

《敦煌社邑文书辑校》，宁可、郝春文辑校，江苏古籍出版社，1997 年。本书与 *Tun-huang and Turfan Documents Concerning Social and Economic History*（《敦煌吐鲁番社会经济资料集》）第 IV 册收录范围略同，但出版时间稍早，后者标示出版年代为 1989 年，实际上出版时间为 2000 年①。郝春文的《补遗》，收入所著《中古时期

---

① 参看孟宪实书评，《敦煌吐鲁番研究》第 5 卷，413—418 页。

社邑研究》，新文丰出版公司，2006 年，393—468 页。

《敦煌契约文书辑校》，沙知辑校，江苏古籍出版社，1998 年。这是在 Tun-huang and Turfan Documents Concerning Social and Economic History（《敦煌吐鲁番社会经济资料集》）第 III 册的基础上做的，后出转精。

《敦煌西域古藏文社会历史文献》，〔英〕F. W. 托马斯编著，刘忠、杨铭译注，民族出版社，2003 年。这是藏文文书的翻译。

《敦煌类书》，王三庆编著，高雄丽文文化事业公司，1993 年。这是敦煌类书的集大成著作。

《敦煌写卷新集文词九经抄研究》，郑阿财著，文史哲出版社，1989 年。有关同类童蒙读物的研究，参看郑阿财《敦煌文献与文学》，新文丰出版公司，1993 年。

《敦煌写本类书〈励忠节钞〉研究》，屈直敏著，民族出版社，2007 年。

《敦煌赋校注》，伏俊连著，甘肃人民出版社，1994 年。

《敦煌诗集残卷辑考》，徐俊纂辑，中华书局，2000 年。这是最好的诗集写本辑校，而且凡与诗歌同在一卷的其他文献，也放在一起讨论，这种整理敦煌文献的方法最为可取。

《王梵志诗校注》，项楚校注，上海古籍出版社，1991 年。

《敦煌歌辞总编》，任半塘编著，上海古籍出版社，1987 年。录文和判定年代都有武断之处。关于文字部分，参看项楚《敦煌歌辞总编匡补》，新文丰出版公司，1995 年；新版，巴蜀书社，2000 年。

《敦煌变文校注》，黄征、张涌泉校注，中华书局，1997 年。

此前敦煌变文的校录有多家，包括周绍良《敦煌变文汇录》（上海出版公司，1954年）、王重民等编《敦煌变文集》（人民文学出版社，1957年）、潘重规《敦煌变文集新书》（中国文化大学中文研究所敦煌学研究会，1983年，新版），而考释变文俗字的文章更有数百篇之多，本书在前人成果的基础上，结合自己对俗字、俗语词的深厚功力，做出新的校录，并有详细的校记。本书基本上可以取代原本大家常用的《敦煌变文集》或《敦煌变文集新书》。

《敦煌变文选注》，项楚著，巴蜀书社，1990年；增订本，中华书局，2006年。过去敦煌变文的整理主要是校录，做注的很少[①]，作者以丰富的语言、文字、文学、佛教、民俗等方面的知识，增订版对44（旧版27）篇敦煌变文做了详细的注释，是非常难能可贵的成果。

至于单篇文章中的文书录文，有的时候可能比上面早出的录文合集更为准确，这就需要研究生自己去翻检了，特别是自己要专门研究的文献，一定不要把敦煌文书中的同类资料漏掉，否则就非常遗憾了。

翻检单篇论文时，可以利用下面的工具书作为助手：

郑阿财、朱凤玉主编《敦煌学研究论著目录（1908—1997）》，台北：汉学研究中心，2000年；《敦煌学研究论著目录（1998—

[①] 梅维恒曾经用英文注释过四篇敦煌变文，见 V. H. Mair, *Tun-huang Popular Narratives*, Cambridge/London: Cambridge University Press, 1983, 但很少有人注意他的研究成果。

2005）》，郑阿财、朱凤玉主编，台北：乐学书局，2006 年。

申国美编《国家图书馆藏敦煌遗书研究论著目录索引（1900—2001）》，北京图书馆出版社，2001 年；《英藏法藏敦煌遗书研究按号索引》，申国美、李德范编，国家图书馆出版社，2008 年。可按敦煌遗书编号找到关于该号文献的研究情况。

敦煌吐鲁番文书研究，有几种专业的刊物，大家应当随时浏览，其上会发表最新的研究成果和最新的录文。

《敦煌研究》，1983 年创刊，双月刊，敦煌研究院主办。

《敦煌学辑刊》，1980 年创刊，季刊，兰州大学敦煌学研究所主办。

《敦煌吐鲁番研究》，1995 年创刊，年刊，敦煌吐鲁番学会等单位合办。

《敦煌学》，1974 年创刊，年刊，港、台敦煌学会主办。

《吐鲁番学研究》，2000 年创刊，至 2007 年，不定期出版 15 期，为内部刊物；2008 年起为正式出版物，半年刊，吐鲁番学研究院主办。

第五讲

版本与校勘的常识

在翻阅传统史籍、石刻史料、出土简帛、敦煌吐鲁番文书,做史料长编的时候,还需要有一定的版本知识和校勘常识。中国古书许多都经过反复的刊刻,不同的刻本间有不少差异;出土文献有的时间已经很长,即使是比较新出的文献,有时也有多种不同的录文出现。大家在做自己的史料长编时,对于收集到的史料,有的时候需要对勘不同的版本;对于自己一定要用的材料,如果没有非常好的整理本时,还需要自己做校勘,校订出最好的文字来使用。在校对时要写明白校对的成果,有时候需要写成正规的校勘记,以便在写文章的时候把校记也发表出来;如果不随时记下来,等到写文章的时候就又得返工。

一、版本的基本知识

在翻看一种书之前，最好先了解这部书的版本情况，选用最好的版本来看。

什么是最好的版本，从专门研究版本的专家来看，当然宋元刻本是最好的版本。但是我们从研究的角度，并不一定追求宋元本，宋元本也不是尽善尽美的，而且如果是没有刊布的宋元本，一般都是善本，密藏在图书馆，不是轻易就可以看到的。

从一般的翻阅的角度来说，首先用标点本古籍。因为一部严肃的标点本古籍，往往都对校过现存的宋元本和其他主要的版本，并有很好的校记告诉你各本的不同写法，所以一册在手，等于看了好几个本子。像《二十四史》《资治通鉴》等以国家力量来整理的古籍，参校了很多本子。但是，许多标点本是以个人的力量来工作的，有经费、时间、阅览制度的限制，还有不少本子没有看过。近年来不断影印出新的本子，还有一些海外藏本也可以看到，所以标点本做成以后出来的版本也还是要注意的，有些文字是好于标点本的。

但是我们研究者所要使用的古籍，有许多还没有标点本，那么就需要了解这本书的版本情况，知道现存最早的版本在哪儿，是否已影印出版。一部书可能有不同的版本系统，不同系统的版刻不断翻刻，文字逐渐不同，甚至卷数也不相同，有的书有增订补充，这些补订有的和原书合刻，有的单刻。许多不同的版本情况，最好要有清楚的了解，这样才不至于漏掉史料。

举一个例子，研究唐史的人经常使用的两部大书，《全唐文》和《全唐诗》，在使用前应当了解其成书经过和所收文字的版本优劣。关于《全唐文》，参看陈尚君《述〈全唐文〉成书经过》①；关于《全唐诗》，参看周勋初《叙〈全唐诗〉成书经过》②。一般来讲，《全唐文》或《全唐诗》所收的文章，若有《文苑英华》或其他总集、别集的好版本存在，都要用后者，当然最好是比较后选用。我曾看到一篇博士论文引《全唐文》卷二二八《赠太尉裴公神道碑》"乾封岁，征为同文少卿"，《英华》卷八八八、《张说之集》卷八一同一篇文献作"司文少卿"，后者符合唐制，文字正确。"同文"是清朝人常见的词汇，所以清人编《全唐文》时，抄手不知"司文"何意，就改作"同文"了。其实《全唐文》中许多标题是清人拟的，不是唐朝的原文，因为原标题已佚，这样的标题在使用的时候就不能当作唐朝的文献来读。

再举一个例子，就是徐松的《西域水道记》。这部书最早是道光十九年（1829）由邓廷桢在两广总督任上刻印出版，后来有多种影印或翻刻本。又有人将此书与徐松的《汉书西域传补注》《新疆赋》合刻为《大兴徐氏三种》，流传更广，刻本更多，有北平琉璃厂宝森堂本、北平隆福寺文奎堂本、光绪十九年（1893）上海宝善书局本、光绪二十九年（1903）金匮浦氏静寄东轩"皇朝藩属舆地

---

① 收入陈尚君《唐代文学丛考》，中国社会科学出版社，1997年，61—78页。
② 收入周勋初《文史探微》，上海古籍出版社，1987年；又收入《周勋初文集》第3卷，江苏古籍出版社，2000年，185—207页。

丛书"本、上海鸿文书局本，后三种均为石印袖珍本。又，光绪十七年（1891）上海著易堂排印王锡祺辑《小方壶斋舆地丛钞》，也收入此书（第四帙，不分卷），但多有删节。现在比较容易看到的丛书，如"丛书集成初编""中国边疆丛书""丛书集成新编""二十五史三编""二十四史订补"等，又从上面的本子翻印。这是《西域水道记》原本的刊刻情况，一百多年就有这么多本子了。

但徐松在此书刻印后，自己又在不断地用笺条的形式增补。徐松去世后，这部夹有笺条的本子（缺卷三）为钱振常所得，钱氏撮钞其笺改内容为《西域水道记校补》一卷，先后刻入光绪二十八年（1902）姚觐元编《咫进斋丛书》四集、宣统元年（1909）沈宗畸编《晨风阁丛书》、民国九年（1920）缪荃孙编《烟画东堂小品·星伯先生小集》，现在又有谭其骧主编《清人文集地理类汇编》第五册据《星伯先生小集》所做的标点本[①]、"丛书集成续编"（新文丰出版公司，1989年）第223册影印的《晨风阁丛书》本，但这些只有笺条本，而没有和《西域水道记》原本合刻在一起[②]。所以，以前我的老师张广达先生不断提示我，若要用《西域水道记》，千万不要忘了看《星伯先生小集》中的增补。这部钱振常所得带笺条的原书，后来由钱振常的儿子钱恂赠送给日本早稻田大学图书馆，2000年由复旦大学周振鹤先生发现并刊布了录文[③]。

---

① 浙江古籍出版社，1988年。
② 以上版本的详细情况，参看朱玉麒《〈西域水道记〉：稿本、刻本、校补本》，荣新江、李孝聪编《中外关系史：新史料与新问题》，科学出版社，2004年，383—404页。
③ 周振鹤《早稻田大学所藏〈西域水道记〉修订本》，《中国典籍与文化》2001年第1期，86—95页。

现在，朱玉麒把这些本子合校后，并且把徐松的笺条补到原本的正文中，标点整理为《西域水道记（外二种）》①。一般来讲，我们利用《西域水道记》，只看朱玉麒的标点本就行了。但故事并没有结束，就在这本书出版的 2005 年 7 月，我有机会走访莫斯科的俄罗斯国家图书馆，在东方文献中心看到三种《西域水道记》的刻本，都是有道光三年龙万育序的刻本，其中的两种竟然都有多少不等的笺条和眉批。回到北京以后，我把俄藏本上的笺条和眉批与徐松的笺条对照，凡俄藏本和徐松原稿相同的内容，两者基本上可以说完全一致，重要的是，俄藏本中有十四条文字是徐松原稿所佚失的内容，但从文脉和语气上可以肯定是徐松本人补注定本的文字，说明钱振常在得到徐松原笺条本时，一些笺条已经散落。我把录出的这些多出来的笺条文字，发表在《俄罗斯国家图书馆所见〈西域水道记〉校补本》一文中②。如果你使用《西域水道记》的标点本，还不能忘记翻阅一下《文史》这一辑，说不定你要用的标点本上一段文字，徐松原来是有修改的。

版本本身是一门学问，我们不是要研究版本本身，而是要使用古籍做历史学研究，所以我们对于版本学的基本知识要有所了解，通过杨绳信编《中国版刻综录》③、李致忠《古书版本鉴定》④ 之类的书，来学习基本的版本学知识。但我们不是做版本鉴定，而是在

---

① 中华书局，2005 年。
② 《文史》2005 年第 4 辑，245—256 页。
③ 陕西人民出版社，1987 年。
④ 文物出版社，1997 年。

使用中知道有哪些版本，哪些版本比较好，哪些版本的书不是全本，需要看其他版本。当然，如果在对证版本中能够解决版本研究中的一些问题，那就是额外的收获了。

二、古籍版本目录和提要

研究生的学习时间太短，来不及一一见到每个版本，所以需要对著录有关版本的目录、提要加以浏览，如各种善本书提要、公私藏家目录等，以了解你必须使用的书有什么版本，不同版本的优劣情况。比如现在利用率很高的台湾影印并且已经电子化的《文渊阁四库全书》，其所收书的版本优劣，要有所了解。清人邵懿辰撰，民国邵章续录的《增订四库简明目录标注》（上海古籍出版社，1979 年），就是关于四库书的版本优劣的著作，具有指南作用，应当参考。

有关唐史的基本典籍的版本，可以参考黄永年《唐史史料学》①，他介绍了每本书的版本的基本情况，言简意赅。黄先生对于版本学有很深的造诣，所以虽然话不多，但一本书不同版本的优劣，都能非常清楚地交代给读者。

万曼《唐集叙录》（中华书局，1980 年）也是一部很好的著作，对唐史研究者很有参考价值。该书共叙录唐人诗集、文集、诗文合集共 108 家，介绍每部书的作者、书名、卷数、成书年代、编

---

① 陕西师范大学出版社，1989 年；增订本，上海书店出版社，2002 年。

辑者、刊刻者、收藏者等，特别是对各书的版本流传情况做了详细的考证，是利用唐人文集时一定要参考的书。书中也有许多重要的发现，如《东皋子集》，普通所见都是三卷本，作者从《丽宋楼藏书志》中发现了宋本五卷本的踪影，藏在鲍廷博家。后来有学者沿着这一线索寻找，终于整理出比较完整的《王无功文集五卷本会校》①，也印证了此前在敦煌卷子里发现的残卷（P.2819）就是出自五卷本。

同类的书还有不少，比如关于正史，就有尾崎康《正史宋元版之研究》（汲古书院，1989年）；宋人文集，有祝尚书《宋人别集叙录》（中华书局，1999年），还有严绍璗《日本藏宋人文集善本钩沉》（杭州大学出版社，1996年）。

这是前人帮你提示了某部书有什么样的版本流传，但许多书并没有那么详细的版本说明，需要你自己通过各种版本目录去查找一本书有什么样的版本，如果再进一步能够找到相关的版本对看，那当然就更好了，不过这不是短时间能完成的，需要慢慢积累。

古今藏书家编有很多版本目录，也有许多善本书目和题跋，虽然他们所编写的书现在有些已经不知去向，有些已经散佚，有些当然知道在什么图书馆保存着。无论如何，这样藏书家的书目和题跋是我们了解书的版本的重要参考资料。以下只是举例式地提示一些这类的著作：

《绛云楼书目》，清钱谦益撰，收书近三千种，仅宋、元本约五

---

① 韩理洲校点，上海古籍出版社，1987年。

十种著录版本，其余只有书名及部分的册数。吴县陈景云补卷数、著者、版本，兼考成书年代。

《也是园藏书目》《述古堂书目》《读书敏求记》，清钱曾撰。钱曾字遵王，号也是翁，是清初著名版本学家。以上三种书目是根据他自己的藏书编制的，其中《读书敏求记》专记宋元精刻634种，对书的次第完缺、古今异同都加以考订，为后人重视并效法。

《宝礼堂宋本书录》，清潘宗周撰。潘氏藏有宋本111种，元本6种，共1088册。该《书录》即宝礼堂所藏宋元本的解题目录，每种书下记书名、卷数、册数、著者、版本考证、版式、避讳、印记等。

《海源阁宋元秘本书目》，清杨保彝撰。海源阁是其祖父杨以增家藏书之所，汇聚不少名家藏书，共3600余种。杨保彝撰《海源阁宋元秘本书目》，收宋元校抄本464部；又《海源阁书目》，收书3236部，多为明清本。

《八千卷楼书目》，丁立中撰。丁立中是丁丙之子，丁氏为藏书世家，此书目撰于光绪十四年（1888），收书15000余种，基本上是丁氏藏书的总目。

《宋元旧本书经眼录》，清莫友芝撰，由次子莫绳孙整理成书。莫友芝是清末重要的版本目录学家和金石学家，该书是他检阅浙江藏书故家散出的130种宋金元明刻抄本书时，对其版本等方面的记录，书后附《书衣笔识》《金石笔识》各一卷。

《郋园读书志》，叶德辉撰。叶氏家富藏书，本人精于目录、版本、文字之学，该《读书志》是他经眼和收藏的古籍善本提要，著录作者姓名、籍贯履历，尤详于版本源流、钞刻异同优劣等，间有对史实、时事和读书治学方法的见解或评论。

《藏园群书经眼录》，5册，傅增湘撰，中华书局，1983年。作者为民国时著名的藏书家和版本学家，本书收录作者经眼的各种善本约4500种，这些书除少数流散国外，绝大部分收藏在中国的图书馆和文物收藏单位，因为著录的时间距我们较近，是我们了解近代所存善本书概貌和流传、佚存情况的重要工具书。

这类的书目或提要有很多，近年来有些出版社把这些书目汇集起来，影印出版，便于读者，但也有大量的重复。常用的书目汇刊有：《清人书目题跋丛刊》，十种（11册），中华书局，1990—1995年；《明代书目题跋丛刊》，冯惠民、李万健选编，书目文献出版社，1994年；《宋元版书目题跋辑刊》，4册，贾贵荣、王冠辑，北京图书馆出版社，2003年；《中国历代书目题跋丛书》，上海古籍出版社，2005—2007年；《中国著名藏书家书目汇刊》，林夕编，商务印书馆，2005年；《海王邨古籍书目题跋丛刊》，8册，中国书店出版社，2008年。

另外，罗伟国、胡平编《古籍版本题记索引》（上海书店，1991年），可以帮助我们查找有关古籍版本的题跋。

近代以来，公共图书馆逐渐建立并得到各级政府的支持，许多原本秘藏私家的善本进入图书馆，虽然仍不够"公开"，但学者使用起来还是方便多了。有些图书馆已经出版了自己的善本书目，有些参加了全国善本书目的编纂项目，我们可以借以下书目来了解现在图书馆的善本收藏情况。

《上海图书馆善本书目》，上海图书馆编印，1957年。

《复旦大学图书馆善本书目》，复旦大学图书馆编，1959年。

《南京大学图书馆馆藏古籍善本图书目录》，南京大学图书馆编印，1980年。

《东北师范大学图书馆藏古籍善本书目解题》，东北师范大学图书馆编，东北师范大学图书馆，1984年。

《北京图书馆古籍善本书目》，北京图书馆编，书目文献出版社，1989年。

《吉林省古籍善本书目》，卢光绵等主编，学苑出版社，1989年。

《中国人民大学图书馆古籍善本书目》，中国人民大学图书馆古籍管理研究所编，中国人民大学出版社，1991年。

《四川省高校图书馆古籍善本联合目录》，四川省高等学校图书情报工作委员会编，四川大学出版社，1994年。

《中国科学院图书馆藏中文古籍善本书目》，中国科学院图书馆编，科学出版社，1994年。

《湖南省古籍善本书目》，常书智、李龙如主编，岳麓书社，1998年。

《中南、西南地区省、市图书馆馆藏古籍稿本提要（附钞本联合目录）》，阳清海主编，华中理工大学出版社，1998年。

《北京大学图书馆藏古籍善本书目》，北京大学图书馆编，北京大学出版社，1999年。

《云南大学图书馆善本书目》，云南大学图书馆编，云南大学图书馆，2001 年。

《北京师范大学图书馆古籍善本书目：1902—2002》，北京师范大学图书馆古籍部编，北京图书馆出版社，2002 年。

《浙江图书馆古籍善本书目》，浙江图书馆古籍部编，浙江教育出版社，2002 年。

《清华大学图书馆藏善本书目》，清华大学图书馆编，清华大学出版社，2003 年。

《中山大学图书馆古籍善本书目》，中山大学图书馆编，1982 年内部刊印（附朝鲜版古籍书目、日本版古籍书目）；广西师范大学出版社，2004 年。

《山东大学图书馆古籍善本书目》，山东大学图书馆编撰，齐鲁书社，2007 年。

《台湾公藏善本书目》，台湾图书馆编，台北，1971 年。该书收录台湾地区各图书馆所藏善本书目录，有人名索引。

台湾图书馆《善本书目》，台湾图书馆特藏组编印，台北，1967 年增订初版，1986 年增订二版。

台湾图书馆《善本书志初稿》，3 册，台湾图书馆编，台湾图书馆出版，台北，1998 年。

《香港中文大学图书馆古籍善本书录》，香港中文大学图书馆系统编，香港中文大学出版社，1999 年初版，2001 年增订版。

有些图书馆也出版了普通古籍的目录，但因为数量太大，所以不多介绍。这里特别介绍一下王宝平主编《中国馆藏和刻本汉籍书目》（杭州大学出版社，1995 年）。该书目按经史子集丛五部分类，收录中国68家图书馆所藏日本明治年间及以前刻印、抄写的中国古籍和日本学者注校、研究中国古籍之书，大正、昭和年间的影印本亦收。每一版刻著录书名、卷数、编撰注校者姓名、版本附注及藏书单位等五项，版本情况参考长泽规矩也《和刻本汉籍书目》及《补正》加以判定。

日本汉学研究发达，很多单位都出版过自己收藏的汉籍目录，其中有善本，也有普通古籍，而近年来欧美一些图书馆所藏善本书目也陆续编纂公布。

《图书寮汉籍善本书目》，宫内省图书寮编，东京宫内省图书寮出版，1930年。

《庆应义塾大学图书馆藏和汉书善本解题》，庆应义塾大学图书馆，1958年。

《天理图书馆稀书目录·和汉书之部》，天理图书馆编印，1960年。

《名古屋市蓬左文库汉籍分类目录》，蓬左文库，1975年。

《静嘉堂文库汉籍分类目录》，静嘉堂文库编，大立出版社，1980年。

《京都大学人文科学研究所汉籍分类目录》，京都：同朋舍，1981年。

《东京大学东洋文化研究所汉籍分类目录》，汲古书院，1981年。

《东洋文库所藏汉籍分类目录》，东洋文库，1986年。

《早稻田大学图书馆所藏汉籍分类目录》，早稻田大学图书馆，1991年。

《日本藏汉籍善本书志书目集成》，10册，贾贵荣辑，北京图书馆出版社，2003年。

《日藏汉籍善本书录》，3册，严绍璗编著，中华书局，2007年。这是有关日本藏汉籍善本的最重要著作，著录日本现存中国上古至明代的各种写本和刊本、部分留存在日本的清人手稿本，每条著录书名、卷书、著者、版本、收藏地，提示版本特征，附录著录若干在中国失传或罕见汉籍的日本写本和刊本，并收录相关的日本古文献材料和所著录图书的日本古刊本。

《美国哈佛大学哈佛燕京图书馆中文善本书志》，沈津著，上海辞书出版社，1999年。

《法兰西学院汉学研究所藏汉籍善本书目提要》，田涛编，中华书局，2002年。

《柏克莱加州大学东亚图书馆中文古籍善本书志》，柏克莱加州大学东亚图书馆编，上海古籍出版社，2005年。

《加拿大多伦多大学东亚图书馆藏中文古籍善本提要》，余梁、戴光等编，广西师范大学出版社，2009年。

综合性的善本书目有：

《中国善本书提要》，王重民著，上海古籍出版社，1983年。作者1939—1949年间在法国、美国所写善本书提要四千余种，包括法国国立图书馆、美国国会图书馆、北京图书馆、北大图书馆等处收藏的宋、元、明善本。本书不收《四库全书总目》已有提要者，详记每种书的卷数、册数，侧重著录版刻或文字增删，学术价值高。又，王重民《中国善本书提要补编》（书目文献出版社，

1991年)。由于各种机缘,王重民先生大概是依靠图书馆而看到善本最多的人,他对于古籍版本的熟悉,使这部书极富参考价值,而后来的许多善本提要,也都受此书的影响。

《中国古籍善本书目》,中国古籍善本书目编辑委员会编,上海古籍出版社1989—1996年出版,分经史子集丛五部。收录全国所有善本,著录简略,但涵盖面广,注明所在,便于利用。虽然不可能搜集齐全,但是非常有用的善本联合目录。检索时可使用《(稿本)中国古籍善本书目书名索引》(上、中、下),天津图书馆编(齐鲁书社,2003年)。南京图书馆编有《中国古籍善本书目索引》(上、下)一书(上海古籍出版社,2009年),分为书名索引和著者索引,可供检索《中国古籍善本书目》时使用。

《中国古籍善本总目》,7册,翁连溪编校,线装书局,2005年。第1册经部,第2册史部,第3册子部,第4册集部上,第5册集部中,第6册集部下、丛书部,第7册书名索引。

《中国珍稀古籍善本书录》,沈津著,广西师范大学出版社,2006年。收录稀见明刻本及未刻稿本、抄本四百多种,著录图书外形、版本特征,并提示内容,考证作者名号、履历,引述原书序跋并考证后人的批校、题识。

应当说明的是,所谓"善本书目",并不仅仅是版本目录。"善本"的定义有多种,并不一致,除了珍贵的宋元版善本之外,善本书目里也包括刻印虽然不好但却是天下仅存的孤本,还有抄本、稿本、校本等,大多也是孤本,当然有的书也有多个抄本。我们看善本书目,一是注意版本,另外是注意与自己的研究相关的珍稀文献。比如《中国古籍善本书目·史部》下，1091页著录"官品令三十卷"明抄本，正是在这一线索的导引下，戴建国教授在天一阁博物馆找到这个抄本，并判断实际所抄书为宋《天圣令》，其中有保存了《唐开元二十五年令》的许多原条文和宋朝改造过的唐令条文[①]，由此引起了今天《天圣令》研究的热潮，大大推进了唐代制度史等许多方面的研究[②]。

三、标点本古籍的价值和问题

1949年后开始的用新式标点来整理古籍，取得了辉煌的成绩，方便了我们今天做历史研究的学子。在国务院古籍规划小组的领导和大力支持下，许多重要的古籍，如《二十四史》《资治通鉴》等，都有了标点本问世。我前面讲过，一般来说，因为有的标点本做了很好的校勘工作，是可以依赖的文本，所以我们阅读和引用，一般直接用这些标点本就可以了。

按照最初的分工，古籍整理的出版工作，主要是由北京的中华书局和上海的上海古籍出版社来承担的，上海古籍最初是中华书局的上海编辑所，开始时以出版文学类的古籍为主，以后两家各自独立，不论文史哲的古籍，双方都出版。再后来又有了山东的齐鲁书社、湖南的岳麓书社、四川的巴蜀书社、辽宁的辽沈（海）书社、

---

① 戴建国《天一阁藏明抄本〈官品令〉考》，《历史研究》1999年第3期，71—86页。
② 参看《唐研究》第14卷"《天圣令》及所反映的唐宋制度与社会研究"专号，北京大学出版社，2008年。

天津古籍出版社、江苏古籍出版社（今凤凰出版社）、广陵书社、浙江古籍出版社、三秦出版社等加入古籍整理出版的队伍中，现在出版界的壁垒已经打开，其他中央、地方、专业、大学出版社都可以出版古籍整理的著作。但是学术界首先看重的，还是中华书局和上海古籍出版社的书，其实有些很出色的古籍整理成果，是由不太出版古籍整理著作的出版社出版的，因此我们还要看书、看整理者，而不仅仅看出版社。

像中华书局的"新编诸子集成""中外交通史籍丛刊""唐宋史料笔记丛刊""中国古典文学基本丛书"等；上海古籍出版社的"中国古典文学丛书""中国近代文学丛书"等，都是很好的标点本，虽然不能说没有问题，但还是比原来的刻本要好。

我们今天要利用这些标点本古籍，除了在图书馆的目录中查找外，还可以查阅新出的全国古籍整理出版规划领导小组办公室编《新中国古籍整理图书总目录（1949.10—2003.12）》（岳麓书社，2007年）。这是一部很好的工具书，为我们了解一本古籍是否有标点整理本提供了线索。

但是，也有一些古籍整理得不够到家，包括现在大家常用的《二十四史》中的一些大部头著作，像新、旧《唐书》完成于"文革"期间，所以有不少失校、误校的地方，卞孝萱先生曾写过《新版〈旧唐书〉漏校一百例》[①]，王小甫先生也有《〈新唐书〉点校疑

---

① 收入《唐代文史论丛》，山西人民出版社，1986年，293—330页。

误举例》①，都是指正整理本问题的专文。其他订正的文章和札记还有不少，所以大家使用的时候，有些地方是要注意的。我在编《唐研究》的过程中，常常要核对作者引用的史料，所以也常常琢磨出一些标点本的问题，这里可以举一个例子：

《旧唐书》卷二四《礼仪志》四有下面一段话②，又载《唐会要》卷一〇下《九宫坛》会昌二年正月四日条③，知所谓中书门下奏实际出自李德裕手笔，因此这段文字也收入《李德裕文集》④，题作《论九宫贵神合是大祠状》。我们把《旧志》的文字作正文，括号里为集本的异文：

> 谨按后魏王钧《志》（《五均志》）："北辰（大辰）第二星，（无逗号）盛而常明者，乃为元星（天皇）露寝，天帝常居，始由道奥而为变通之迹。又天皇大帝，其精曜（耀）魄宝，盖万神之密（秘）图，〔与〕河海（洛）之命纪皆禀焉。"据兹说即昊天上帝也（此则上帝是星之明据也）。天一掌八气、九精之政令，以佐天极。徵（微）明而有常，则阴阳序，（而）大运兴。太一掌十有六神之法度，以辅人极。（，）徵（微）明而得中，则神人和而王道升平。又北斗有权、衡二星，天一、太一参居其间，所以财成天地（工），辅相神道也。若

---

① 周绍良等编《周一良先生八十生日纪念论文集》，中国社会科学出版社，1993年，93—101页。
② 中华书局，1975年，931页。
③ 上海古籍出版社，1992年，296页。
④ 傅璇琮、周建国校笺《李德裕文集校笺》，河北教育出版社，2000年，197—198页。

一概以列宿论之，实为浅近（乖谬）。按《汉书》曰："天神贵者〔天一、〕太一，佐曰五帝。"古者天子以春秋祭太一，列于祀典，其来久矣。今五帝犹为大祀，则太一无宜降祀，稍重其祀，固为得所。

我们知道，《旧志》成于五代后唐时，所依据的是唐朝官府的档案；傅璇琮、周建国两位先生整理的《李德裕文集》，依据了常熟翁氏（翁同龢旧藏）一直密藏、20世纪末才公布的宋本李德裕《会昌一品集》，也是来源有自。两者的差异，似乎以集本为佳。但今人引《旧志》，往往不及李集，而李集校本又未参考《旧志》，可见要真的用好一条材料，难哉。

对于标点本古籍的商榷文章，是我们利用标点本时应当参照的，这方面可以查东北师范大学古籍整理研究所辞书编辑室编《中国古籍整理研究论文索引》（江苏古籍出版社，1990年），以及国务院古籍整理出版规划小组编《古籍点校疑误汇录》（1—6册，中华书局，2002年），但也要靠自己积累。

石刻、简帛、敦煌吐鲁番文书等出土文献的整理本，由于原件的释读要较刻本古籍更难，所以整理本的错误率更高，有些文献虽然有几个标点整理本，但都不够理想。我们在处理敦煌文书时，往往用"□"表示缺字，用"〔〕"表示校补的字，用"（）"括注前一字的正字。在自己需要采用一件文书时，尽可能收集前人的所有录文，对照原件，择善而从。这里我举一个我和张广达先生合作校录过的敦煌文书的例子，即S.6551《佛说阿弥陀经讲经文》（周绍良先生认为是说三归、五戒文）中的一段：

（A）但少（小）僧生逢浊世，滥处僧伦，全无学解之能，虚受人天信施。东游唐国幸（华）都，圣君赏紫，丞（承）恩特加师号。拟五台山上，松攀（攀松）竹以经行；文殊殿前，献香花而度日。欲思普化，爱别中幸（华），负一锡以西来，途经数载；制三衣于沙碛，远达昆岗；亲牛头山，巡于阗国。更欲西登雪岭，亲诣灵山，自嗟业鄣（障）尤深，身逢病疾，遂乃远持微德，来达此方，睹我圣天可汗大回鹘国，莫不地宽万里，境广千山，国大兵多，人强马壮。天王乃名传四海，得（德）布乾坤，卅余年国安人泰，早授（受）诸佛之记，赖蒙贤圣加持，权称帝主人王，实乃化身菩萨。诸天公主邓林等，莫不貌夺群仙，颜如桃李，慈人（仁）玉润，既叶九〔五〕之宠，爱丞（承）圣主诸（之）恩，端正无双。诸天特懃，莫不赤心奉国，忠孝全身。扫戎虏于山川，但劳只箭；静妖纷（氛）于紫塞，不假鉼纭。遂得葛禄、药摩、异貌达但，竞来归伏，争献珠金；独西乃纳驼马，土蕃送宝送金；拔悉密则元是家生，黠戛私则本来奴婢。诸蕃部落，如雀怕鹰，责（侧）近州城，如羊见虎，实称本国，不是虚言。少（小）僧幸在释门，□敢称赞。更有诸宰相、达干、都督、敕使、萨温、梅录、庄使、地略，应是天王左右，助佐金门，官僚将相等，莫〔不〕外匡国界，内奉忠勤，为主为君，无词（辞）晓夜。善男善女檀越，信心奉戒持斋，精修不倦。更有诸都统、毗尼法师、三藏法律、僧政、寺主、禅师、头陀、尼众、阿姨师等，不及一一称名，并乃戒珠朗耀，法水澄清。作人天师，为国中宝。

我们在校录这件文书时（大约在1988年），核对了当时所能见到的所有录文和校记，这些包括：王重民等编《敦煌变文集》下，人民文学出版社，1957年，460—479页；徐震堮《敦煌变文集校记补正》及《再补》，《华东师大学报》1958年第1期，39页，第2期，第117页；蒋礼鸿《敦煌变文字义通释（增订本）》，上海古籍出版社，1981年，有关条目及附录二《〈敦煌变文集〉校记录略》，414—415页；罗宗涛《敦煌讲经变文与讲史变文之比较研究》，《中华学苑》第27期，台北，1983年，50、53—55页；潘重规《敦煌变文集新书》，中国文化大学中文研究所敦煌学研究会，1983年，147—172页；袁宾《〈敦煌变文集〉校补（一）》，《西北师院学报》增刊《敦煌学研究》，1984年，39—40页；刘凯鸣《敦煌变文校勘补遗》，《敦煌研究》总第5期，1985年，83页；杨雄《〈佛说阿弥陀经讲经文〉补校》，《敦煌学辑刊》1987年第1期，72—76页[①]。我们收集的变文校录成果之充分，受到黄征、张涌泉先生的肯定。用这个例子是想说明，对于关键性的史料，或者是自己研究对象的史料，要竭泽而渔式地收集前人整理、校录的结果，把自己的研究建立在扎实的史料基础上。

[①] 张广达、荣新江《有关西州回鹘的一篇敦煌汉文文献——S.6551讲经文的历史学研究》，原载《北京大学学报》1989年第2期，24—36页；收入张广达《西域史地丛考初编》，上海古籍出版社，1995年，217—248页。

四、电子文本的优劣

与前辈学者用笔来抄史料、写文章相比,今天的学子真的是幸运多了,我们一步步拥有了复印机、台式电脑、笔记本电脑、数码相机、网络,给研究者提供了极其便利的条件,特别是数字化的古籍和研究论著的电子本,大大节省了学者的时间,也可以更快地接触大量文献材料,更广泛地驾驭文献、图像等资料。

我们今天可以从许多网站和数据库中看到大量的扫描版古籍,有原来的刻本古书,也有整理后的标点本,原汁原味。虽然这类文本没有检索的功能,但是看到的是书的原貌,引用的时候也有原本页码,所以非常方便。记得1984年我第一次出国的时候,需要带很多书和论文到外面去阅读和做硕士论文时参考,可是那时的穷学生也没有钱把书寄到荷兰去,所以只能带最最要用的书走,有些杂志不是整本都有用,也没钱复印(当时一张A4纸0.3元,比现在贵多了),就忍痛割爱把它拆了,只带其中要用的那篇,这些杂志成了残书,十分可惜。现在就没有这样的情况了,中文杂志大多数可以通过期刊网来查找,而带上两个自己要用的书的硬盘,基本上就可以在国外继续研究工作了。

更好的古籍电子本是既有图像,又经过数字化的电子文本,具有索引功能,像《四库全书》《四部丛刊》电子版。还有就是录入的电子文本,不仅可以检索,也可以把文字拷下来,省去了过去那种抄书的时间。现在据说唐及唐以前的古籍,基本上都已经电子化了,很多新出的文献,如一些石刻墓志,也有电子文本。但是,这种可以检索的电子文本的质量,往往差距非常之大。其中,"中研院"史语所的电子古籍数量多,而且比较可靠。但是如果拷下其中的文字,因为没有它自身的字库支持,所以一些造字,就无法正常显示。还有不少电子文本是雇高中生打工输入的,遗留的问题更多一些。可以说,目前研究生们使用的电子文本,大多数都不具备古籍整理的标准文本的要求,所以引用时首先要核对原书。即便是做得很好的《四库全书》电子本,其识别时也有错误,所以引用时也要核对《文渊阁四库全书》的纸本原文。近些年逐渐为研究生们广泛使用的《中国基本古籍库》,据陈尚君先生的查核,其文本也有不少问题,甚至连繁简字都没有改正[①]。

现在在大家电脑里的许多电子文本是从别的网站上拷来的,由于原来的数据库所造的文字和繁简转换过程中的文字问题,使得一些不准确的文字会留在这种电子文本中,而这些字有时正好就是你要论述的专有名词,所以在利用检索功能时,就查不到相关的文字,而你如果相信电脑的检索能力,那就会因为某个官名没有见于某书,造成材料的遗漏。

制作电子文本的公司,往往为了输入方便,所选取的底本是比较容易电子化的,比如《四库全书》的抄本非常整齐,转换成 word 文本时差错较少,所以比较容易做成数字文本。但是,如第一讲中我们曾经说过的那样,《四库全书》本身的版本是很成问题的,有的版本

---

① 《东方早报·上海书评》2009 年 8 月 9 日。

不佳，有的有意篡改，如此等等，我们使用时要格外小心。我们可以把它作为一个检索、收集材料的工具，但如果同一本书有更好的版本，有新的整理标点本，我们引用时就不能只引《四库全书》。

在《四库全书》电子版出现之前，不要说学生，就是有名的学者，要看《四库》本的书，也不是一件容易的事情。现在我们的学生都有原本只供皇帝阅读的这么大部头的书籍，真的是要感激这些电子文本的制作者。自从《四库全书》电子本出现以后，我感到学生的论文中开始大量出现《四库全书》了，这是好事。但有一次参加一个学生的论文开题报告时，看到她的参考文献中宋人别集类的98%都是《四库》本，这是不行的，像已经有很好的整理本的文集，如《苏魏公集》《陈亮集》等，《四库》本只能是参照本，引用时要使用最好的标点本。

五、校勘学的基本方法

研究历史的学生，要引用古籍，就需要校订文字，因此都应当学一点校勘学的基本方法。这些方法的简要说法和佳例，见《古籍校点释例（初稿）》，这是由中华书局赵守俨、程毅中、许逸民、张忱石以及傅璇琮等先生经集体讨论后于1991年10月写定的，其中校勘编由程毅中执笔、标点编由许逸民执笔[①]。这里依据他们的

[①] 最早发表在《书品》1991年第4期，第54—68页。后校勘、标点部分先后载于中华书局《古籍整理出版情况简报》2000年第10期，11—16页；第11期，4—14页。

标题，举一些我自己在处理史料时遇到的例证。

1. 对校法

就是以同一部书的不同版本加以对读，遇不同之处，则标注出来，并加以判断取舍。举两个例子：

明本《册府元龟》卷九九〇外臣部备御门三（中华书局，1960年影印本）：

> 唐高祖武德初，以丰州绝远，先属突厥，交相往来，吏不能禁。隐太子建成议废丰州，虚其城郭，权徙百姓寄居子（于）灵州，割并（并割）五原、榆平（中）之地。

吴玉贵先生《突厥汗国与隋唐关系史研究》引此条，校其最后两句为"权徙百姓寄居子（于）灵州，割并（并割）五原、榆平（中）之地"[①]。此条宋本也存，其中"权徙百姓寄居子灵州"句，"子"字宋本作"于"；"割并（并割）五原、榆平（中）之地"句，"平"字宋本作"中"，均不烦校改，但"割并"二字，宋本相同。

又，明本《册府元龟》卷六五八奉使部举劾门：

> 唐俭，武德中为工部尚书、并州道安抚大使。先是，并州总管李仲文与突厥通谋率胡骑直入京师。高祖闻之，遣皇太子建成镇蒲州以备之。又令俭安抚太原，权废并州总管府，追仲文入朝。俭密奏："太原沙门志觉死，经十日而苏，言多妖妄，

[①] 中国社会科学出版社，1998年，158页。

谓仲文曰：'公无色光见，有金狗自卫。'仲文答曰：'关中十五邑上无事，雒阳亢阳不雨，谷食腾涌。天意人事，表里可知。若为计，今其时也。'"高祖固疑之。及俭使至，又言于高祖曰："仲文信惑妖邪，自应谶；及言有龙附己，即于汾州置龙游府；又娶陶氏之女，以应桃李之歌。谄事可汗，甚得其意。可汗谓仲文曰：'我当以尔为回可汗，令处河北之地'；又在州黩货狼籍。"高祖于是令裴寂、陈叔达、萧瑀等推治之，事皆有验。

吴玉贵先生上引书引这段文字，校"并州总管季（李）仲文"句中之"季"为"李"，"关中十五邑上无事"句之"邑"作"已"，又疑"我当以尔为〔南〕回可汗，令处河北之地"句中"回"为"面"，前当补"南"，即"南面可汗"①。此节宋本亦存，其中"并州总管季（李）仲文"的"季"，宋本作"李"不误；"关中十五邑上无事"的"邑"，宋本作"已"，亦不误；"我当以尔为〔南〕回可汗，令处河北之地"句，"回可汗"宋本作"面可汗"不误，但也漏"南"字。又，宋本"令处"作"今据"，较明本为优②。

宋本《册府元龟》虽是残本，但有关突厥、西域史的《外臣部》《奉使部》却大都保存下来，其文字远胜于人们常常使用的明本。研究西域史的同学，一定要注意这一点。

---

① 中国社会科学出版社，1998 年，171 页及注 88。
② 荣新江《书评：吴玉贵〈突厥汗国与隋唐关系史研究〉》，《唐研究》第 5 卷，1999 年，499—504 页。

2. 本校法

以同一本书的前后互证,而抉摘其异同,相异的地方,要辨析哪个是谬误的。

张说《张说之文集》卷一七《元城府左果毅赠郎将葛公碑》（又见《全唐文》卷二二七）记:"〔夫人〕薨于京兆三真里。"同书卷二二（又见《全唐文》卷二三一）《赠郎将葛君墓志铭》所叙是同一个人,相应处则云:"〔夫人〕薨于京兆之修真里。"按唐长安城中确实有修真坊,但没有"三真里",所以前者的"三真"是"修真"之误。《张说之文集》的"三"字可能原作"叁",与"修"字相仿佛,因此误"修"为"叁",以后又简化为"三"了。这个判断并不难。杨鸿年先生《隋唐两京坊里谱》虽然在补葺徐松使用传世文献之阙失上用力更勤,但也有增补过度的问题。如其补"三真坊"一条,所引之孤证材料为张说《元城府左果毅赠郎将葛公碑》,但指出:"据其他史料,唐代京城之内,并无三真里。"① 作者因为只收集坊里资料,而没有对《张说之文集》本身做本校的工作,致有开篇之失②。徐松《唐两京城坊考》中据张说《赠郎将葛君墓志铭》,在修真坊补"葛威德宅",但没有据张说的《元城府左果毅赠郎将葛公碑》补"三真坊",显然是对勘后的结果。

---

① 上海古籍出版社,1999 年,1 页。
② 这个例子采自朱玉麒《〈唐两京城坊考〉增补质疑》,《书品》2000 年第 6 期,63—64 页。

3. 他校法

就是用其他书中同样的文字来校本书。凡其书有采自前人者，可以前人之书校之，有为后人所引用者，可以后人之书校之，其史料有为同时之书所并载者，可以同时之书校之。

比如贺次君先生校本《元和郡县图志》（中华书局，1983年）卷四十沙州敦煌县悬泉水条"在县东一百三十里，出龙勒山腹"一句，校勘记云："今按：各本作'出悬泉山'，无'腹'字。《方舆纪要》沙州卫龙勒山，云'山有元泉'，元泉即悬泉。"按敦煌写本 P.2005《沙州图经》卷三也有"悬泉水"条："右在州东一百卅里，出于石崖腹中。《西凉录·异物志》云：汉贰师将军李广利西伐大宛，回至此山，兵士众渴乏，广乃以掌拓山，仰天悲誓，以佩剑刺山，飞泉涌出，以济三军。"据此，"腹"字不误。又据 P.5034《沙州图经》卷五存龙勒山条："右在〔寿昌〕县南一百八十里。"知《元和志》底本"龙勒山"当据诸本作"悬泉山"。

又如，中华标点本《晋书》卷八七《凉武昭王李玄盛传》有"筑城于敦煌南子亭"，标点者以"南子亭"为一地名，加专名号。检敦煌本《沙州图经》等地志文献，敦煌地区只有"子亭"（一作紫亭）和"西子亭"，而没有"南子亭"。以地理方位言，子亭在敦煌城南，《晋书》原意是在敦煌城南面的子亭筑城，而不是筑城于敦煌的南子亭这个地方。

上举用《李德裕文集》校《旧唐书·礼仪志》也是一例。

4. 理校法

就是用通理来校勘，因为有的书已经无古本可据，或数本互异而无所适从之时，则须用此法。

敦煌写本《沙州图经》卷三"都乡渠"条：

> 右源在州西南一十八里甘泉水马圈堰下流，造堰拥水七里，高八尺，阔四尺，诸乡共造，因号都乡渠。

又，"一所殿"条：

> 六门，五架，高四尺，东西十七步，南北八步。

李正宇先生的《古本敦煌乡土志八种笺证》（新文丰出版公司，1998年）利用理校的方法，发现一些前人漏校的文字，如51页注43和59页注74校上面的"阔四尺"和"高四尺"中的"尺"字，都应当作"丈"，所见极是。

5. 避讳学知识

校勘是要有避讳学的知识，因为皇帝的名字要避讳，所以可以根据讳字考订版本的年代。这方面可参考陈垣《史讳举例》，上海书店出版社，1997年；王彦坤编著《历代避讳字汇典》，中州古籍出版社，1997年。

但是，我们要了解避讳的另一个问题是，一般来说，我们引用清代刻本时，如《全唐文》，一般就把因避讳而改的文字改正过来（校勘学上称"回改"），比如"唐元宗"改作"唐玄宗"，这是比较容易看出来的，但还有很多不清楚该作"元"还是"玄"的字，那就需要用其他的办法来确认是否要改。

现在大家用电子本《四库全书》，我们知道它把许多少数民族的名称都改了，所以引用的时候也是要改正回去的。但是根据什么改，就是要看乾隆以前的版本或相关的史籍了。像《续资治通鉴长编》中这样的文字，标点本部分已经改正。

避讳是读古籍时随时都要加以留意的一个问题，书序避讳的文字，也有助于我们弄清古书中的一些问题。这里举一个例子，即汉式铜钱流行于粟特地区的最早年代问题：苏联学者斯米尔诺娃（O. I. Smirnova）等考订这种钱币上的王名 syspyr 指的是 7 世纪后半叶的石国王，据以断定这些钱币的年代。日本学者冈本孝《粟特王统考》指出，此王应比定为 7 世纪初的康国王"世失毕"，对音无误，但《隋书》因为避唐太宗李世民的讳改为"代失毕"，《北史》和《魏书》虽然"世"字不误，但把"失"误作"夫"，写成"世夫毕"，所以首先要把这两个错误根据避讳学的知识改正过来，才可以进而把石国王正作康国王，年代也可以提前①。

六、小　结

校勘是利用古籍时的一项基本功，要学习校勘，必须自己动手做一点校勘工作，只是听老师讲是没用的。比如你可以用《册府元龟》的宋本来校明本，再参考《唐会要》《旧唐书》等，看看有什

---

① 《东洋学报》第 65 卷第 3—4 号，1984 年，73—83 页。

么结果。

　　要深入学习校勘学，可以看陈垣《校勘学释例》，上海书店出版社，1997年；程千帆、徐有富《校雠广义》（分版本、校勘、目录、典藏四编），齐鲁书社，1998年。

第六讲

考古新发现的追踪

中国古代史的研究,至少是宋代以前,越来越离不开考古资料了,这不仅仅是指前面介绍的考古出土的文字资料,也包括其他文物资料。把地上文献和地下文物结合起来做研究,早就是前辈学者指出的研究古史的方法之一,但怎样收集、阅读、判断、准确使用考古资料,也不是那么简单的一件事。

应当承认,考古新发现不断充实着我们对于古代历史的认识。先秦的古史自不必说,如果没有考古资料,汉唐时期的物质文化、东西文化交流、周边民族的历史就要逊色得多,中国历史就没有这样绚丽多彩。但是,同时我们也应当保持清醒的头脑。我国史籍记载周详,除非未见载于史籍,否则考古新发现的资料,不一定就是"新"资料,更不应将此类文物夸大渲染,可能有的物品不过是历史上的沧海一粟,没有什么特别了不起的地方。因此,我们不仅要追踪考古新发现,准确把握考古资料的内涵,而且也要和文献紧密结合,真正做到恰如其分地使用考古资料。

一、最新考古资料的追踪

考古既然会有新发现,当然就会有相应的轰动效应。所以不仅学者从学术的角度关注这些消息,而且报纸、电视、电台、网络都会从新闻的角度来及时加以报道。由于考古发掘的现场工作一旦结束,文物进入库房,要做复原、绘图等许多耗费时间的室内整理工作,考古报告的发表有时较慢,这样,最初的新闻报道在相当一段时间里是独一无二的材料。比如,1998年12月9日,在北京燕京汽车制造厂内,发现唐墓两座,出土墓志记载,墓主人姓何,柳城人,开元九年(722)卒于范阳;夫人康氏,卒于史思明称帝时的顺天元年(759),是典型的粟特家族,而且和安史之乱的首领安禄山、史思明一样,出身柳城。迄今为止,这样绝好的材料一直没有正式发表,只是当时北京的一些报纸发表了消息,其中以1998年12月13日的《北京青年报》记录最详,成为现在研究幽州地区粟特人的重要消息来源。但是,我们同时也应当清醒地认识到,新闻报道有时候为了追求新闻效应而夸大其词,与考古文物原本所能提供的信息不符。

比起一般的媒体,我们可以信赖的信息有《中国文物报》,1985—1997年是周刊,1998年以后是半周刊,虽然没有日报和电视、电台、网络快,但作为专业报纸,不会胡来。现有"《中国文物报》全文检索(1985—2018)"全文检索U盘。另外就是《文物天地》,1981年创刊,原来是中国文物研究所主办,双月刊;现在归中国文物报社主办,月刊。

此外,就是要关注每年的《中国考古学年鉴》,1984年开始出版,中国考古学会编,文物出版社出版。每年一本,基本上是本年度的情况在次年年底出版,但有时出版时间有点滞后。中国考古学会掌握着全国各地的各种考古信息,而且《年鉴》不像报纸和杂志集中报道某个发现,而是立足于全面报道上一年度的考古发掘与研究,所以有许多不见于他处的信息。

从2000年开始,国家文物局编辑出版《中国重要考古发现》系列(文物出版社出版),集中介绍上一年度的重要考古发现,第一本为《1998中国重要考古发现》。

原来自1996年开始,有一对澳大利亚的学者陶步思(Bruce G. Doar)和苏雪涛(Susan Dewar)在北京办一份英文的《中国考古与文物摘要》(*China Archaeology and Art Digest*,简称CAAD),在香港注册,季刊或半年刊。他们得到北京大学考古文博学院一些年轻教师的帮助,我也是他们的学术顾问之一。他们收集了各省市地方大量的考古杂志和专刊,资料非常齐备,每一卷往往有一组专题论文,如青州造像、都兰吐蕃墓、中国的祆教研究等等,然后是英文的中国考古论著摘要,最后有很好的分类索引。这本杂志深受西方学者的欢迎,其实也很便于中国学者使用。可惜苏雪涛过度劳累,不幸于2001年去世,该刊遂于2003年停刊。现在由澳洲国立大学接手,以 *China Heritage Quarterly*(开始是 *China Heritage Newsletter*)为名,继续做电子期刊。

二、期刊杂志的定期翻检

　　文物考古类的杂志原来主要是《考古学报》《考古》和《文物》，现在不仅重要的考古所、博物馆有自己的刊物，各省市的文物管理机构有的也有自己的刊物，所以要定期翻阅这些刊物，特别是发表考古报告的刊物。有一点遗憾的是，现在发表正式考古报告的，主要就是《考古学报》（季刊）。该刊由中国社会科学院考古研究所编，自 1953 年至今，除了报告外，也发表重要研究成果。相对于中国大量的考古发掘来说，这样的刊物太少了，许多重要遗址、墓葬的正式考古报告迄今没有发表出来。

　　更多的杂志发表的是简报。相对于考古报告而言，简捷是简报的优点，但是刊布的材料也要来得简单，有些材料选择性地发表，无法看到全貌。这类刊物最主要是《考古》与《文物》两种。

　　《考古》的前身是《考古通讯》，1955—1958 年出版；以后改刊为《考古》（月刊），中国社会科学院考古研究所编。除"文革"停了一段时间外，1958—1966 年及 1972 年至今一直出版。与《文物》相比，它偏重考古，主要发表考古简报和考古学研究成果。相关检索可以参看《考古 200 期总目索引（1955—1984）》，科学出版社 1984 年出版。现在有《考古杂志图文数据库光盘（1955—1996）》，7 张盘，1997 年版。

　　《文物》的前身是《文物参考资料》，1950—1958 年出版。《文物》（月刊），1959—1966 年及 1972 年至今出版，文物出版社主办，《文物》编辑委员会编。它偏重文物的研究成果，但也发表考古简报，有时重要的考古简报是由《文物》发表出来的。相关检索可参看《文物 500 期总目索引（1950—1998）》，文物出版社 1998 年出版。

《中国历史博物馆馆刊》，2002 年 2 月更名为《中国历史文物》，双月刊；2011 年更名为《中国国家博物馆馆刊》，刊期变为月刊，原中国历史博物馆主办，现国家博物馆主办，主要刊登研究论文。

《故宫博物院院刊》，季刊，故宫博物院院主办，较为侧重明清宫廷文物的研究，近年来对古代艺术史的研究也有推进。

《中国博物馆》，1984 年至今，季刊，国家文物局主办，文物出版社出版。2009 年改由科学出版社编辑、出版。

更大量的考古发现和新资料也在全国各地的文物考古杂志上发表，所以地方文物考古刊物越来越需要重视，特别是研究某一地区的区域史时，该地方的文物考古杂志就必须要彻底翻检。比如你如果研究四川的历史、巴蜀佛教与道教等，《四川文物》的每期都要查阅。

以下罗列地方文物考古杂志，不一一做详细说明：

《北京文博文丛》，1995 年至今，季刊，北京市文物局主办。

《紫禁城》，1980 年至今，双月刊，故宫出版社出版。以介绍故宫博物院的文章为主。

《文物春秋》，1989 年至今，季刊，河北省文物局主办。

《文物季刊》，1989 年至今，山西省文物局主办。

《文物世界》，1999 年至今，季刊，山西省文物局主办。

《辽海文物学刊》，1986—1997 年，季刊，辽宁省考古博物馆学会、辽宁博物馆、文物考古所主办。1997 年年末停刊。2006 年 12 月，辽宁博物馆出版《辽宁省博物馆馆刊》第 1 辑，计划为年刊，已出三辑。

《历史与考古信息·东北亚》，1984 年至今，季刊，吉林省考古学会、吉林省文物考古所主办。

《博物馆研究》，季刊，吉林省博物馆学会、吉林省考古学会主办。

《东北考古与历史丛刊》，1982 年至今，东北考古与历史编辑委员会编。

《黑龙江文物丛刊》，1981—1984 年，季刊，1985 年改名《北方文物》，1985 年至今，季刊，黑龙江文物管理委员会、文物考古所主办。

《内蒙古文物考古》，1981 年至今，半年刊，内蒙古自治区文化厅及内蒙古考古博物馆学会主办。

《考古与文物》，1980 年至今，双月刊，陕西省考古研究所。1983—2001 年间又不定期出版《考古与文物丛刊》5 种，2002 年起《考古与文物丛刊》改为《考古与文物增刊》，同为不定期出版，其中 2002 年增刊为《汉唐考古》专辑。有《考古与文物 100 期总目索引（1980.1—1997.2)》以及 1980—2004 年全文检索光盘（4 张）。

《文博》1984 年至今，双月刊，陕西文物事业管理局、碑林博物馆、秦始皇兵马俑博物馆主办。

《陕西历史博物馆馆刊》，1994 年至今，年刊，陕西历史博物馆馆刊编辑委员会编，研究周秦汉唐文物为主。

《碑林集刊》，1993年至今，年刊，西安碑林博物馆编，陕西人民美术出版社出版。

《河南文博通讯》，1977—1980年，河南省博物馆编，1981年改名《中原文物》，双月刊，河南省博物馆、河南省文物考古学会主办。

《华夏考古》，1987年至今，季刊，河南文物考古所主办。

《陇右文博》，1996年至今，半年刊，甘肃省博物馆主办。

《新疆文物》，1985年至今，季刊，新疆维吾尔自治区文化厅主办。大量新疆考古简报仅见于此，是研究新疆地区不可缺少的刊物。

《东南文化》，1985年至今，季刊，南京博物院主办。是刊登江苏地区考古资料的重要刊物。

《文博通讯》，1975—1984年，江苏省文物管理委员会、南京博物院主办。

《文物研究》，1998年至今，安徽省考古学会、安徽省文物考古研究所主办。

《文物保护与考古科学》，1989年至今，季刊，上海博物馆主办。

《浙江文物》，1987年至今，双月刊。浙江文物局主办。

《杭州考古》，1990年至今，双月刊，杭州市文物考古所主办。

《福建文博》，1979—1991年不定期，1992—2003年为半年刊，2004年至今为季刊，福建省考古博物馆学会、福建省博物馆、福建省考古博物馆学会主办。

《广东省博物馆馆刊》，1988年至今，广东省博物馆馆刊编辑室编。

《广东文物》，半年刊，内部刊物，广东省文物局主办。

《广州文博》，1981年至今，季刊，广州市文化局、广州市文物博物馆学会合编。

《广西文物》，1985年至今，广西省文化厅文物处、广西博物馆主办。

《江汉考古》，1980年至今，季刊，湖北省文物考古所主办。

《湖南考古辑刊》，1981年至今，湖南省博物馆、湖南省考古学会主办。

《江西历史文物》，1978—1983年为季刊，1984—1987年为半年刊，江西省博物馆、江西省文物工作队主办。1989年改为《江西文物》，江西省文化厅主办。1992年改为《南方文物》，季刊，江西省博物馆主办。

《四川文物》，1984—1987年为季刊，1988年至今为双月刊，四川省文物管理委员会、四川文物考古所主办。有《四川文物二十年目录索引（1984—2003）》，2003年出版。

《成都文物》，1983年至今，季刊，成都市文管会主办。

《南方民族考古》，1987年至今，四川大学博物馆、中国古代铜鼓研究学会主办。

《西藏研究》，1981年至今，季刊，西藏社会科学院主办。

《云南文物》，1973年至今，半年刊，云南博物馆主办。

可能还有一些地方考古刊物没有列入，有的已经停刊，但都值得找来翻翻。

另外可以登录 GotoRead. com 网站 http：//www. gotoread. com/index. aspx 阅览电子版文物考古类刊物。

还有一类文物考古的刊物是不定期的专刊，有时候发表一些比较长、比较专的考古报告或论文，这对某个专题研究可能会更有帮助。

《考古学集刊》，1981 年至今，考古杂志社编，发表比较专门的考古报告和研究。

《考古学研究》，1992 年至今，北京大学考古系（今改名"考古文博学院"）编，刊登以北京大学考古文博学院为核心的考古学研究成果。

《文物集刊》，《文物》编辑部编。其中第 2 期发表的陈国灿《唐乾陵石人像及其衔名的研究》，就是有关乾陵蕃人酋长像的最好整理和研究。

《文物资料丛刊》，1977 年至今，文物编辑委员会编。

《燕京学报》1995 年至今，新辑。原燕京大学的《燕京学报》创刊于 1927 年，于 1952 年停刊。新《燕京学报》由燕京研究院主办，老燕大系统的人做编委，其中徐苹芳先生实主其事，所以有关考古学的研究论文质量很高，值得关注。

《艺术史研究》，1999 年至今，中山大学艺术学研究中心编，中山大学出版社出版。这是适应中国大陆艺术史研究的重新兴起而出现的专刊，兼收海外学者论文，颇有分量。

《边疆考古研究》，2002 年至今，吉林大学边疆考古研究中心编，科学出版社出版。偏重于先秦时期的北方边疆考古学研究。

还有一类专刊，是考古学分支学科或与考古相关的学术刊物，也不要忽视。

《农业考古》，1981 年至今，季刊，中国农业博物馆、江西省社科院主办。

《中国钱币》，1983 年至今，季刊，中国钱币学会主办。

《硅酸盐学报》，1957—1986 年为季刊，1987—2002 年为双月刊，2003 年至今为月刊，中国硅酸盐协会主办。有对考古发现的玻璃器和陶瓷器的科学分析。

《景德镇陶瓷》，1973 年至今，季刊，江西省陶瓷工业公司主办。

《中国陶瓷》，1959 年至今，月刊，轻工业部陶瓷工业科学研究所主办。

《陶瓷研究》，1986 年至今，季刊，江西省陶瓷研究所主办。

三、港台与外文杂志

港台和海外的文物考古类期刊也同样要定期翻检。香港方面比较专门的刊物不多，《香港中文大学中国文化研究所学报》有时会发表文物、考古方面的文章，但非专刊。台湾方面，过去"中研院"的《历史语言研究所集刊》发表很多文物研究或考古报告，但现在越来越少了。比较集中的刊物有以下三种：

《故宫文物月刊》，1983年至今，月刊，台北故宫博物院主办。比较通俗，但配合一些故宫的展览，有很好的专论。有时率先发表一些大陆考古的新资料。

《故宫学术季刊》，1983年至今，台北故宫博物院主办。这是比较学术的刊物。

《台湾大学美术史研究集刊》，1994年至今，年刊，台湾大学美术史研究集刊编辑委员会编，偏重艺术史研究，内容很厚重。

外文的考古学杂志很多，西方的综合性考古学杂志一般主要发表有关欧洲的考古，旁及近东、中东，关于中国的研究以前很少，近年来开始有一些，主要应当关注的是有关中国的刊物。下面对有关中国的主要刊物略作介绍，并根据我翻阅的记录提示一些相关的文章，其他不太集中关于中国的杂志，则只列相关信息于后。

《亚洲艺术》（Artibus Asiae），1925年创刊，当时于德国德累斯顿（Dresden）出版。从1991年起，由瑞士苏黎世莱特伯格博物馆（Museum Rietberg）和美国华盛顿史密森学会（Smithsonian Institution）联合主办，瑞士阿斯科纳（Ascona）出版，半年刊。主要发表关于亚洲艺术史和考古学的原创论文、学术信息及书评等，是相关领域中最古老的学术性期刊。绝大部分文章用英文撰写，也有一些德文、法文论文。此外还出版过一系列专论的增刊。这里提示一些论文，可能正是大家关心的问题：第13—14卷（1950—1951）有关辽覆面；第21卷（1958）关于北凉和北魏艺术、《唐朝名画录》、北齐粟特石棺；第35卷（1973）关于唐代四座皇家墓葬；第

42卷（1980）关于中国古代异兽；第43卷（1981—1982）关于中国早期军装；第45卷（1984）关于唐墓壁画、辽墓壁画；第49卷（1988—1989）关于初唐宫廷书法、武梁祠图像程序、晋祠圣母殿年代；第50卷（1990）关于大明宫；第51卷（1991）关于商代饕餮、隋唐墓葬形制、北魏孝子棺、大足石窟；第56卷（1996）关于响堂山刻经；第58卷（1998）关于隋唐长安东宫。

《亚洲艺术》（Arts Asiatiques），1924年创刊，原名《亚洲艺术杂志》，法国博物馆主办，巴黎出版；1940—1945年期间停刊，再次发行时更名为《亚洲艺术》，副标题为《吉美博物馆（Musée Guimet）和塞努斯基博物馆（Musée Cernuschi）年鉴》，年刊。所刊论文用法文或英文撰写，其内容提要与正文分别采用两种不同的文字。本刊代表法国的亚洲艺术研究，特别关注中国考古发现、西藏艺术、敦煌中亚考古、东南亚考古等。其中第49卷（1994）有中法合作新疆喀拉墩遗址简报；第54卷（1999）有戴仁（Jean-Pierre Drège）关于宋代版刻的文章。

《远东古物博物馆馆刊》（Bulletin of the Museum of Far Eastern Antiquities，简称BMFEA），1929年创刊，年刊，瑞典远东古物博物馆主办，斯德哥尔摩出版。该博物馆由瑞典考古学家安特生（Johan Gunnar Andersson）创建，1939—1959年间著名汉学家高本汉（Bernhard Karlgren）出任第二任馆长，因此该刊与中国研究有密切关系，不限于考古，包括古代东亚及其相关地区的考古、艺术、建筑、历史、哲学、文学、语言学等方面，其中高本汉大量的语言学论著就刊发在上面。

《东亚考古学刊》 （*Journal of East Asian Archaeology*，简称 *JEAA*），1999 年创刊，每年一卷四期，布里尔学术出版社（Brill Academic Pub.）出版。主要刊载东亚包括中国、韩国、日本以及邻近国家在考古学、艺术史、人类学、社会学、历史及博物馆等方面的研究论文和书评。第 3 卷 1—2 期（2001）有张光直关于 20 世纪后半叶中国考古的综论。

《亚洲研究所集刊》（*Bulletin of the Asia Institute*, *new series*，简称 *BAI*），1987 年创刊，密歇根韦恩州立大学出版社出版，年刊。主要刊载古代伊朗、美索不达米亚、中亚地区以及有关中西文化交流的艺术、历史、考古、钱币学等方面的研究论文和书评，对于中外关系史、西域史的研究者很有参考价值。比如第 5 卷（1991）有中国与西方专栏，包括关于中国出土西方玻璃器、伊斯兰玻璃、中亚银器、外国珠宝的论文；第 7 卷（1993）是英国皇家亚洲学会会长、伊朗学家 Bivar 的纪念文集；第 8 卷（1994）是苏联中亚研究专集；第 9 卷（1995）有中国与中亚发现的西方玻璃器、织物、金属器皿；第 10 卷（1996）是粟特语专家 Livtsic 纪念文集；第 11 卷（1997）是中亚钱币学家 Zeymal 纪念文集；第 12 卷（1998）是中亚考古学家 Bernard 纪念文集；第 13 卷（1999）有邵瑞琪（Richard G. Salomon）发表安迪尔新发现的犍陀罗语碑铭；第 17 卷有关于西安发现史君墓的一组文章；第 19 卷（2009）是中古伊朗语专家 Skjaervo 纪念文集，有关于西域古代语言文献的研究。

《丝绸之路艺术与考古研究》（*Silk Road Art and Archaeology*，简称 *SRAA*），1990 年创刊，年刊。日本丝绸之路研究学会主办，田边胜美主编。主要发表有关中亚和丝绸之路的艺术与考古学研究论文，包括中亚地区许多新的考古发掘报告，出自苏联学者之手，都是第一手资料。还有像 N. Sims-Williams 发表的大夏语碑铭（Rabatak Inscription），是贵霜历史的重要文献。

《内亚艺术和考古杂志》（*The Journal of Inner Asian Art and Archaeology*，简称 *JIAA*），伦敦大学亚非学院的中亚艺术学会（Circle of Inner Asian Art，SOAS，简称 CIAA）主办，前身是创办于 1995 年的《通讯》（*Newsletter: Circle of Inner Asian Art*），2005 年停刊，改为正式的杂志，J. Lerner 和 L. Russell-Smith 主编。主要刊载有关内陆亚细亚艺术和考古方面的论文，涵盖了从伊朗世界到中国西部、从俄罗斯西伯利亚到印度西北的与古丝绸之路相接的广大区域，偏重于前伊斯兰时期内亚的艺术和考古学，也涉及语言与历史方面。第 1 卷是 Bivar 纪念文集，第 2 卷有一组论文是奉献给韦陀（Roderick Whitfield）的，主要与敦煌艺术有关，第 3 卷是于阗研究专号。

《东方艺术》（*Oriental Art*，简称 *OA*），1948 年创刊，季刊。第 1 卷（1948）有关于沙陀的文化属性的论文；第 30 卷（1984）关于唐及唐前绘画中的胡人；第 39 卷（1993）关于西夏艺术，第 45 卷第 2 期（1999）有瑞士人 Christoph Baumer 1998 年发掘丹丹乌里克的新发现。

《东方艺术》（*Ars Orientalis: The Arts of Islam and the East*，简称 *AO*），1954 年创刊，华盛顿出版。第 5 卷（1963）有关于萨珊玻璃的文章；第 8 卷（1970）关于联珠纹；第 16 卷（1986）关于中国

马镫；第 17 卷（1987）关于陕西唐墓石刻画像；第 24 卷（1994）关于龙门唐代皇家供养；第 31 卷（2001）关于道教像的起源、北魏佛教造像。

《取向》（Orientations: The Magazine for Collectors and Connoisseurs of Asian Art），也有人译作"东方"，1970 年创刊，香港东方杂志有限公司出版，每年 8 期。主要面向亚洲艺术的收藏家和鉴赏家，刊载关于东亚、印度次大陆和东南亚艺术的多方面信息，附有精美插图，同时登载关于亚洲艺术、建筑、考古的论文和书评，有时配合一些著名的亚洲艺术展而出版专号。比如，1989 年 3 月号、1996 年 11 月号都是敦煌研究专辑，1999 年 4 月号是吐鲁番专辑，2001 年 10 月号是"僧侣与商人展"专辑，2003 年 2 月号是"丝路艺术展"专辑，第 32 卷第 6 期（2001）是《女史箴图》专辑，第 33 卷第 5 期（2002）是北朝考古专辑，有杨泓、张庆捷、巫鸿的文章。

《亚洲艺术档案》（Archives of Asian Art），1969 年创刊，美国亚洲协会主办，纽约出版。刊载研究亚洲艺术的论文与北美艺术馆获得的亚洲艺术品选集的图录。

《亚洲艺术》（Asian Art），1987 年创刊，美国华盛顿史密森学会主办。

《亚洲艺术与文化》（Asian Art & Culture），1994 年创刊，华盛顿出版。

《故宫博物院馆刊》（Palace Museum Bulletin），1966 年创刊，台北出版。

《东方考古学杂志》（*Revue Archéologique de l'Est*），1950 年创刊，年刊，CNRS 编辑，法国亚洲研究中心出版社出版。

至于综合性的考古学刊物，主要有下面一些：

America Journal of Archaeology，1885 年至今，The Journal of the Archaeological Institution of American 编，刊载考古学研究论文和书评，偏重对古希腊、古罗马和古埃及文物发掘的研究。

Antiquaries Journal，1921 年至今，年刊，Maney Publishing，刊载各国出土文物、古代和中世纪艺术品、纹章以及社会和经济生活方面的考古研究论文、报告、评论和简讯。

Antiquity，1927 年至今，季刊，Antiquity Publications Ltd. ，刊载古物研究方面的论文、札记、简讯与书评。

Archaeological Journal，1844 年至今，年刊，Royal Archaeological Institute 编，刊载考古与文物发掘等方面的研究报告和文章，以及会议简讯。

Archaeology International，Institute of Archaeology，University College London 合办。

Bulletin of the American Schools of Oriental Research，1919 年至今，季刊，Scholars Press 出版，刊载近东地区的考古调查、发掘报告、研究资料和简讯。

Cambridge Archaeological Journal，1991 年至今，McDonald Institute for Archaeological Research 主办，University of Cambridge Press 出版。刊载有关考古问题的理论与应用研究论文。

Curator：*The Museum Journal*，1958 年至今，American Museum of

Natural History 与 California Academy of Sciences 主办，Wiley 出版。

Historical Archaeology，1967 年至今，Society for Historical Archaeology 出版，刊载有关田野考古和文物考证方面的研究论文和评论。

Journal of Archaeological Method and Theory，1994 年至今，季刊，荷兰 Kluwer Academic Publishers。

Archaeology，1948 年至今，双月刊，Archaeological Institute of America 出版，普及刊物，报道世界考古工作的进展。

Dossiers d'Archéologie，1973 年至今，每年出 10 期，法国 Faton 出版社主办，刊载世界各地考古和人类历史，包括史前史、中古史等方面的研究论文和考察报告。

日本的考古学刊物也有不少，见与中国有关或最常见的杂志列下：

《中国考古学》，2001 年至今，年刊，日本中国考古学会编，每一期有上一年日本学者对中国考古学研究的论文索引。

《シルクロード学研究》（*Silkroadology*），丝绸之路学研究中心编，不定期的专刊，每辑一般有一个主题。

《佛教艺术》，每日新闻社编，发表有关中国、日本佛教艺术及相关问题的研究论文。

《美术研究》，东京国立文化财研究所美术部编，有对石窟造像、壁画的研究。

《考古学杂志》（*Journal of Archaeological Society of Japan*），1910 年至今，季刊，日本考古学会主办，刊载以日本为中心兼及亚洲考古方面的研究论文、发掘报告、书评和学界动态报道。

《考古学研究》，1954年至今，季刊，考古学研究会编纂发行。刊载日本考古研究论文、札记、发掘报告和展望。

《考古学ジヤーナル》（*The Archaeological Journal*），1966年至今，月刊，ニユーサイエソス社发行。刊载考古研究论文、知识讲座、发掘报告和书评。介绍相关文献和博物馆。

《博古研究》，1991年至今，有发掘报告、研究论文，有时也翻译发表中国学者的文章。

《考古学》，1982年至今，季刊，刊载考古学及日本历史问题的论文。

《考古学と自然科学》，1968年至今，半年刊，日本文化财科学会志。刊载文物研究和用于文物研究的最新科学技术方面的论文。

四、考古报告

考古报告就像古籍一样，是我们必须翻检的内容。但考古报告往往是发掘某个遗址的结果，所以比较专门，可以比较明确地排除掉许多不必翻阅的考古报告。同时，考古报告一般都有固定的格式，记录调查发掘过程，文物描述，年代分析，翻阅起来比较容易。但是，学习历史的学生有时候不注重考古资料，看考古报告只是找墓志类的文献材料，其实所有文物资料都是"文献"，每件器物都不容忽视。

现在北京大学的考古专业已经从历史系分出去了。在我上大学本科和研究生的 1978 年至 1985 年，考古专业还在历史系，中国通史是考古专业的学生的必修课，但考古学的基本课程对中国史专业的学生来说不是必修课，而可以选修，所以我上过宿白先生魏晋南北朝、隋唐、宋元考古，也听过他讲的中外交通考古学和佛教石窟考古学。两个专业在一起，对两个专业的学生此后的学术研究都有裨益。现在历史系的学生很少上考古专业的课，由于没有系统的考古基础知识，所以对于考古资料的把握会有些隔阂。解决这个问题，我建议大家不妨仔细阅读一本自己专业方面的权威考古报告。比如唐宋专业的学生可以阅读宿白先生的《白沙宋墓》（文物出版社，1957 年；增补版，2002 年），秦汉专业的可以阅读广州市文物管理委员会、中国社会科学院考古研究所、广东省博物馆合著《西汉南越王墓》（文物出版社，1991 年），这样以后看考古报告可能就比较容易了。

有些考古报告附有作者的研究成果，也很重要。比如，罗丰编著《固原南郊隋唐墓地》（文物出版社，1996 年）就属于这类著作，其中包括对钱币、墓志等方面的详细研究成果。显然，此类报告的水平要高于普通以描述为主的报告。

最为可喜的是，现在有的报告在考古发掘之后不久就出版了，一改过去要等多年的状况。像国内外学界特别关注的虞弘墓、安伽墓的报告，都做到了及时出版。

随着近年来考古事业的突飞猛进，陆续出版了许多考古报告，这里不能一一列举，只就有关隋唐五代的一些重要考古报告，列举如下：

《南唐二陵发掘报告》，南京博物院编著，文物出版社，1957年。

《唐长安大明宫》，中国科学院考古研究所编著，科学出版社，1959年。

《陕西铜川耀州窑》，陕西省考古研究所编，科学出版社，1965年。

《西安郊区隋唐墓》，中国科学院考古研究所编著，科学出版社，1966年。

《唐代黄堡窑址》，陕西省考古研究所编，文物出版社，1992年。

《五代黄堡窑址》，陕西省考古研究所编，文物出版社，1997年。

《六顶山与渤海镇：唐代渤海国的贵族墓地与都城遗址》，中国社会科学院考古研究所编著，中国大百科全书出版社，1997年。

《五代王处直墓》，河北省文物研究所、保定市文物管理处编著，文物出版社，1998年。

《唐史道洛墓——原州考古调查报告之一》，原州联合考古队编著，勉诚出版，1999年。

《唐代薛儆墓发掘报告》，山西省考古研究所编著，科学出版社，2000年。

《五代冯晖墓》，咸阳市文物考古研究所编著，重庆出版社，2001年。

《偃师杏园唐墓》，中国社会科学院考古研究所编著，科学出版社，2001年。

《前蜀王建墓发掘报告》，冯汉骥撰，中国科学院考古研究所编辑，文物出版社，2002年。

《唐金乡县主墓》，王自力、孙福喜编著，文物出版社，2002年。

《唐睿宗桥陵》，美茵兹罗马-日耳曼中央博物馆、陕西省考古研究所编，Wiesbaden：Harrassowitz in Kommission，2002年。

《巩义芝田晋唐墓葬》，郑州市文物考古研究所编著，科学出版社，2003年。

《唐新城长公主墓发掘报告》，陕西省考古研究所、陕西历史博物馆、礼泉县昭陵博物馆编著，科学出版社，2004年。

《唐惠庄太子李㧑墓发掘报告》，陕西省考古研究所编著，科学出版社，2004年。

《唐节愍太子墓发掘报告》，陕西省考古研究所等编著，科学出版社，2004年。

《敦煌莫高窟北区石窟》，3卷，彭金章、王建军著，敦煌研究院编，文物出版社，2000—2004年。

《唐李宪墓发掘报告》，陕西省考古研究所编著，科学出版社，2005年。

《都兰吐蕃墓》，北京大学考古文博学院、青海省文物考古研究所编著，科学出版社，2005年。

《太原隋虞弘墓》，山西省考古研究所、太原市文物考古研究所、太原市晋源区文物旅游局编著,文物出版社,2005年。

《乳源泽桥山六朝隋唐墓》,广东省文物考古研究所编,文物出版社,2006年。

《吴忠西郊唐墓》,宁夏文物考古研究所编,文物出版社,2006年。

《法门寺考古发掘报告》上、下册,陕西省考古研究院、法门寺博物馆、宝鸡市文物局、扶风县博物馆编著,文物出版社,2007年。

《唐长安醴泉坊三彩窑址》,陕西省考古研究院编著,文物出版社,2008年。

《五代李茂贞夫妇墓》,宝鸡市考古研究所编著,科学出版社,2008年。

《吴忠北郊北魏唐墓》,宁夏文物考古研究所、吴忠市文物管理所编,文物出版社,2009年。

《固原南塬汉唐墓地》,宁夏文物考古研究所编,文物出版社,2009年。

《丹丹乌里克遗址——中日共同考察研究报告》,中国新疆文物考古研究所、日本佛教大学尼雅遗址学术研究机构编著,文物出版社,2009年。

如此等等,而且随着近年来整理工作的加快和新的考古发现的增多,这类报告还会继续出现,比如我们做唐史的人都盼望着20世纪六七十年代发掘的永泰公主、章怀太子和懿德太子墓的考古报告尽快出版,也期待着1959—1973年新疆吐鲁番阿斯塔纳-哈拉和卓古墓葬的考古报告尽早面世。据我所知，这些都是指日可待的了。

五、文物图录和展览图录

不论考古新发现还是博物馆收藏文物的图录，都是值得注意的原始资料。因为考古新发现的材料，有时因为展览或作为成果而在某些图录里率先发表，这一方面提供给我们最新的视觉资料，同时，因为有些文物以后在颜色等方面会有变化，所以第一时间出版的图录就是最逼真的样子，像20世纪70年代出版的《章怀太子墓壁画》《懿德太子墓壁画》和《永泰公主墓壁画》，远比后来重印的任何图版都要好。

作为博物馆的收藏品，有些是从1949年以前传存下来的文物，并非考古发掘所得或已经无法确知来自哪个考古遗址或遗存；有些则是散藏各处的文物。这些文物或从未得到应有的关注和研究，因某个主题而被汇辑到同一图录。虽然这些文物不是最新出土的，但图录上的照片可能是第一次发表，或第一次清楚地发表出来，所以也是应当注意的"新"材料。

比如2001年元旦，笔者与姜伯勤教授一起参观陕西历史博物馆"三秦瑰宝"展览，并购买了图录《三秦瑰宝——陕西新发现文物精华》（陕西省博物馆编，陕西人民出版社，2001年）。书中有一件标记为"唐翟曹明墓"出土的石墓门，石门为红色地仗，上面的胡人天王形象尤其引人注意。但当时没有展出翟曹明的墓志，所以虽然我怀疑石门上图像具有北朝因素，但尚难做出肯定结论。后承罗丰先生抄示墓志录文，笔者并有机会在 2003 年 9 月与罗丰先生同访靖边县文管所，在当地有关部门领导的关照下，得以抄录《翟曹明墓志》的有关文字："君讳曹明，西国人也。祖宗忠列，令誉家邦。受命来朝，遂居恒夏。"墓志署葬日为"大周大成元年岁次己亥（579）三月癸四日"（按，大成元年二月辛巳已改元大象，夏州距京城遥远，尚未得到消息）。可见翟曹明并非如"三秦瑰宝"展览说明所言为唐人，而是和安伽葬于同一年的西国胡人。如果没有这个图录把翟曹明的墓门发表，也就不会追究出这样重要的一个人物的墓志。

另外，近年来国内外都有很多学术性很强的展览，并且出版了专题图录。这些图录集中在某些专题上，如果你正好是研究这个主题的，那就是一道丰盛的宴席，供你享受。有的展览图录会约请专家撰写相关论文，这些论文往往是某些研究专题的概括性论说，还有对应于展览主题的研究论文，对于研究生的帮助可能更大。比如，下面的一些图录便很有学术价值：

Sérinde, Terre de Bouddha. Dix siècles d'art sur la Route de la Soie, eds. Jacques Giès et Monique Cohen, Paris: Réunion des Musées Nationaux, 1995. 这是 1995 年 10 月至 1996 年 2 月在巴黎举办的"西域：佛陀之地"大型展览会图录。配合展览，1996 年 2 月 13—15 日，在巴黎还举行了"西域：公元 1 至 10 世纪艺术、宗教、商业的交流之地"国际学术研讨会，其论文集迟至 2000 年才出版，即 La Sérinde, terre d'échanges: Arts, religion, Commerce du Ierau Xe siècle, direction scientifique Monique Cohen, Jean-Pierre Drège, Jacques Giès, Paris: La Documentation Française, 2000。这次展览的部分文物后来运到日本,成为"丝绸之路大美术展"的主要内容,日方也出版了很好的图录:《シルクロード大美术展》(Grand Exhibition of Silk Road Buddhist Art),东京国立博物馆编,读卖新闻社,1996 年。

Taoism and the Arts of China, ed. Stephen Little with Shawn Eichman, The Art Institute of Chicago, 2000. 这是首次道教文物展览,前面有伊佩霞(P. Ebrey)、施舟人(K. Schipper)、夏南希(N. S. Steinhardt)、巫鸿(Wu Hung)的文章。

Monks and Merchants. Silk Road Treasures from Northwest China. Gansu and Ningxia, 4th-7th Century, ed. A. L. Juliano and J. A. Lerner, New York 2001. 这是 2001 年 10 月至 2002 年 4 月亚洲协会博物馆"僧侣与商人——来自中国西北地区的丝路珍品展览"的图录,有编者及 M. Alram、丁爱博(A. E. Dien)、马尔沙克(B. I. Marshak)、罗丰、陈炳应的文章。

China. Dawn of A Golden Age, 200-750 AD, by James C. Y. Watt et al., New York: The Metropolitan Museum of Art, New Haven and London: Yale University Press, 2004. 这是美国纽约大都会博物馆"走向盛唐展览"图录。这个图录和上面一本图录展览的内容主要是 1949 年后中国出土的文物,但解说词往往由外国专家执笔,我们可以通过这些展览图录读到他们对于这些文物的看法。比如,马尔沙克对于中国出土金银器的观察,都在这些图录中保留下来,而且是他最新的、不见于他处的观点。

中国历史博物馆的边疆系列展览，也有同样的风格，见《契丹王朝——内蒙古辽代文物精华》，中国藏学出版社，2002 年；《天山古道东西风——新疆丝绸之路文物特辑》，中国社会科学出版社，2002 年。

还有一些文物的全集、大系，只列名字：

《中国青铜器全集》，中国青铜器全集编辑委员会编，文物出版社，1996 年。

《中国历代货币大系》，马飞海总主编，上海人民出版社，1988 年。

《中国陶瓷全集》，中国陶瓷全集编辑委员会编，安金槐主编，上海人民美术出版社，2000 年。

《中国玉器全集》，杨伯达主编，河北美术出版社，2005 年。

《中国出土玉器全集》，古方主编，科学出版社，2005 年。

《中国画像石全集》，中国画像石全集编辑委员会编，河南美术出版社，山东美术出版社，2000 年。

《敦煌石窟全集》，敦煌研究院主编，商务印书馆（香港）有限公司，1999 年。

《龙门石窟造像全集》，刘景龙主编，文物出版社，2002—2003 年。

《中国石窟雕塑全集》，中国石窟雕塑全集编辑委员会编，重庆出版社，2000 年。

这里所举，只是各类书中有代表性的一种，其实还有同类的其他全集可以参考。

第七讲

图像材料的积累

考古新发现很吸引人的眼球,所以容易受到今日研究者的青睐。但是,我们切不可忘记,在传世的传统文献和文物材料中,也有许多图像类资料。图像所涉及的范围很广,包括各种绘画、雕塑、照片等。此处,我们只以中国传统的绘画为主,来介绍资料的搜集与积累。流传下来的画作往往是一些精品,有些更出自一个时代最伟大的画家之手,描绘了当时最引人瞩目的景象,所以尤其值得我们注意。比如我们在讨论吐鲁番、都兰出土的萨珊波斯或粟特式的联珠纹时,应当知道在著名的唐阎立本绘《唐太宗步辇图》(北京故宫博物院藏)中,吐蕃使臣禄东赞身穿的袍子就有联珠纹图案。我们可以把这些线索联系起来考虑。

蔡鸿生先生在《九姓胡礼俗丛考》中讲到胡人"斗宝"时，提到《宣和画谱》卷一记载阎立本作过《异国斗宝图》[①]。虽然此图已经失传，但可以知道胡人斗宝是唐朝人喜闻乐见之事。蔡先生视野开阔，他这一画龙点睛的笔法，让人得以借助文献的记述，去想象胡人斗宝是怎样的情形。

本讲以绘画为主，也包括书法材料，因为书法和绘画在有的书中是合在一起的。书法虽然是文字材料，但已经艺术化，可与图像等同。也正因为书法材料往往从文献中独立出来，所以经常被研究者所忽略。

一、图像材料提供给我们的想象空间

古代绘画真迹留传于世的只占很少一部分，幸赖典籍的记载，我们能得知其梗概。有些画史上记录的画卷，即使不存，也能提供给我们一些信息或者想象。史学研究不可能完全复原历史，在史料基础上加以合理的想象是必要的，而画史上有关一些图像的记录会让我们浮想联翩。请看下面这些画卷：

展子虔：《长安车马人物图》《王世充像》。(《贞观公私画史》)

阎立德：《七曜像》。(《宣和画谱》)

阎立本：《太上西升经》《写李思摩真》《职贡图》《西域图》《职贡狮子图》。(《宣和画谱》)

---

① 《唐代九姓胡与突厥文化》上编，中华书局，1998年，37页。

陈闳：《安禄山图》（《新唐书》卷五九）、《李思摩真》（《宣和画谱》卷五）、《唐人呈马图（大宛马）》。（张翥《题玉山所藏唐人呈马图》，载〔元〕顾瑛编《草堂雅集》卷四）

张萱：《日本女骑图》《拂菻图》。（《宣和画谱》）

王维：《拂菻人物》。（《南宋馆阁录续录》卷三）

周昉：《蛮夷职贡图》《天竺女人图》（《宣和画谱》卷六）、《拂菻图》《胡旋女》（《南宋馆阁录续录》卷三）。

对于中外关系史、隋唐长安的研究者，这都是多么让人心驰神往的图像呀！

《长安车马人物图》是个什么样子？我们知道，妹尾达彦先生根据考古资料和文献记载复原过唐长安西市的局部景观，有车马、有人物[1]；王才强先生的《数码长安》也利用计算机动态复原过长安的景象，也有车马、人物[2]。他们和展子虔的描绘有什么不同？

王世充是隋末争夺天下的群雄之一，名字看上去和汉人无异，但其实他是小月氏的后裔，史书上说他是"卷发豺声"[3]，展子虔特别画他的图像，恐怕和他的胡人面貌有关吧。

陈闳《安禄山图》画的是什么样子，同样让人遐想。因为史书中一边说安禄山"作胡旋舞，其疾如风"[4]，一边又说他胖得肚皮

---

[1] 承蒙妹尾先生慨允，我曾将此图转载于拙文《〈清明上河图〉为何千汉一胡》，北京大学中国古代史研究中心编《邓广铭教授百年诞辰纪念论文集》，中华书局，2008年，658—666页。
[2] 王才强《唐长安的数码重建》，中国建筑工业出版社，2006年。
[3] 参看荣新江《小月氏考》，《中亚学刊》第3辑，中华书局，1990年，47—62页。
[4] 《安禄山事迹》卷上，6页。

着地。这样的话，怎么还能"其疾如风"地胡旋呢？显然是史家的诬蔑之词，不可尽信。那陈闳这幅画像中的安禄山到底是什么样的呢？

李思摩的长相也是有特点的。《通典·边防十三·突厥上》载，"思摩者，颉利族人也。始毕、处罗以其貌似胡人，不类突厥，疑非阿史那族类，故历处罗、颉利代，常为夹毕特勤，终不得典兵为设"。后李思摩降于唐朝。贞观十三年（639）四月，另一降唐的东突厥将领、突利可汗之弟结社率作乱，唐朝"乃赐怀化郡王阿史那思摩姓李氏，立为泥熟俟利苾可汗，赐鼓纛，使率其种落"，但泥熟俟利苾可汗与薛延陀相攻击，失去民众支持，只得于贞观十八年"轻骑入朝"，后郁郁而终[①]。其像立于太宗昭陵北司马门内，题名为"突厥乙弥泥孰俟利苾可汗、右武卫大将军阿史那李思摩"[②]。可惜现在仅余像座，我们看不到昭陵李思摩像的样子。陈闳所绘李思摩貌是胡人还是突厥人的模样？估计应当是胡人的样子吧，所以才值得画家特别给他绘像。

阎立本《西升图》画的应是老子西升图像，而其对应的可能就是《老子化胡经》《西升经》一类道教文本。那么这个图像上很可

---

① 《唐会要》卷九四"北突厥"条，上海古籍出版社，1991年，2002—2003页。
② 《唐会要》卷二〇"陵议"条，458页。李思摩及其他一些昭陵刻石人像的残块近年被发现，参看张建林《唐昭陵考古的重要收获及几点认识》，黄留珠、魏全瑞主编《周秦汉唐文化研究》第3辑，三秦出版社，2004年，254—258页；张建林、史考《唐昭陵十四国蕃君长石像及题名石像座疏证》，西安碑林博物馆编《碑林集刊》第10集，陕西人民美术出版社，2004年，82—88页。

能会有老子化摩尼、化大祆、化弥施诃的图像①，也就是我们所说的唐代三夷教教主的形象材料了。

王维、张萱、周昉都曾绘制过"拂菻图"或"拂菻人物"图，这应当是拜占庭与唐朝交往的重要图像记录，可惜我们不知道他们绘制的究竟是什么样的图像。在章怀太子李贤墓的客使图上，有一位髡发、鹰钩鼻子的人物被认为是罗马客使。如果这个图像真的是罗马客使，那应当就是"拂菻人物"了。

除了古籍中关于书画的目录外，还有一些看过某些画卷的文人学者留下的题跋或者题诗，也可让我们进一步了解到画上形象的一些具体情况。比如《宣和画谱》卷一著录展子虔画《北齐后主幸晋阳图》六幅。图已佚，但元人郝经有《跋展子虔画〈齐后主幸晋阳宫图〉》："马后猎豹金琅珰，最前海青侧翅望。龙旗参差不成行，旄头大纛悬天狼。胡夷杂服异前王，况乃更比文宣狂。"②从章怀太子墓、永泰公主墓、金乡县主墓的壁画或出土陶俑上可知，使用猎豹来行猎风靡于唐朝贵族中间。由粟特人贩运而来的西亚猎豹，成为文化传播史的一个佳例③。如果我们相信郝经的记载非常准确，而展子虔画的就是北齐的情形的话，那么我们就可以把猎豹在中原的驰骋时间提前到北齐年间。"马后猎豹金琅珰"一句，逼

---

① 关于《化胡经》中的三夷教，参看荣新江《唐代佛道二教眼中的外道——景教徒》，程恭让主编《天问》丁亥卷，江苏人民出版社，2008年，107—121页。
② [元] 郝经《陵川集》卷九，景印文渊阁四库全书，台湾商务印书馆，1986年，册1192，89页上栏—下栏。
③ 参看张广达《唐代的豹猎——文化传播的一个实例》，《唐研究》第7卷，2001年，177—204页及图版2—6；收入作者《文本、图像与文化流传》，广西师范大学出版社，2008年，23—50页。

真地写出了被驯服的猎豹跟从狩猎马匹行进的样子。今天从晋阳地区发掘的北齐娄睿墓、徐显秀墓、隋虞弘墓壁画或雕刻中，能够看到许多的"胡夷杂服"①，我们应当可以承认郝经跋展子虔《齐后主幸晋阳宫图》所描绘的，恰好是一幅真正的北齐胡化的景观图像。

二、著录古代书画的资料

1. 目录

不少古代的绘画作品只在书画目录中有简单的著录，这类目录有的虽只是简单的画作名称的记录，或是寥寥数语的考释、题跋，但对于我们了解画作的内容是有帮助的。这里列举最主要的一些书画目录。

《贞观公私画史（一称录）》，唐裴孝源著。记录作者唐贞观年间（627—649）所见的曹魏至隋绘画、壁画，并以南朝梁的官藏画目《太清目》验之。因为《太清目》早已失传，所以后人考证隋代之前的古画名目，均以此为蓝本。

《宣和画谱》，北宋宣和二年（1120）成书，撰人不详②。主要

---

① 参看山西省考古研究所《北齐东安王娄睿墓》，文物出版社，2006年；山西省考古研究所、太原市文物考古研究所《太原北齐徐显秀墓发掘简报》，《文物》2003年第10期，4—40页；山西省考古研究所、太原市文物考古研究所、太原市晋源区文物旅游局编著《太原隋虞弘墓》，文物出版社，2005年。

② 谢巍考证该书为蔡攸（1070—1126）主持编纂，详所撰《中国画学著作考录》，上海书画出版社，1998年，161—164页。

记录了北宋内府所藏的魏晋以来的绘画名迹。有俞剑华标点注释本,人民美术出版社 1964 年出版;又俞剑华注译本,江苏美术出版社 2007 年出版。

《式古堂书画汇考》,60 卷,书画各 30 卷,清卞永誉著。记录魏晋至元明时期流传的书画作品,对每个卷子汇引题跋,资料丰富,就像金石学中的《金石萃编》一样,一册在手,一幅古书画的基本流传脉络可以把握,当然我们今天还需要更加广泛地收集相关材料。有上海古籍出版社影印文渊阁本,1991 年。

《秘殿珠林》24 卷,清代张照等编,成书于乾隆九年（1744）,著录内府所藏佛、道类书画。

《石渠宝笈》初编、续编与三编,初编成书于乾隆十年、续编于乾隆五十八年编成;三编嘉庆二十一年（1816）编成。著录清内府所藏书画,内容极为详细。

有关这类书籍,可参看:

美国福开森（John Calvin Ferguson）所编《历代著录画目》,1934 年由金陵大学中国文化研究所出版。容庚编《历代著录画目续编》,成书于 1948 年。2007 年,北京图书馆出版社将两书合璧出版,即福开森、容庚编《历代著录画目正续编》,更便于学者。

周积寅、王凤珠编著《中国历代画目大典》,江苏教育出版社,2002 年。共分四卷:战国至宋代卷、辽至元代卷。包含海内外六百多家博物馆（院）、美术馆、美术教育与研究机构及私人收藏的古代墨迹。此外,还包括近一个世纪来出版影印的有关画册、图片等。共收录画家五千余位,各类画迹七万余幅。

2. 典籍

在有关古代书画的著作中，往往不仅仅是对书画的著录和描写，而且还有品评和技法等其他内容，品评某一书画时，当然也会提到部分内容，所以从收集资料的角度来讲，这些书都应当过目，至于哪些要仔细阅读和分析，则看自己的需要了。

《古画品录》，1卷，南齐谢赫撰。它评论了三国吴至萧梁间27位画家的艺术造诣，划定品级。并提出了著名的绘画理论"六法论"：气韵生动、骨法用笔、应物象形、随类赋彩、经营位置、传移模写。

《历代名画记》，唐张彦远撰。关于此书的详细情况，可参看宿白先生2001年在北京大学考古系的授课笔记整理而成的《张彦远和〈历代名画记〉》（文物出版社，2008年）；毕斐《〈历代名画记〉论稿》（中国美术学院出版社，2008年修订本）。《历代名画记》作为中国绘画史上的重要著作，受到中外研究者的广泛重视，故译注与研究也很多：小野胜年译注《历代名画记》，岩波书店，1938年；W. R. B. Acker, *Some T'ang and Pre-T'ang Texts on Chinese Painting*, 2 vols., Brill, 1954-1974；《校本〈历代名画记〉》，谷口铁雄编，中央公论美术出版社，1981年；冈村繁译注《历代名画记》，《中国古典文学大系》第54卷《文学艺术论集》，平凡社，1974年；汉译本《历代名画记译注》（《冈村繁全集》第6卷），上海古籍出版社，2002年；长广敏雄译注《历代名画记》，平凡社，1977年；《朵云》第66集"《历代名画记》研究"专辑，上海书画出版社，2007年。

《寺塔记》，段成式著，收入段成式《酉阳杂俎》续集卷五，中华书局，1981年。本书和《历代名画记》卷三《记两京外州寺观画壁》，是我们今天了解唐长安寺观壁画情况的主要史料来源。

《唐朝名画录》，唐朱景玄撰。是一部断代画史，记述了唐代120余名画家的生平、故事、画迹。

《益州名画录》，唐黄休复纂，中华书局，1991年。这是我们今天了解唐朝益州（成都）画作的基本资料。

《笔法记》，五代荆浩撰，王伯敏标点注译，邓以蛰校阅，人民美术出版社，1963年。是古代山水画理论方面的重要著作，对后世山水画的创作与评论产生深远的影响。

刘道醇的《圣朝名画评》，记载了宋初至景祐、至和间（1034—1037、1054—1055）的画家，是研究宋初绘画的重要资料。作者另撰《圣朝名画评》的续作《五代名画补遗》，完成于嘉祐年间（1056—1063）。

《图画见闻志》六卷，北宋郭若虚撰。记载了唐会昌元年（841）至北宋熙宁七年（1074）之间的绘画发展史，可以视为《历代名画记》的续作。

《画继》十卷，南宋邓椿撰。记录自北宋熙宁七年至南宋乾道三年（1167）之间有关绘画艺术活动的情况。

《画继补遗》，元代庄肃撰；人民美术出版社，1963年。分上、下两卷记录南宋的画家。

《图绘宝鉴》，元夏文彦撰。元至正二十五年（1365）成书。记载三国吴至金、元及外国画家1500余人。

《画鉴》，又称《古今画鉴》，元代汤垕撰，以朝代为序，讲述画家经历、师承、画法；附《杂论》则讨论了鉴藏方法。

《清河书画舫》，明著名鉴藏家张丑撰，成书于万历四十四年（1616），书画合编，十二卷。以人物为纲，按时代顺序，著录作者家藏及所见古书画名迹，并有画家简介与前人论述。所录始于三国，迄于明中期，计有书画家140人。

《图绘宝鉴续编》，明韩昂著，成书于正德十四年（1519），续夏文彦《图绘宝鉴》，补录明代洪武至正德之际的画家一百余人。

《书画记》，清吴其贞撰，邵彦校点，辽宁教育出版社，2000年。

《过云楼书画记》十卷，清顾文彬撰，前四卷为书法类，后六卷为画类。共收录自藏书画246件，俱为纸本，每种后自撰题语。后文彬孙顾麟士撰《过云楼续书画记》。1990年，江苏古籍出版社出版了二书的合集。

《佩文斋书画谱》100卷，康熙四十四年（1705）官修。本书从1844种典籍中采辑而成，内容包括：书体、书法、书学、书品、画体、画法、画学、画品，历代帝王书、历代帝王画，书家传、画家传，历代无名氏书、历代无名氏画，历代帝王书跋、历代帝王画跋，历代名人书跋、历代名人画跋，书辨证、画辨证，历代鉴藏书类、历代鉴藏画类。

关于古代画作的官、私著录很多，我们不能一一列举介绍。要更多地了解这类图书，可参考丁福保、周云青《四部总录艺术编》（上海商务印书馆，1957年），虞复编《历代中国画学著述录目》

（中国古典艺术出版社，1961年），原田谨次郎《支那画学书解题》（东京：大塚巧芸社，1938年；京都：临川书店，1975年重印），从中选择浏览。

汇集这类书画著作的丛书有：于安澜编《画品丛书》，上海人民美术出版社，1982年；《古画品录 外二十一种》，上海古籍出版社，1991年。1998年，天津古籍出版社汇印了《中国历代书画题跋汇编》，10册；《中国历代书法论著汇编》，10册；《中国历代画谱汇编》，16册；《中国历代美术典籍汇编》，24册；《中国历代画史汇编》，12册。此外，还有谢巍著《中国画学著作考录》，上海书画出版社，1998年；余绍宋编撰《书画书录解题》，北京图书馆出版社，2003年；后者是有关书画艺术、理论书籍的提要目录，是我国第一部书画类著作的专题目录。该书采用叙录体著录，正文前的总目叙略极便于读者了解各书的主要内容、学术流别及著述得失。又《历代书画录辑刊》，16册，北京图书馆出版社影印室辑，北京图书馆出版社，2007年。

相关资料的集中整理，对专业研究而言，是必要的。编著者从史书、诗文总集、别集、笔记等典籍中辑出各种关于绘画的原始资料，包括画论、画家、品题，分类集中，非常便于研究。下面仅以数例为代表，介绍一下画家文献资料的汇编，包括某个历史时段的画家，或者某一画派、画家资料。

元史专家陈高华先生在这方面的贡献是首屈一指的。陈先生对元代及元代以前的史料极其熟悉，他做了一件功德无量的事，就是编辑了三本画家史料，即《隋唐画家史料》（文物出版社，1987

年)、《宋辽金画家史料》(文物出版社,1984 年)、《元代画家史料》(上海人民美术出版社,1980 年,杭州出版社增订本,2004 年)。他收集史料的范围,不只来自画史,而是广泛收集自正史、文集、笔记、诗词、方志等各种史料,以画家为纲,把相关史料集中到每个画家的名下,对于我们了解与利用绘画材料有很大的帮助。虽然现在有了很多典籍的电子文本,但要检索出这么多的史料,我想也并非易事。尽管我们在利用这样的史料集时,还是要核对原书,但我们在此应当不做任何保留地向陈高华先生致敬。

此外,其他历史时期的画家史料有:

《六朝画家史料》,陈传席编,文物出版社,1990 年。

《明代院体浙派史料》,穆益勤编,上海人民美术出版社,1985 年。

"扬州八怪研究资料丛书",共 12 册,江苏美术出版社,1986—1996 年。从清代中期以来的史书、诗文总集、别集、地志、书画题跋、笔记、诗话、印谱、类书等文献中辑录出了有关八怪的资料,分别编成《扬州八怪年谱》二册、《扬州八怪诗文集》三册、《扬州八怪评论集》一册、《扬州八怪考辨集》一册、《扬州八怪书画年表》一册、《扬州八怪现存画目》一册、《扬州八怪题画录》一册、《扬州八怪绘画精品录》一册、《扬州八怪书法印章选》一册,对专门进行"扬州八怪"研究极富参考价值。

《顾恺之研究资料》,俞剑华、罗尗子、温肇桐编著,人民美术出版社,1962 年。

三、现存的书画目录

真正流传下来的魏晋隋唐时代的书画极其稀少,即使是过去被说成是魏晋隋唐的书画,最近二十年来也备受质疑,被一些学者认为是宋代的摹本。我以为,我们目前可能对于古画产生时代的古代名物知识不足,因而怀疑其为后人的伪作或摹本,这需要继续认真地讨论,不可盲从。另一方面,从历史研究者的角度来看,即使是宋人摹写的唐本,如果他摹写准确的话,仍然是可以作为唐朝的史料来运用的,就像我们相信宋朝司马光的《资治通鉴》一样。所以,摹本同样重要。

在流传下来的书画中,有许多名不见经传的书画作品,有些是无法得知作者的佚名作品,但只要有内容,都是我们历史研究者所关心的材料。比如研究中外关系史的学者应当看看不同时代的《职贡图》;研究物质文化交流的人要关注图像中的外来动物、植物,如《天马图》之类的作品;研究建筑的可以从山水画上找到许多实例;研究科技的人当然会注意《二十八宿》《黄道十二宫》《盘车图》等;研究社会史的人可以从《流民图》《耕织图》《货郎图》等中间取材;研究女性的人除了关注《仕女图》外,还可以注意《女孝经》之类的图卷;等等。还可以列出许多方面,应当说,现存的古代绘画作品中包含着各个学科的材料,就看你是否勤于翻检,并能够读懂画中的内涵。

要了解国内外现在收藏的书画资料,可以参考下列目录:

原田僅次郎著《日本现在支那名画目录》，大塚巧艺社，1938 年。

《中国古代书画目录》，10 册，文物出版社，1984—1993 年。在 1983—1990 年间，中国古代书画鉴定组（由谢稚柳、启功、徐邦达、杨仁恺、刘九庵、傅熹年、谢辰生组成）考察了全国 193 个单位，鉴定各馆收藏的书画，从中选出重要的藏品，编为简单的目录，共计收载 34215 件，涵盖中国国内现存的主要书画作品。当然这是从文物的角度，特别是从书画价值的角度做的评判和选择，不是从学术资料的角度来编订的。

《中国绘画总合图录》，5 卷，铃木敬编，东京大学出版会，1982—1983 年。本目录著录中国之外的绘画品，卷一是美、加地区，卷二是东南亚和欧洲，卷三—四是日本，卷五为索引，日文、英文对照。增订版，小川裕充编，1998—2000 年，在新的全球调查基础上加以增补。虽然这项工作不可能尽善尽美，但这个目录对于我们了解海外的收藏是最好的指南。

《古书画过眼要录》，徐邦达编，紫禁城出版社，2006 年。

另外，许多博物馆、图书馆乃至私人收藏，也有目录出版，同样是我们了解书画藏品的根据，但因为数量太多，此处不一一列举。

四、现存的书画图录

看目录，当然不如看原件的图像，只是已经出版的图像还是有限；不过近年来由于数字化的发展，不论是出版的还是网上的图像材料都非常之多，美不胜收。

下面列举比较重要的书画图录，其中有些图录是从美术的角度或馆藏的单元来出版的，往往是和考古新发现的壁画、画像石等文物资料合并出版，这正好可以让我们对比两者的相同和不同。

《中国美术全集》，共 60 卷，由人民美术出版社、上海人民美术出版社、文物出版社、中国建筑工业出版社、上海书画出版社联合出版，1984—1989 年。本书是 20 世纪 80 年代出版的规模最大的美术品图录，按美术门类以年代为顺序结合专题进行汇编，计分五大类，其中绘画编 21 卷、雕塑编 13 卷、工艺美术编 12 卷、建筑艺术编 6 卷、书法篆刻编 7 卷和总目 1 卷。其后又出版了 CD 版，共 50 张光盘。

《中国古代书画图目》，24 卷，文物出版社，1986—1999 年。在上述《中国古代书画目录》基础上，从中国古代书画鉴定组鉴定的书画作品中，共收录 20117 件，包括台北故宫藏品，编为此《图目》。之所以称为《图目》而不是《图录》，是带有目录性质的图录，即把每件作品的全部，包括书画作品前后的题跋，都用较小的图版，全部印出，这对于我们收集材料的人来说，是非常好的做法，因为我们在其他图录上，往往只能看到原图，而见不到古人在后面写的所有题跋，这些题跋是利用这件作品的重要参考资料。段书安为此书编有《索引》，文物出版社，2001 年出版。

《中国美术分类全集·中国绘画全集》，30 卷，文物出版社和浙江人民美术出版社联合出版，1997—2000 年。由于《中国古代书画图目》的图像太小，所以这部书就是从《图目》中选择出三千余件，间收海外所藏，放大印制，共收 6600 余图，图版以朝代顺序编排，以作者生活年代为序，其中战国—唐代 1 卷，五代宋辽金 5 卷，元 3 卷，明 9 卷，清 12 卷。

《中国历代绘画——故宫博物院藏画集》，8 册，故宫博物院藏画集编辑委员会编，人民美术出版社，1978—1991 年。第 1 册东晋、隋、唐、五代部分，第 2、3 册宋代部分，第 4 册元代，第 5、6 册明代，第 7、8 册清代。

《故宫博物院藏文物珍品大系》，60 卷，上海科技出版社和香港商务印书馆，2001 年。这是分类对北京故宫所藏文物的刊布和介绍，但不是保存资料式的全部影印，而是有所选择。其中《晋唐五代书法》，施安昌编，介绍了其中的传世法帖、敦煌写经、高昌墓砖等。

《中国历史博物馆藏法书大观》，15 卷，史树青主编，日本柳原书店与上海教育出版社合作出版，日文版 1994—1999 年出齐，中文版从 2000 年开始出版。前面"敦煌吐鲁番文书"一讲我们介绍了其中的《晋唐写经》和《晋唐文书》卷，这里提示大家，本书还包含有甲骨文、金文、陶文、砖文、瓦文、碑刻拓本、法帖、墓志拓本等文字材料，有些资料是首次发表，而且有的印制非常细致，比如德国探险队从高昌古城运走、清末为端方从柏林拓回的《凉王大且渠安周造祠功德碑》孤拓本，就像字帖一样影印出来，十分清晰，而且把当时达官学士以及外国学者 21 人在孤拓本周边的题跋全部印出，资料非常完整。

《故宫书画图录》，32 卷，台北故宫博物院编辑委员会编，台北故宫博物院，1989—1996 年；又《故宫藏画大系》，16 卷，台北故宫博物院，1993—1995 年。可以看到原藏于北京故宫的精品。

《浙江古代画家作品选集》，王伯敏、黄涌泉编，浙江人民出版社，1958 年，收唐至清代浙江 88 位画家的 102 幅作品。

《天津市艺术博物馆藏画集》，文物出版社，1959 年，收宋至清画 90 余幅；又《续集》，1963 年，收画 151 幅。1982 年重印。

《辽宁省博物馆藏画集》，文物出版社，1962 年；又《续集》，1980 年。

《辽宁博物馆藏画》，杨仁恺、董彦明编，上海人民美术出版社，1986 年。

辽宁省博物馆编委会编《辽宁省博物馆藏书画著录·绘画卷》，辽宁美术出版社，1998 年。

《广东省博物馆藏画集》，广东省博物馆编，文物出版社，1986 年。

《中国历代法书墨迹大观》，18 册，谢稚柳主编，上海书店，1987—1990 年。

《海外藏中国历代名画》，8 册，林树中总主编，湖南美术出版社，1998 年。收集的是中国流散到海外的历代绘画作品。

20 世纪末，日本学者编纂的《世界美术大全集·东洋编》（东京：小学馆出版），是收录各种图像资料的更为广泛的图录，很有参考价值，现列各册目录如下：（1）《先史殷周》，冈村秀典、高滨秀编，2000 年；（2）《秦汉》，曾布川宽、谷丰信编，1998 年；（3）《三国南北朝》，冈田健、曾布川宽编，2000 年；（4）《隋唐》，百桥明穗、中野彻编，1997 年；（5）《五代北宋辽西夏》，小川裕充、弓场纪知编，1998 年；（6）《南宋金》，岛田英诚、中泽富士雄编，2000 年；（7）《元》，海老根聪郎、西冈康宏编，1999 年；（8）《明》，西冈康宏、宫崎法子编，1999 年；（9）《清》，中野彻、西上实编，1998 年；（15）《中亚》，田边胜美、前田耕作编，1998 年；（16）《西亚》，田边胜美、松岛英子编，1999 年。

此外，还有许多展览图录，也是我们收集现存书法、书画资料的一个来源。比如：The Chinese Exhibition: A Commemorative Catalogue of the International Exhibition of Chinese Art, Royal Academy of Arts, Nov. 1935-Mar. 1936, Faber & Faber 1936. 这是二战前伦敦举办的规模空前的中国艺术展览上中国的参展目录，可以借此知道一些民国时收藏的精品情况。

五、画家词典和索引

要全面完整地了解一幅书画作品，不仅要读懂作品本身的意境与风格，还要熟知作者本人、作品上的品题、印鉴以及作品的流传等诸多内容。以下词典或索引即是给我们提供帮助的助手：

《中国美术家大辞典》上、下册，赵禄祥主编，北京出版社，2007 年。

《改订历代流传绘画编年表》，徐邦达编，人民美术出版社，

1995年。

《历代流传书画作品编年表》，徐邦达编，上海人民美术出版社，1963年。

《宋元明清书画家传世作品年表》，刘九庵编著，上海书画出版社，1997年。

《宋元明清书画家年表》，郭味蕖编，中国古典艺术出版社，1958年。

《唐前画家人名辞典》，朱铸禹编，人民美术出版社，1961年。

《唐宋画家人名辞典》，朱铸禹编，中国古典艺术出版社，1958年。

《中国历代书画篆刻家字号索引》，商承祚、黄华编，人民美术出版社，1960年。收16000余人。

《中国美术家人名辞典》，俞剑华编，上海人民美术出版社，1981年；修订版，1987年。收29000余人传记。

James Cahill, *An Index of Early Chinese Painters and Paintings: T'ang, Sung and Yuan*, UCP, 1980.

Nancy N. Seymour, *An Index-Dictionary of Chinese Artists, Collectors and Connoisseurs*, Scarecrow, 1988. 收唐以后画家。

Jerome Silbergeld, "Chinese Painting Studies in the West: A State-of-the-Field Article", *JAS*, 46.4, 1987, pp. 849-897.

第八讲

今人论著的查阅

　　古籍、出土文献、考古与图像材料,以上所讲的这些都属于第一手材料,我们做研究的人还要了解二手材料,这就是现代人的研究成果。这一部分的量很大,但其中也有许多没有什么用的书,如果对原始材料很熟悉,就容易看出一些文章和专著是否有水准。与此同时,还需要对今人的研究成果有充分的把握,那样既可以很快判断新出的论著是否需要参考,同时也可以从前人的研究中找到问题点,并且在前人研究的基础上,继续进步。

在检索、阅读今人著作的同时，要随时做与自己相关的研究文献目录，可以做得宽一些，收罗面广泛一些，而且从一开始就把相关的目录做得彻底一些，比如要按照规范的写法记录，最好把文章的页码也写下来，这在开始时虽然慢了点，但这是一劳永逸。做这样的研究文献目录，其实就是开始做你的硕士、博士论文的参考文献。有些目录是根据前人编的目录来的，以后当你看过原文之后，就可以判断哪些要保留，哪些可以删掉，这样慢慢地就会形成你最后的博硕士论文的参考文献。

检索查阅今人的研究论著，也有一些门径，可以帮助你尽快把握到学术前沿。

一、今人论著目录索引

前人已经编了许多各种类型的研究论著索引，特别是一些分类索引，可以导引着大家从某些类别下面，找到自己需要阅读的文章名目和出处所在。

这类目录有多种，比较综合性的有：

《中国史学论文索引》上下篇，中国科学院历史研究所第一、二所、北京大学历史系合编，科学出版社，1957年，收入1900—1937年约1300种定期期刊上的三万余篇文章；《中国史学论文索引》（第二编）上下，中国社会科学院历史所编，中华书局，1979年，收入1937—1949年的期刊论文；《中国史学论文索引》（第三编）上中下，中国社会科学院历史所编，中华书局，1995年，收入 1949—1976 年的期刊论文。这三本目录编得很好，特别有助于了解 1949 年前刊物上发表的学术论文——现在许多图书馆都不让随便翻阅了。台湾影印过许多 1949 年以前的学术刊物，像《国立北京大学国学季刊》《燕京学报》《辅仁学志》等等，但大陆许多图书馆因为已有旧藏，所以不订购这种可以随便复印的精装影印本，可是旧藏因为品质较差，不能随便翻阅，这样就造成今天的研究生在收集今人研究论著时，经常漏掉民国时期重要的学术论文。迄今为止，这仍然是今天的研究生比较忽视的一个学术时段。大陆出版社影印过《国立北平图书馆馆刊》《中央研究院历史语言研究所集刊》《禹贡》等少数几种，其实真的应当把其中重要的学术刊物都影印出来。在目前旧期刊保存状态不佳而图书馆不让随便翻阅的情况下，最好先利用《中国史学论文索引》这样的目录找到自己有用的文章，再去阅读。遗憾的是，20 世纪 80 年代以后学术论文数量剧增，但现在还没有以上索引的续编。

《1522 种学术论文集史学论文分类索引》，周迅、李凡、李小文编，书目文献出版社，1990 年，收 1911—1986 年间出版的论文集中论文 3 万余条；《建国以来中国史学论文集篇目索引初编》，张海惠、王玉芝编，中华书局，1992 年，收 1949—1984 年间论文。以上两本书可以互补，对于快速了解分散在论文集中的相关文章非常有用。

《八十年来史学书目（1900—1980）》，中国社会科学院历史所资料室编，中国社会科学出版社，1984 年。这是专著部分，现在也没有人做续编。

按照断代史来编索引的，可能是更为可行的办法，对于像北京大学历史系这样按断代来分专业的学生来说，更加方便。当然，这样的目录也给人以局限。这里提示主要的一些：

《战国秦汉史论文索引》，张传玺等编，北京大学出版社，1983年，收1900—1980年论文；《战国秦汉史论著索引续编》，张传玺主编，北京大学出版社，1992年，收1981—1990论文，1900—1990年专著；《战国秦汉史论著索引三编》，张传玺主编，北京大学出版社，2002年，收1991—2000年论著。

《魏晋南北朝史研究论文书目引得》（1912—1969），邝利安编，台北中华书局，1971年。

《隋唐五代史论著目录（1900—1981）》，中国社会科学院历史研究所编，江苏古籍出版社，1985年；《隋唐五代史论著目录（1982—1995）》，胡戟主编，陕西师范大学出版社，1997年。

《隋唐五代文学论著集目正编》，罗联添编，台北五南图书公司，1996年。

《二十世纪宋史研究论著目录》，方建新编，北京图书馆出版社，2006年。

《宋代研究工具书刊指南》，〔美〕包弼德撰，〔比利时〕魏希德修订，广西师范大学出版社，2008年。

《二十世纪辽金史论著目录》，刘浦江编，上海辞书出版社，2003年；《〈20世纪辽金史论著目录〉补遗》，周峰编，《辽夏金元史教研通讯》（台湾）2004年第1、2期。

《中国近八十年明史论著目录》，中国社会科学院历史研究所明史研究室编，江苏人民出版社，1981年。

《清史论文索引》，中国社会科学院历史研究所、中国人民大学清史研究所合编，中华书局，1984年；《1945—2005年台湾地区清史论著目录》，周惠民主编，人民出版社，2007年；《1971—2006年美国清史论著目录》，马钊主编，人民出版社，2007年。

另外，还有一些专门史的论著目录，对于从某个专题来寻找资料也有帮助：

《中国哲学史论文索引》，全五册，方克立等编，中华书局，1986—1994年，收1900—1984年间发表的论文。

Chinese Religion in Western Languages. A Comprehensive and Classified Bibliography of Publications in English, French, and German Through 1980, by Laurence G. Thompson, UAP, 1985; *Chinese Religions: Publications in Western Languages, 1981 through 1990*, by Laurence G. Thompson, Association for Asian Studies Monograph, 1993; *Chinese Religions: Publications in Western Language s, vol. 3. 1991 through 1995*, by Laurence G. Thompson, Association for Asian Studies Monograph, 1998; *Chinese Religions: Publications in Western Languages, vol. 4. 1996 through 2000*, by Laurence G. Thompson, Association for Asian Studies Monograph, 2002. 这是最好的一套有关西文中国宗教史研究的论著目录。

《中国佛教美术论文索引（1930—1993）》，李玉珉主编，觉风佛教艺术文化基金会，1997年。有一定的参考价值，但收罗不全。

《20世纪中国史学论著要目》，汪受宽、赵梅春主编，北京师范大学出版社，2007年。

《中国历史地理学论著索引（1900—1980）》，杜瑜、朱玲编，书目文献出版社，1986年。

《中国社会经济史论著目录》，中国社会科学院历史研究所经济史组编，齐鲁书社，1988年，收入1900—1984年间近2万条。

《中国农史论文目录索引》，中国农业博物馆资料室编，中国农业出版社，1992年。

《齐鲁文化研究论著目录》（上、下），张成水主编，中国社会科学出版社，2003年，收1901—2000年国内外有关齐鲁文化的研究论文、专著和文献整理的目录。

《江南区域史论著目录1900—2000》，陈忠平、唐力行主编，北京图书馆出版社，2007年。

《清代边疆史地论著索引》，中国人民大学清史研究所、中国社会科学院中国边疆史地研究中心编，中国人民大学出版社，1988年。

《中国民族学与民俗学研究论著目录（1900—1994）》，3卷，简涛编，台北汉学研究中心，1997年。

《中国古代科技史论文索引》，严敦杰编，江苏科学技术出版社，1986年，收1900—1982年论文目录；《中国科学技术史（论著索引卷）》，姜丽蓉主编，科学出版社，2002年。

《中国陶瓷史论文索引1900—1994》，谢明良编，台北石头出版公司，1998年。

《近百年中国妇女论著总目提要》，臧健、董乃强编，北方妇女儿童出版社，1996年。

《敦煌学研究论著目录（1908—1997）》，郑阿财、朱凤玉主编，台北汉学研究中心，2000年；《敦煌学研究论著目录（1998—2005）》，郑阿财、朱凤玉主编，台北乐学书局有限公司，2006年。

二、研究综述和动态

通过专家写的研究综述，也是了解今人研究论著的一个途径。在每一期的《中国史研究动态》上，都有中国社会科学院历史研究所的研究人员所写的前一年每一断代的研究概述。有的时候也有一些专题的介绍，比如《动态》2005年第7期有王媛媛《中国东南摩尼教研究评述》，这对于某些专门研究相关课题的研究生可能更为重要。有些专门史或断代史的研究机构、学会也有自己的《动态》或《通讯》，也是比较及时反映研究状况的刊物。比如中国唐史学会有《中国唐史学会会刊》，其中有最新的研究综述、论文目录和新书介绍。

台湾地区的《汉学研究通讯》也是一个信息量很大的刊物，特别是有关台湾的研究机构、出版物、学术会议、期刊论文的报道，对于相关专业学生是很有帮助的。通过这本刊物后面所附的期刊论文目录，大体上可以把握台湾中国史研究的动态。

日本的《史学杂志》每年第5号都厚于其他各号，原因是这一号为上一年各个学科的研究综述。研究生可以根据自己的方向，选看其中相关的断代和专题，基本上可以把握上一年日本的研究状态。《中国史研究动态》每年组织人力，把其中的断代各篇翻译发表，但不是同一个时间全部刊登。如果隋唐的部分是 12 月才印出来的话，那么信息就晚了一年半，而且和我们密切相关的"内陆亚细亚史"部分就没有人翻译，所以还是要看日文原文。

日本也有很多很好的通讯类杂志。比如唐代史研究会的《唐代史研究》（原《唐代史研究会刊》），就有日本学者的相关论文、著作目录，还有一些更为细致的书评和每年唐代史研究会上发表的论文。京都大学人文科学研究所附设的东洋学文献中心（现名汉字情报研究中心）编辑《东洋学文献类目》，前身为《东洋史研究文献类目》，从 1934 年开始，分类汇编成果目录；1957 年开始，每年一本，包括中、日、西文，内容颇为详尽。但近年来由于中文杂志的剧增，所以一直拖期，现在成果收录到 2018 年，对于日本学者的研究论文，应当说是收集得很全面的。要跟踪最新的日本学者的研究成果，还可以看《史学杂志》每期后面的论文索引，分日本史、东洋史、西洋史，轮流登在各期后面。另外《东洋史研究》的每期后面，则是把新出版的刊物中有关东洋史的目录摘出，也很方便，其中也包括中文、韩文期刊目录。

美国的研究论文，可以查阅《亚洲研究书目》（*Bibliography of Asian Studies*，简称 BAS），1941 年创刊，年刊，美国亚洲学会主办。开始名称不一，1956 年始用此名，收录西文（主要是英文）有关亚洲的研究专书和论文提要，每期均设东亚、中国大陆、台湾、香港、澳门等专栏。该刊存在的问题也是时间滞后，关于 1991 年的研究是 1997 年出版。1991 年后，已建立"亚洲研究书目论文索引数据库"（BAS Online），收录自1971年以来的全世界范围内发表的有关亚洲各国及地区的书目论文索引。

法国的《汉学评论》（*Revue bibliographique de sinologie*，简称*RBS*，自1997年有英文名称 *Review of Bibliography in Sinology*），1957年开始出版，第1辑在1957—1970年、1975—1982年出版；第2辑从1983年至今。用法文或英文对重要的西、中、日文研究论著做简要评述。

有些综述已经形成专书，主要有天津教育出版社和福建人民出版社出版的两套书，前者以南开大学的学者为主，后者以中国社科院历史所的学者为主，都值得翻阅：

《史学理论与史学史研究》，吴怀祺著，福建人民出版社，2006年。

《中国文明起源研究》，朱乃诚编著，福建人民出版社，2006年。

《甲骨学殷商史研究》，宋镇豪、刘源编著，福建人民出版社，2006年。

《先秦史研究概要》，朱凤瀚、徐勇编，天津教育出版社，1996年。

《二十世纪唐研究》，胡戟等主编，中国社会科学出版社，2002年。

《敦煌吐鲁番文书与唐史研究》，李锦绣著，福建人民出版社，2006年。

《隋唐五代文学研究》上、下，杜晓勤撰著，北京出版社，

2001年。

《宋史研究》，朱瑞熙、程郁著，福建人民出版社，2006年。

《宋代制度史研究百年》，包伟民主编，商务印书馆，2004年。

《辽西夏金史研究》，李锡厚、白滨、周峰著，福建人民出版社，2005年。

《元史学概说》，李治安、王晓欣编著，天津教育出版社，1989年。

《元史研究》，刘晓著，福建人民出版社，2006年。

《辉煌、曲折与启示：20世纪中国明史研究回顾》，南炳文著，天津人民出版社，2001年。

《20世纪明史研究综述》，赵毅、栾凡编著，东北师范大学出版社，2002年。

《明史研究备览》，李小林、李晟文主编，天津教育出版社，1988年。

《清史研究概说》，陈生玺、杜家骥著，天津教育出版社，1991年。

《明清史研究》，钞晓鸿著，福建人民出版社，2007年。

《中国社会史研究概述》，冯尔康等编著，天津教育出版社，1988年。

《中国历史地理学五十年（1949—2000）》，华林甫编，学苑出版社，2002年。

《中国历史地理学研究》，林颉编著，福建人民出版社，2006年。

《二十世纪的中国边疆研究——一门发展中的边缘学科的演进历程》，马大正、刘逖著，哈尔滨：黑龙江教育出版社，1997年。

《中国边疆史地研究综述（1989—1998年)》，厉声、李国强主编，黑龙江教育出版社，2002年。

《内陆欧亚古代史研究》，余太山主编，福建人民出版社，2006年。

其中像胡戟先生等主编的《二十世纪唐研究》，是组织一批有实力的中年学者执笔所写，很有参考价值。

关于西方对中国宗教的研究，见美国《亚洲研究》（*Journal of Asian Studies*）的两期专号，54.1（1995）关于汉以前的宗教；54.2（1995），关于道儒释、伊斯兰教、民间宗教。

关于西方道教研究，见 Anna K. Seidel, "Chronicle of Taoist Studies in the West, 1950-1990", *Cahiers d'Extrême-Asie*, 5（1989-1990）, pp. 223-347。这部书有两个译本，即安娜·塞德尔《西方道教研究史》，上海古籍出版社，2000年；索安《西方道教研究编年史》，中华书局，2002年。应当使用后一译本。

《战后台湾的历史学研究1945—2000》，高明士主编，台北科学委员会，2004年。

《战后日本的中国史研究》，高明士著，台北明文书局，1986年增订三版。

《中国史研究入门》，〔日〕山根幸夫主编，社会科学文献出版社，2000年。

三、博硕士论文

现在，每年产生的博士、硕士论文非常之多，这也是查阅今人研究成果的一个方面，而且这些论文往往和新的研究生思考的方向一致，了解这些博硕士论文，有助于优化自己的选题，既不要撞车，同时也了解前面的博硕士论文已经把一个题目做到什么水平，是否还要继续做下去。

许多博硕士论文没有机会出版，所以有的不易查找，但现在国家图书馆和各个高校图书馆为追求上网文献的数量，也把大量未刊博硕士论文放到自己的网站上，提供阅览。这里只能提示一些数据库：国家图书馆博士论文资源库：http：//read. nlc. cn/allSearch/searchList? searchType = 65&showType = 1&pageNo = 1；中国优秀博硕士学位论文全文数据库：https：//kns. cnki. net/kns8? dbcode = CDMD；台湾博硕士论文知识加值系统：https：//ndltd. ncl. edu. tw；典藏国际汉学博士论文摘要数据库：https：//ccsdb. ncl. edu. tw/g0107/database3. aspx。

现在的问题是，国内的博硕士论文作为未出版的论文，没有受到应有的版权保护，提供阅览的单位并不负责保护作者的版权权益。个别人把这些论文看作未刊论文而加以抄袭，所以问题很多。其实博硕士论文一旦写定，就是一个成品，就应当和其他正式出版物一样被引用，其中的研究发现也应受到版权的保护。

美国曾出版过有关中国的博士论文目录：*Doctoral Dissertations*

on China. A Bibliography of Studies in Western Languages，1945-1970，eds. by L. H. D. Gordon and F. J. Shulman，UWP 1972；Doctoral Dissertations on China，1971-1975：A Bibliography of Studies of Western Language. eds. by F. J. Shulman，UMP，1978；Doctoral Dissertations on China and on Inner Asia，1976-1990：An Annotated Bibliography of Studies in Western Languages，eds. by F. J. Shulman，Greenwood Press，1998。还有两种刊物：一是《国际学位论文摘要 A 辑：人文与社会科学》(Dissertation Abstracts International. A：The Humanities and Social Sciences，With Cumulative Author Index)，美国国际大学缩微品公司编辑，Ann Arbor，1938 年至今，月刊，汇编美、加等国 400 余所大学的学位论文摘要；二是《亚洲研究博士学位论文摘要》(Doctoral Dissertations on Asia)，美国亚洲协会编辑，Ann Arbor，1975 年至今，半年刊，载美、加大学研究亚洲国家问题的博士学位论文摘要。美国的博士论文可以从安阿伯的美国国际大学缩微品公司购买，作为正式的书籍引用。

四、电子文本的检索

其实，我费很多笔墨写的东西，对于今天的研究生来说只要有个名字就行了，现在很多学生喜欢从网上找材料，在网络上阅读。这当然是最便捷的途径，只是有些刊物最新的卷期是不上网的。其实上面的刊物甚至许多专著，都可以从网上找到，我也收集了不少这些期刊的网址，但有关电子资源是另外一个问题，所以我没有一一列出，以后应当有人写一本"电子中国学入门"。这里仅提供一些导航，大家自己去查，可以很快地找到。

按：本书原版所列网站很多已经失效，感谢李钰晨、杨牧青同学帮忙更换最新的链接网址如下。

1. 国家图书馆目录检索：http：//www.nlc.cn

2. 超星数字图书馆网：https：//www.chaoxing.com

3. 中国知网，内含中国期刊全文数据库、中国博士学位论文全文数据库、中国优秀硕士学位论文全文数据库、中国重要会议论文全文数据库、中国重要报纸全文数据库、中国年鉴全文数据库等，https：//www.cnki.net

4. 万方数据资源系统，内含中国学位论文文摘数据库、中国数字化期刊群、中国学术会议论文全文数据库、西文学术会议论文全文数据库等，https：//www.wanfangdata.com.cn

5. 国图民国期刊资料库：http：//read.nlc.cn/allSearch/searchList? searchType＝35&showType＝1&pageNo＝1

6. 中国人民大学书报资料中心复印报刊资料全文数据库：https：//www.rdfybk.com

7. 台湾图书馆整合查询资源：http：//metadata.ncl.edu.tw 或：https：//www.ncl.edu.tw/searchgoogle.html? q＝

8. 台湾新书信息网：http：//isbn.ncl.edu.tw

9. 台湾图书书目资讯网（https：//nbinet.ncl.edu.tw）下的台湾书目整合查询系统：https：//metadata.ncl.edu.tw

10. 台湾图书馆期刊文献资讯网：https：//tpl. ncl. edu. tw

11. 台湾文史哲论文集篇目索引系统：http：//local-doc. ncl. edu. tw/tm_sd/content. jsp

12. 汉学中心出版品全文资料库：https：//ccs. ncl. edu. tw/g0107/expertdb7. aspx

13. 台湾汉学研究中心专题资料库：https：//ccs. ncl. edu. tw/ExpertDB. aspx

14. 史语所同人著作目录：

http：//www. ihp. sinica. edu. tw/ttscgi/ttsweb？@0：0：1：/home/tts/ttsdb/ihpbib/ihpbib

15. 港澳期刊网：http：//hkmpnpub. lib. cuhk. edu. hk

16. 香港中文期刊论文索引：http：//hkinchippub. lib. cuhk. edu. hk/public_and_private. htm

17. 中国研究论文库（香港中文大学中国研究服务中心）：

http：//ww2. usc. cuhk. edu. hk/PaperCollection/Papers. aspx

18. 新加坡国立大学图书馆汉学研究网：

http：//www. lib. nus. edu. sg/chz/chinesestudies

19. 东洋学文献类目：http：//ruimoku. zinbun. kyoto-u. ac. jp

20. 东洋文库－藏书·资料检索：http：//124. 33. 215. 236/db_select. html

21. 东洋文化研究所所藏汉籍目录数据库：http：//www3. ioc. u-tokyo. ac. jp/kandb. htmll

22. Library of Congress Online Catalog：https：//catalog. loc. gov

23. UK Union Catalogue of Chinese Books：https://www.bodleian.ox.ac.uk/libraries/china

24. 美国丝路文明网：http://www.silk-road.com/toc/index.html

25. Bibliography of Asian Studies Online：https://www.ebsco.com/products/research-databases/bibliography-asian-studies

26. CESWW：https://cesww.fas.harvard.edu

27. 中华书局—下载专区：http://www.zhbc.com.cn/zhsj/fg/downloadarea/toindex.html

28. 谷歌书籍网：https://books.google.com

现在网上的资源无穷无尽，只要给出期刊的名字，就可以知道能否获得那一卷期的刊物了。

第九讲

刊物的定期翻检

看目录，不如直接看原本的书刊，因为有些可能和你研究相关的内容在目录上并不能反映出来，只看目录，就会遗漏。另外，有的文章，从目录上看在可看可不看之间，或许也就算了。但如果原书刊在手边，翻一下，或许就会有收获。书刊的浏览，其实也不只是为了找材料，还可以扩大自己的知识面，了解其他专业的课题，甚至研究方法等。

书的出版速度在以前很慢（现在已经不一样了），所以定期刊物比较能够反映学术的最新动态，应当定期浏览国内外杂志、专刊。现在虽然有了期刊网和许多网站提供的期刊电子文本，但因这些网站上的文章多有滞后性，所以，我主张应当随时追踪学术刊物上的研究成果和动向。

虽然我在写讲义的时候是按照时间顺序来交代有哪些研究成果，许多索引也是从 1900 年往后编，但是我主张看研究成果时应当倒着看，就是先看最新的，然后再回溯，这样就可以不用再花时间去看一些后人已经指出的作废的文章了。当然，如果你要梳理学术史，有些问题要正着看才能明白，写学术史的时候也是要按时间顺序来写。

国内外的期刊非常之多，我这里只选择重点的介绍。国内的一般必须翻阅的只列名目，国外的期刊有些研究生可能没有接触过，我稍微多说几句。有些西文的刊物，根据我翻检时的记录，提示一些重要的文章。当然这只是从我感兴趣的内容来选择的，对于有些专业，我是外行，所以也没有记录。

以下关于刊物的介绍，有关考古、艺术史、敦煌学方面的已经见于本书第四讲"敦煌吐鲁番文书的浏览"和第六讲"考古新发现的追踪"，除非特例，这里不再重复。

《历史研究》，1954 创刊，双月刊，中国社会科学杂志社主办。

《中国史研究》，1979 年创刊，季刊，中国社会科学院历史研究所主办。

《史学理论研究》，1992年创刊，季刊，前身是《史学理论》（1987—1989），中国社会科学院世界历史研究所、近代史研究所、历史研究所共同主办。

《北大史学》，1993年创刊，年刊，北京大学历史系主办。

《史学月刊》，前身是《新史学通讯》（1951年创刊），1957年更名，河南大学、河南省历史学会主办。

《史学集刊》，1956年创刊，2006年改为双月刊，吉林大学主办。

《史林》，1986年创刊，双月刊，上海社会科学院历史研究所主办。

《文史》，1962年创刊，"文革"期间停刊，以后不定期出版，现为季刊，裘锡圭主编，中华书局主办。

《中华文史论丛》，1962年创刊，"文革"期间停刊，以后不定期出版，现为季刊，上海古籍出版社主办。

《国学研究》，1993年创刊，年刊，后改半年刊，袁行霈主编，北京大学传统文化研究中心编，现为北大国学研究院主办。

《燕京学报》新辑，1995年创刊，燕京研究院主办。

《华学》，1995年创刊，饶宗颐主编。

《文献》，1979年创刊，季刊，国家图书馆主办。

《文史哲》，1951年创刊，双月刊，山东大学主办，是新中国成立后第一家文科学报。

《中国文化研究》，1993年创刊，季刊，北京语言大学主办。

《中国典籍与文化》，1992年创刊，季刊，全国高等院校古籍整理与研究工作委员会主办。又有《中国典籍与文化论丛》，不定期出版。

《魏晋南北朝隋唐史资料》，1979年创刊，年刊，武汉大学历史系魏晋南北朝隋唐史研究室主办。

《唐研究》，1995年创刊，年刊，荣新江主编，唐研究基金会主办。

《清史研究》，1992年创刊，季刊，中国人民大学清史研究所主办。

《世界宗教研究》，1979年创刊，季刊，中国社会科学院世界宗教研究所主办。

《中国社会历史评论》，1999年创刊，不定期，现基本为年刊，南开大学中国社会史研究中心主办。

《中国经济史研究》，1986年创刊，季刊，中国社会科学院经济研究所主办。

《中国历史地理论丛》，1987年创刊，季刊，陕西师范大学主办。

《民族研究》，1958年创刊，双月刊，中国社会科学院民族学与人类学研究所主办。

《西域研究》，1991年创刊，季刊，新疆社会科学院主办。

《中国边疆史地研究》，1991年创刊，季刊，中国社会科学院中国边疆史地研究中心主办。

《西域文史》，2006年创刊，年刊，朱玉麒主编，新疆师范大学西域研究中心主办。

《西域历史语言研究集刊》，2007 年创刊，年刊，沈卫荣主编，2019 年起，乌云毕力格任主编，中国人民大学国学院西域历史语言研究所主办。

《自然科学史研究》，1982 年创刊，前身是 1958 年创办的《科学史集刊》，季刊，中国科学院自然科学史研究所、中国科学技术史学会主办。

《中国农史》，1981 年创刊，双月刊，中国农业历史学会和中国农业科学院、南京农业大学中国农业遗产研究室联合主办。

此外，还有一些学报、会刊之类，也是应当检索的。

港台的杂志，主要的历史学类或包含较多历史学研究的杂志有：

《"中研院"历史语言研究所集刊》，1928 年创刊，季刊，"中研院"历史语言研究所主办。简称《历史语言研究所集刊》《史语所集刊》，最好用前者。

《新史学》，1990 年创刊，季刊，新史学杂志社主办。

《古今论衡》，1998 年创刊，半年刊，"中研院"历史语言研究所主办。

《汉学研究》，1983 年创刊，半年刊，汉学研究中心主办。

《台大历史学报》，1974 年创刊，年刊，台湾大学历史学系主办。

《史原》，1970 年创刊，不定期，台湾大学历史学研究所主办。

《台湾师范大学历史学报》，1973 年创刊，原名《历史学报》，自第 28 期（2000）改为现刊名，期数继续，台湾师范大学历史学系主办。

《成大历史学报》，1974 年创刊，半年刊，原名《成功大学历史学报》，自第 26 期（2002）起改现刊名，期数继续，成功大学历史学系主办。

《东吴历史学报》，1995 年创刊，半年刊，东吴大学历史学系主办。

《兴大历史学报》1991 年创刊，原为年刊，至 18 期（2007）始改为半年刊，中兴大学文学院历史学系主办。

《政治大学历史学报》，1983 年创刊，年刊，政治大学历史学系主办。

《政大史粹》，1999 年创刊，开始为年刊，2004 年后改为半年刊，政治大学历史学系主办。

《淡江史学》，1989 年创刊，年刊，淡江大学历史学系主办。

《辅仁历史学报》，1989 年创刊，年刊，辅仁大学历史学系主办。

《中国历史学会史学集刊》，1969 年创刊，年刊，中国历史学会主办。

《食货月刊》，1934 年创刊，月刊，1937 年停刊；1971 年复刊，1988 年停刊，食货月刊社主办。

《大陆杂志》，1950 年创刊，原为半月刊，自第 42 卷第 11—12 合期（1971）起改为月刊，2002 年停刊，大陆杂志社主办。

《思与言：人文与社会科学杂志》，1963 年创刊，季刊，思与言杂志社主办。

《中国文哲研究集刊》，1991 年创刊，半年刊，"中研院"中国文哲研究所主办。

《中华佛学学报》，1987 年创刊，年刊，法鼓山中华佛学研究所主办。

《佛学研究中心学报》，1976 年创刊，年刊，台湾大学佛学研究中心主办。

《中华佛学研究》，1997 年创刊，年刊，财团法人中华佛学研究所主办。

《新亚学报》，1955 年创刊，不定期，香港新亚研究所主办。

《中国文化研究所学报》，1968 年创刊，年刊，香港中文大学中国文化研究所主办。

《东方文化》（*Journal of Oriental Studies*，简称 *JOS*），1954 年创刊，半年刊，香港大学中文系主办。自第 38 卷开始，与斯坦福大学中华语言文化研究中心联合出版，中英文混排。

《史薮》，1993 年创刊，不定期，香港中文大学历史学系主办。

《明清史研究》，1985 年创刊，香港大学中文系主办。

日本的学术刊物非常之多，与中国古代史相关的主要有：

《史学杂志》，1889 年创刊，月刊，日本史学会主办，含所有时代、地区的历史研究。

《东方学》，1951 年创刊，半年刊，东方学会主办。

《东方学报》（京都），1931 年创刊，年刊，京都大学人文科学研究所主办。

《东洋史研究》，1935 年创刊，季刊，京都大学东洋史研究会主办。

《东洋学报》，1911 年创刊，东洋文库主办，系东洋文库和文纪要，季刊。涉及中国史、内亚史，榎一雄、山本达郎、池田温、护雅夫等人的许多重要文章发表于此。

《东洋文化研究所纪要》，1943 年创刊，半年刊，东京大学东洋文化研究所主办。

《东洋文化》，1950 年，年刊，东京大学东洋文化研究所东洋学会主办。

《中国史学》，1991 年创刊，年刊，佐竹靖彦编，中国史学会主办，原由东京都立大学人文学部历史学研究室刊行，2003 年 12 月第 13 卷以后由朋友书店出版。

《史林》，1916 年创刊，双月刊，京都史学研究会（京都大学文学部内）主办。

《史滴》，1980 年创刊，年刊，早稻田大学东洋史恳话会（早稻田大学文学部东洋史研究室）主办。

《东方宗教》，1951 年创刊，半年刊，日本道教学会主办。主要发表道教与民间宗教研究。

《印度学佛教学研究》，1952 年创刊，半年刊，日本印度学佛教学会主办，发表研究概要，但正式的论文可能没有发表，也可能在其他学报上。

《内陆アジア言语の研究》，1984 年创刊，年刊，中央欧亚学

研究会主办，发表从东北亚到黑海沿岸的欧亚大陆中部诸民族语言及文献、历史研究论文。

《内陆アジア史研究》，1984 年创刊，年刊，内陆亚细亚史学会主办，发表以内陆亚细亚为中心的历史、语言、文化等方面的研究论文。

《东洋史苑》，1968 年创刊，年刊，龙谷大学东洋史学研究会主办。

《龙谷大学论集》，1899 年创刊，名称演变：《会报》/《大学林同窗会》（1899—1901）→《六条学报》（1901—1921）→《佛教大学论丛》（1922）→《龙谷大学论丛》（1922—1932）→《龙谷学报》（1933—1944）→《龙谷大学论集》（1949），半年刊，龙谷学会主办。

《中央大学アジア史研究》，1977 年创刊，年刊，中央大学白东史学会主办。

《中国古典研究》，1952 年创刊，年刊，早稻田大学中国古典研究会主办，主要是中国古典文学研究。

《东洋文化研究》，1999 年创刊，年刊，学习院大学东洋文化研究所主办。

《东洋の思想と宗教》，1984 年创刊，年刊，早稻田大学东洋哲学会主办。

《东洋研究》，1961 年创刊，季刊，大东文化大学东洋研究所主办。

《史学》，1921 年创刊，季刊，庆应义塾大学文学部内三田史学会主办。

《西南アジア研究》，1957 年创刊，半年刊，西南亚细亚研究会主办。因为按照西方学术分类，所以有关突厥、回鹘、粟特、西域的许多研究成果都在其中。

《大阪大学文学部纪要》，1952 年创刊，2000 年第 40 号以后改称《大阪大学大学院文学研究科纪要》，年刊，大阪大学文学部主办。

《シルクロード研究》，1998 年创刊，不定期，创价大学丝绸之路研究中心主办。

《创价大学人文论集》，1989 年创刊，年刊，创价大学人文学会主办。

各大学文学部、佛教学部的纪要、论集，也都是应当检索的。

西文刊物可能刚刚入学的研究生不太熟悉，所以这里介绍稍微详细一些，每种刊物先列简称，再列全称、出版地、创刊年份和汉译名称，后是简介及我翻检时随手记录的相关内容。其中加星号者对于中国史研究者比较重要。

* AA = Acta Asiatica：*Bulletin of the Institute of Eastern Culture*，Tokyo，1961 年至今，《亚洲学报》。日本东方学会东方文化研究所主办，1991 年以前为季刊，其后为半年刊。这是日本东方学会的西文刊物，刊载日本学者关于亚洲研究的重要学术论文。后来大体上每一期有一个特定主题，收录一篇有关这个主题的日本学者研究综述，然后是几篇论文，综述详尽罗列日本学者的研究成果，往往给出日文原名、拉丁字母音译、英文意译，所以非常方便。其中第 55 期（1988）是唐代研究专号，有池田温的综述；第 78 期（2000）是敦煌吐鲁番研究专号（以纪念藏经洞发现百年）；第 80 期（2001）是先秦文化、楚简研究专号；第 82 期（2002）是中国小说史研究专号，有小南一郎关于唐传奇、金文京关于敦煌变文的研究。

AHR = *The American Historical Review*，Washington，1895 年至今，《美国历史评论》。美国历史协会主办，每年 5 期，刊载有关各国历史论著的书评，也包括有关中国史研究的书评。

* **AM** = *Asia Major*，Leipzig/London/Princeton/Taipei，1923 年至今，《泰东》（又名《亚洲学刊》《大亚细亚》）。本刊分三个系列。1923 年创刊于德国莱比锡，发表德、法、英文撰写的亚洲研究论文，是当时德国东方学的权威刊物。1933 年因纳粹势力的抬头，身为犹太人的主编申得乐（Bruno Schindler）被迫移居英国，杂志停刊。1949 年，在剑桥、伦敦、牛津大学的支持下，申得乐在伦敦将该刊恢复，称作 *Asia Major*, *new series*，即"新辑"，很快成为英国重要的东方学杂志。1975 年由于英国大学经济困难，再度停刊。1988 年，杜希德（Denis Twitchett）在美国普林斯顿大学将其复刊，即 *Asia Major*, *third series*（"三辑"）。与前两辑涵盖整个东亚、中亚范围不同，"三辑"基本上集中在中国研究上。1988—1996 年为半年刊，1996—1997 年改为年刊。1998 年，因为经济、人事的缘故，杂志改由台湾"中研院"史语所主办，并恢复为半年刊。在"新辑"中，有系列的杜希德关于唐代研究的论文，是唐史研究生所必读的，如第 4 卷（1954）关于盐铁使；第 5 卷（1955—1956）关于唐代寺院庄园；第 6 卷（1957）关于《水部式》；第 11 卷（1965）关于晚唐藩镇割据与中央财政；第 12 卷（1966）关于唐代的市场制度；第 14 卷（1968）关于晚唐的商人贸易与政府。在"三辑"里，第 4 卷（1991）有王贞平关于唐代海上贸易管理；第 6 卷（1993）有麦大维（D. McMullen）关于狄仁杰与 705 年唐朝的复辟；第 9 卷（1996）有杜希德《如何成为一个皇帝——唐太宗对其角色的幻想》、陈弱水《唐宋变革中作为身份认同的文化：清河崔氏与博陵崔氏》；第 10 卷（1997）有关于汉唐国际政治中的联姻和中国公主们；第 11 卷第 2 期（1998）是我们"重聚高昌宝藏"有关吐鲁番研究的一组论文。

AO = Acta Orientalia，Societates Orientales Batava Danica Norvegica（Leiden），1922 年至今，《东方学刊》。由丹麦、芬兰、挪威和瑞典的东方学会（The Oriental Societies of Denmark, Finland, Norway and Sweden）赞助出版，年刊。主要发表有关东方世界的语言、历史、考古、宗教等领域的研究，是北欧的权威刊物，最近几十年来有关汉学的研究不多。

AoF = Altorientalische Forschungen，Berlin，1974 年至今，《古代东方学报》。原东德科学院的东方学刊物，发表大量整理吐鲁番各种语言文书的成果。

* *AOH = Acta Orientalia Academiae Scientiarum Hungaricae*，Budapest，1950 年至今，《匈牙利东方学刊》。匈牙利科学院主办，季刊。用英、德、法、俄四种文字发表有关东方研究的论文及书评，以匈牙利学者的论文居多，所以在突厥、回鹘、西藏、蒙古等民族历史、语言和中亚史方面最强，当然也有关于汉学研究的内容，如第 53 卷（2000）有孔丽维（Livia Kohn）对中国中古时期道观规划的探讨。

APAW = Abhandlungen der Preussischen Akademie der Wissenschaften,*Phil.-Hist. Klasse*, Berlin,《普鲁士皇家科学院学术会议论文集（哲学与历史分册）》。早年发表吐鲁番出土文书整理的论集之一。

ArOr = Archiv Orientalni, Prague, 1929 年至今,《东方学报》。捷克东方学研究所主办，季刊。以捷克学者的研究成果为主，多用英、德、法文撰写。

AS = Asiatische Studien/Etudes Asiatiques, Bern, 1947 年至今,《亚洲研究》。德国学者为主，偏重明清及以后时段。

Asian Perspectives, Hawaii, 1957 年至今,《亚洲观察》。芝加哥伊利诺斯大学人类学系主办，夏威夷大学出版社出版，半年刊，主要刊载亚洲和太平洋地区的研究论文及书评。

* *BEFEO = Bulletin de l'École française d'Extrême-Orieint*, Hanoi/Saigon/Paris, 1901 年至今,《法国远东学院院刊》。法国远东学院主办，基本是年刊。1901 年创刊于越南河内，1956 年 1 月移至西贡，2 月迁往巴黎。以法国学者的研究论文为主，包括有关远东政治、制度、宗教、文学、考古、语言和人种学在内的所有方面，特别是有关东南亚、中亚、印度的研究。1980 年代后因为远东学院又创办了专门研究东亚的《远亚集刊》(*Cahiers d'Extrême-Asie*)，所以有关中国研究的论文减少，但也不能忽视。

* *BSOAS = Bulletin of the School of Oriental and African Studies*,

London，1917 年至今，《伦敦大学亚非学院院刊》。伦敦大学亚非学院主办，季刊。从第 1 卷到 1938 年发行的第 9 卷，名为《伦敦大学东方学院院刊》（*Bulletin of the School of Oriental Studies*，简称 *BSOS*），1940 年起改为现行刊名。是以英国学者为主研究亚非各学科的核心刊物，涉及历史、语言、宗教、考古、人类学、科学史、艺术、医学、文学、音乐、哲学等多个领域，除论文外，有大量书评。相关的研究文章非常之多，比如贝利（H. W. Bailey）关于于阗语文献，恒宁（W. B. Henning）关于粟特语文献的论文，很多都在这个刊物上。如第 12 卷（1948）恒宁翻译的粟特语古信札，就是丝绸之路研究的基本文献；第 19 卷（1957）有关于中国中世纪寺院经济；等等。近年来，T. H. Barrett 撰写大量有关中国研究的书评，对于了解学术动态很有帮助。

* CAJ = *Central Asiatic Journal*，Wiesbaden，1955 年至今，《中亚学刊》。由各国中亚研究专家组成编委会，开始不定期，从 1974 年开始为半年刊。刊载有关中亚地区的语言、文学、历史和考古研究，也涉及与之有关的东亚文化区（蒙古、满洲、西藏），大概由于主编的缘故，最近二十年越来越偏重于满学、蒙古学等北亚的研究，但时而也有与中国史相关的文章，如第 45 卷第 2 期（2001）有《安史之乱中的突厥与回鹘》。

* CEA/CA = *Cahiers d'Extrême-Asie*，Kyoto/Paris，1985 年至今，《远亚集刊》。法国远东学院京都分部主办，编辑部始设京都，后迁往巴黎，年刊，英法双语。以法国学者的汉学研究成果为主，兼收其他，开始时有一些篇幅介绍日本汉学、佛教、道教的研究情况。

后来更多的是以专号的形式出版，如第 11 卷（1999）为敦煌学专号（纪念藏经洞发现百年），第 12 卷（2001）为宗教史专号。其上发表的部分论文，北京的《法国汉学》有译文。

CINA, Roma, 1956 年至今，《中国》。意大利的主要汉学杂志，但主要用意大利文撰写。

CLEAR = Chinese Literature：Essays, Articles, Reviews, Madison, Wisconsin, 1979 年至今，《中国文学》，年刊。刊载有关中国传统和现代文学各方面的论文和书评。

* *EAH = East Asian History*, Canberra, 1970 年至今，《东亚史学刊》。1970—1990 年原名《远东历史论文集》(*Papers on Far Eastern History*)，澳大利亚国立大学远东历史学院主办。1991 年改由该校高级研究学院主办，刊名亦改为现名，半年刊。主要刊载东亚地区史学论文，也关注现代亚洲被忽视的方面和地区，还涉及艺术、建筑、科技、环境等诸多领域。比如第 10 卷（1995）有何培斌《理想的寺院：道宣所描述的中天竺祇洹寺》；第 20 卷（2000）有刘一（Lewis Mayo）《敦煌归义军鸟的秩序》，是从环境史角度做的研究。

EC = Early China, Berkeley, 1975 年至今，《古代中国》。美国古代中国学会主办，年刊。主要刊载美国学者关于汉代以前的中国古代史的研究论文，也有中国学者论作的英文翻译，还有学术动态、索引、书评、简讯、年度博士论文摘要和参考书目等。

EM = Etudes Mongoles（et Sibériennes）, Naterre, France, 1970 年至今，《蒙古（与西伯利亚）研究》。法国蒙古研究中心主办，主要刊载法国学者和蒙古共和国学者对蒙古文化和语言研究的论文。

EMC = Early Medieval China，Michigan，1994 年至今，《中国中古研究》。美国中古中国研究小组主办，不定期刊物。研究范围从汉末至唐初，如第 1 卷有施寒微（H. Schmidt-Glintzer）关于中古士大夫与共同体的文章；第 2 卷有 Holmgren 关于孝文帝婚姻改革问题；第 3 卷有谷川道雄再论"中世"。

Etudes Chinoises，Paris，1982 年至今，《中国研究》。法国汉学研究会（AFEC）主办，每年 1 卷 2 期。本刊涵盖历史、社会、文学、哲学等所有汉学学科，又有评述、札记和新出汉学著作的书评和简介，每年集中登载一次有关中国的法文著作书目。第 13 卷第 1—2 合期为谢和耐纪念文集。

* *EW = East and West*，Rome，1950 年至今，《东方与西方》。意大利中东和远东学院主办，季刊，所刊文章主要用英文撰写。其中在印度学、伊朗学、藏学方面最强，包括该学院在巴基斯坦考古发掘的报告和研究，也有一些汉学论文。第 23 卷（1973）有 J. Williams 关于于阗佛像；第 34 卷（1984）有富安敦（A. Forte）的《迦湿弥罗密教高僧宝思惟及其北天竺合作者在唐朝的活动》；近年有关于贵霜研究的专号。

* *HJAS = Harvard Journal of Asiatic Studies*，Cambridge，1936 年至今，《哈佛亚洲学报》。哈佛燕京学社主办，从 1977 年起为半年刊。本刊是美国研究亚洲各国文史哲及语言、宗教等人文学科的重要学术杂志，关注焦点在中、日、韩和内亚。许多美国研究中国的重要文章来自该刊，如第 19 卷（1956）陈观胜（K. Chen）关于会昌灭佛的经济背景；第 37 卷（1977）姜士彬（D. Johnson）关于晚唐宋初赵郡李氏；第 41 卷（1981）Grafflin 关于中古南方大家族；第 42 卷（1982）郝若贝（R. Hartwell）关于 750—1550 年中国人口、政治、社会变迁；第 45 卷（1985）伊沛霞（P. B. Ebrey）关于唐代书仪；第 49 卷（1989）麦大维（D. McMullen）关于韩愈。

HR = History of Religions，Chicago，1961 年至今，《宗教史研究》。不仅限于中国，但有些重要的中国宗教史论文发表于此，如第 6 卷（1966）冉云华关于宋代中印佛教交流；第 12 卷（1978）席文（N. Sivin）关于"道"字的解释问题及与宗教、科学的关系。

IIJ = Indo-Iranian Journal，Dordrecht，Netherlands/Boston/London，1957 年至今，《印度伊朗学刊》。这是印度、伊朗学的刊物，但其中有不少佛教、中亚方面的研究与中国相关，如第 18 卷（1976）N. Sims-Williams 所刊英国图书馆藏粟特文残卷，就是敦煌、新疆出土的原始材料。另外，前主编狄雍（J. W. de Jong）写有大量书评，对于了解佛教学的动态很有帮助。

＊ JA = Journal Asiatique，Paris，1822 年至今，《亚洲学刊》。法国亚洲学会与国家科研中心联合主办，从 1936 年起为半年刊。研究范围涵盖了整个亚洲，以法国学者论文为主，兼有每月一次的座谈会报告及书评。近年来，有关中国史研究的论文分量较以前有所减少。过去研究中国的学者如沙畹（E. Chavannes）、列维（S. Levi）、伯希和（P. Pelliot）、马伯乐（H. Maspero）和戴仁等，无不在此发表高论。第 269 卷（1981）为伯希和诞辰百年纪念中亚写本与碑铭会议论文集。

＊ JAH = Journal of Asian History，Wiesbaden，1967 年至今，《亚

洲史杂志》。半年刊。研究范围涵盖除古代近东以外的所有亚洲地区的任何时段。第 31 卷（1997）有柯克兰（Russell Kirkland）关于司马承祯与道教在中国中古政治中的支配作用等文章。

* JAOS = Journal of the American Oriental Society，New Haven，1843 年至今，《美国东方学会会刊》。美国东方学会主办，季刊。主要刊登美国东方学者有关近东、北非、南亚、东南亚、内亚、远东和伊斯兰世界的论文，还有信息、书评等，也是美国研究中国文化的核心刊物。薛爱华（E. H. Schafer）关于银河/天河、外来物品、物质文化、唐诗等许多文章都发表于此；又有关于妇人启门、犍陀罗语佛典等文章。

* JAS = The Journal of Asian Studies，Ann Arbor，1941 年至今，《亚洲学会会刊》。美国亚洲学会主办，1941—1955 年名《远东季刊》（Far Eastern Quarterly），1956 年改现名，季刊。亚洲研究领域的权威性刊物，研究范围涵盖从南亚、东南亚到中国、内亚、东北亚地区，内容涉及亚洲各国的历史、社会科学、艺术和宗教以及现当代的政治、经济问题等。每期刊有大量书评，提供丰富的学术信息。第 58 卷第 1 期（1999）有邓小南老师关于吐鲁番妇女的文章。

JASB = Journal of the Asiatic Society of Bengal，Calcutta，1832—1904 年，《孟加拉亚洲学会会刊》。有早期印度学、藏学、中亚研究论文和原始材料。

* JCR = Journal of Chinese Religions，Indiana，1976 年至今，《中国宗教研究集刊》。美国中国宗教研究学会主办，1976—1983 年名《中国宗教研究协会会刊》（Journal of the Society for the Study of Chinese Religions），1998 年合并了《道教文献》（*Taoist Resources*）。

JESHO = *Journal of the Economic and Social History of the Orient*，Leiden，1957 年至今，《东方经济与社会史学刊》。荷兰莱顿大学主办，季刊。主要研究从古代到 19 世纪初的近东、伊斯兰世界、南亚、东南亚和东亚的经济与社会史。包括区域研究、长时段历史研究和其他因素（包括文化史、文学史、观念史、心理和性别等）对经济与社会史的影响。如第 2 卷（1959）有杜希德关于唐代国有耕地；第 4 卷（1961）有蒲立本（E. G. Pulleyblank）关于隋唐人口登记；第 5 卷（1962）有薛爱华关于唐代的自然保护；第 34 卷（1991）有白桂思（C. I. Beckwith）关于唐与回鹘绢马贸易；第 45 卷（2002）有苏基朗关于泉州；第 46 卷（2003）有斯加夫（J. K. Skaff）关于粟特贸易。其上也可以看到邓小南老师和我所编《唐宋女性与社会》的英文书评。

JIABS = *The Journal of the International Association of Buddhist Studies*，Madison，1978 年至今，《国际佛教研究学会会刊》。国际佛教研究学会主办。第 24 卷（2001）有贾晋华讨论洪州禅。

* *JRAS* = *Journal of the Royal Asiatic Society*，Cambridge，1834 年至今，《英国皇家亚洲学会会刊》。英国皇家亚洲学会主办，迄今为止已有三辑。第一辑（*first series*）从第 1 卷到 1863 年第 20 卷。其后的新辑（*new series*）分为两个阶段，从 1864—1990 年。从 1991 年起，开始了第三辑（*third series*），每年 3 期。发表有关亚洲历史、考古、文学、语言、宗教和艺术等方面的论文和书评。英国学者研究中亚的论文，多在其中。近年来有关中国的研究渐少，但也不是没有，如三辑第 1 卷（1991）有 T. H. Barrett 讨论《楞伽师资记》年代；第 2 卷（1992）有他讨论"变文"一词的起源；第 12 卷（2002）有陈三平讨论天子、神子。

JSFOu = Journal de la Société Finno-Ougrienne，Helsinki，1886 年至今，《芬乌学会会刊》。有关于北亚民族的研究论文，如突厥、回鹘等方面。

JSYS = Journal of Song-Yuan Studies，New York，1970 年至今，《宋辽金元》。美国宋元及征服王朝学会主办，1970—1977 年原名《宋研究通讯》（*Sung Studies Newsletter*），半年刊。1978—1989 年改名为《宋元研究通报》（*Bulletin of Sung-Yuan Studies*），年刊。1990 年又改为 *Journal of Sung-Yuan Studies*，2001 年采用现刊名。本刊发表与宋、辽、金、元四朝相关的所有学科的论文、札记、书评和动态。

LIC = Late Imperial China，Washington/Pasadena，1965 年至今，《清史问题》。美国清史研究学会主办，原名 *Ch'ing-Shih Wen-T'i*，1985 年改为现刊名，半年刊。主要发表有关明清两代的研究论文，涵盖政治、思想、社会、经济、文化、性别和人口统计学等多个领域。

MCB = Melanges chinois et bouddhiques，Bruxelles，1932 年至今，《汉学与佛学研究集刊》。有早期比利时和法国的汉学和佛教学研究成果。

MingS = Ming Studies，Geneva，New York，etc.，1975 年至今，《明史研究》。美国明史学会主办，半年刊。主要刊载关于 14—17

世纪中国社会、政治、历史、文化等方面的学术论文。

MO = Manuscripta Orientalia, St. Petersburg, 1995 年至今,《东方写本》。圣彼得堡东方学研究所主办,季刊。该刊主要是发表圣彼得堡东方学研究所及俄国其他博物馆、图书馆所藏东方写本文献,同时刊布有关东方写本的考证、比较手稿学和古文书学论文,均用英文撰写。

* *MRDTB = Memoirs of the Research Department of the Toyo Bunko*, Tokyo, 1926 年至今,《东洋文库欧文纪要》。日本东洋文库主办,年刊。主要用英文发表日本学者关于中国研究的论文,是日本研究亚洲各学科领域的重要期刊。有山本达郎、榎一雄、山口瑞凤、森安孝夫、荒川正晴等有关中亚、丝绸之路、敦煌吐鲁番文书、吐蕃史的论文。

* *MS = Monumenta Serica*: *Journal of Oriental Studies*, Beijing/Tokyo/Nagoya/Los Angeles/Koln, 1935 年至今,《华裔学志》。1939 年由德国汉学家鲍润生(Franz-Xaver Biallas)在北京辅仁大学创办, 1948 年停刊。1954 年在日本东京复刊,1957 年编辑部迁至名古屋南山大学,1963 年并入加州大学洛杉矶分校东亚语言系,1972 年又迁往德国圣奥古斯丁。年刊。该刊涵盖汉学的所有相关领域,包括中国的历史、语言、文学、哲学、宗教、艺术等,旨在将中国的历史文化遗产介绍给西方。近年来,该刊的标题增加中文,论文有中文提要。其中有许多值得关注的文章,如早年有艾伯华(Wolfram Eberhard)的许多关于天文学史的文章;第 21 卷(1962)有罗依果(Igor de Rachewiltz)关于耶律楚材的《西游录》;第 29 卷

（1970—1971）有 Charles A. Peterson 关于仆固怀恩；第 35 卷（1981—1983）有关于唐代的波斯胡寺；以及第 39 卷（1990—1991）我的《通颊考》。

Nan Nü: *Men, Women and Gender in China*, Leiden/Boston, 1999 年至今,《男女》。H. Zurndorfer 等编，半年刊。主要刊载研究中国从古代到现代有关男性、女性和性别的论文和书评，涉及历史、文学、语言学、人类学、考古学、艺术、音乐、法律、哲学、医学和自然科学、宗教等方面。

Numen: *International Review for the History of Religions*, Leiden, 1954 年至今,《守护神》。不是专门的中国学刊物，但涉及中国的佛教、摩尼教、基督教等。

OAZ = Ostasiatische Zeitschrift, Berlin, 1912 年至今,《东亚杂志》。早期德国关于中国和日本艺术与文化的刊物。

OE = Oriens Extremus, Wiesbaden, 1954 年至今,《远东研究》。副标题为"远东地区语言、艺术和文化杂志"，半年刊。第一任主编为傅吾康（Wolfgang Franke）和福克司（Walter Fuchs），此后通常由汉堡大学中国语言文化研究所和日本语言文化研究所的讲座教授联合担任主编。主要刊载德国学者对东方学方面的研究论文，但也不一定，如第 10 卷（1963）有薛爱华关于唐代的末日；第 19 卷（1972）有塞诺（D. Sinor）关于内亚史上的马与牧场。

OLZ = Orientalistische Literaturzeitung, Berlin/Leipzig, 1898 年至今,《东方文献评论》。1898—1908 年原为月刊。从 1909 年起双月刊。该刊涵盖了东方研究的所有领域、各个时段，是最古老的国际

性书评期刊之一。

Oriens: Journal of the International Society for Oriental Research, Leiden, 1948 年至今,《国际东方学会会刊》。第 4 卷(1951)有关于 10 世纪北方中国的官僚政治;第 10 卷(1957)有薛爱华关于战象。

Osiris, The University of Chicago Press, 1936 年至今,《奥西利斯》。美国科学史学会主办, 1936 年由 George Sarton 创办, 1968 年停刊, 1985 年复刊, 年刊。主要刊载科学史及其文化影响的研究论文, 包括中国科技史研究。

RO = Rocznik Orientalistyczny, Warschau, 1914 年至今,《东方学刊》。主要发表波兰学者研究东方学的论文。

SCEAR = Studies in Central & East Asian Religions, Copenhagen/Aarhus, Denmark, 1988 年至今,《中亚与东亚宗教研究》。主要代表北欧的佛学研究。

SI = Studia Iranica, Paris, 1972 年至今,《伊朗学研究》。包括伊朗学的各个方面, 有许多关于粟特、于阗、大夏、贵霜的研究。

Sinologica: Zeitschrift für chinesische Kultur und Wissenschaft, Basel, Switzerland, 1947 年至今,《中国文化学志》。已停刊。原本是重要的汉学刊物, 第 2 卷(1950)有薛爱华关于骆驼;第 4 卷(1956)有艾伯华(W. Eberhard)关于敦煌的大家族;第 5 卷(1957)有 S. Cammann 关于汉代中印联系的考古学印证, 有 Howard S. Levy 关于杨贵妃的家世背景;第 8 卷(1964)有关于唐代的女伎。

SPAW = Sitzungsberichte der Preussischen Academie der Wissenschaften, Phil.-hist. Kl.，Berlin，《普鲁士科学院研究通报（哲学与历史分册）》。早期德国吐鲁番考察队所获文书的整理刊布主要发表于此，如 1932—1934 年 F. C. Andreas 与恒宁（W. B. Henning）发表的新疆出土中古伊朗语摩尼教文献，迄今仍是研究中亚摩尼教的最基本史料。

* *TP = T'oung Pao*，Leiden，1890 年至今，《通报》，全称为《通报：供东亚（中国、日本、朝鲜、印度支那、中亚和马来西亚）历史、语言、地理和民族学研究的档案》，由法国、荷兰联袂主编，每年 1 卷 5 期，发表学术论文、评论简报、书评。原本涉及东亚和中亚的研究，现在更以中国学研究为主。1953 年出版了 1890—1944 年的论文索引，1976 年又出版了 1948—1969 年的论文索引。该刊是欧洲重要的中国学杂志，其中有许多重要的文章，如第 41 卷（1952）有蒲立本关于内蒙古的粟特聚落；第 46 卷（1958）有薛爱华关于唐代鹰猎；第 63 卷（1977）有司马虚（M. Strickmann）关于茅山道教的兴起：道教与贵族政治，还有丁爱博（Albert Dien）关于西魏北周之赐姓；第 66 卷（1980）有许理和（E. Zürcher）关于佛教对早期道教的影响；第 67 卷（1981）有关于唐代舞马；第 68 卷（1982）有许理和关于《月光童子经》：中古中国佛教的救世论与末世论；第 80 卷（1994）有艾安迪（A. Eisenberg）关于君主、权力和唐玄武门之变；第 83 卷（1997）有艾安迪关于战争与中古北方游牧政权的政治稳定性；第 85 卷（1999）有熊存瑞关于唐代均田制；第 88 卷有陈金华关于道宣。

TR = Taoist Resources，Indiana，1989—1997 年，《道教文献》。

TS = T'ang Studies，Madison/Boulder，Colorado，1982 年至今，《唐学报》。美国唐学会主办，年刊。刊载有关唐代文学、历史、艺术等方面的论文、札记，后有新刊书、论文和博士论文目录。第 7 卷（1989）有麦大维关于齐太公崇拜与唐代的军事态度。

Turcica：*Revue d'Etudes Turque*，Paris，1969 年至今，《突厥学》。主要是法国学者的突厥学研究。

UAJ = Ural-Altaische Jahrbücher/Ural-Altaic Yearbook（*Ungarische Jahrbucher*），Berlin/Indiana，1921 年至今，《乌拉尔－阿尔泰年鉴》。1921 年创刊于柏林，年刊。该刊主要研究乌拉尔－阿尔泰系民族的语言和文化，与中国历史相关的包括突厥、回鹘、蒙古、通古斯等民族及其语言。

ZAS = Zentralasiatische Studien：*des Seminars für Sprach-und Kulturwissenschaft Zentralasiens der Universitat Bonn*，Wiesbaden/Andiast，Schweiz，1967 年至今，《中亚研究》。波恩大学中亚研究所主办，发表以德国学者为主的中亚研究成果。第 14 卷（1980）有克林凯特（H.-J. Klimkeit）关于摩尼教艺术中的印度神祇；第 17 卷（1984）有克林凯特与施寒微（H. Schmidt-Glintzer）关于汉文摩尼教残经的突厥语对应文本。

* *ZDMG = Zeitschrift der Deutschen Morgenländischen Gesellschaft*，Leipzig/Wiesbaden，1847 年至今，《德国东方学会会刊》。德国东方学会主办，从 1965 年开始为半年刊。该刊涵盖整个东方学各个领域，既有传统的历史、文学、艺术史和宗教史的研究，也注意到目前东方学传统的现代性和发展问题。

Zinbun：*Memoire of the Research Institute for Humanistic Studies*，1957 年至今，《人文》，年刊，京都大学人文科学研究所主办。

还有一些西文的专门史刊物虽然不是东方学刊物，但也有讨论中国的论文或书评，这些有不少是新史学的阵地，所以值得浏览，这里只提一下名字：

BH = Book History，Pennsylvania，1998 年至今，《书籍史》。

Culture and Language Learning Report，Honolulu，1971 年至今，《文化和语言研究报告》。

FS = Feminist Studies，Maryland，1972 年至今，《女性主义研究》。

Gender & History，Wiley，UK/New York，1989 年至今，《性别与历史》。

Imago Mundi：*The International Journal for the History of Cartography*，《世界图像——国际地图史杂志》，有时有关于中国古地图的研究文章。

JFH = Journal of Family History：*Studies in Family*，*Kinship*，*and Demography*，Minneapolis，1976 年至今，《家庭史杂志》。

JHI = Journal of the History of Ideas，Philadelphia，1940 年至今，《观念史杂志》。

JHS = Journal of the History of Sexuality，Austin，Texas，1990 年至今，《性史杂志》。

Journal of Women's History，Bloomington，1989 年至今，《女性历

史杂志》。

JUH = Journal of Urban History, Beverly Hills, California, 1974 年至今,《城市史杂志》。

Monumenta Nipponica,《日本文化志丛》, 也有关于唐代诗歌、明代印本、地图、耶稣会士和中外交流方面的文章。如其中 1938—1940 年间连载了高罗佩关于古琴、书画鉴赏等方面的文章。

Signs, Chicago, 1975 年至今,《符号》。

SO = Social History, London, 1976 年至今,《社会史》。

Social History of Medicine, Oxford, 1970 年至今,《医学社会史》。

Women's History Review, Wallingford, Oxfordshire, U. K., 1992 年至今,《女性历史评论》。

翻阅杂志,要大致分为必须翻阅的和一般性浏览的。在你的专业中属于"核心刊物"的,一般来说是必须要翻阅的。但国内的"核心刊物"没有特别的标准,许多创办早的刊物就变成了核心刊物,这主要是社科院系统的刊物,当然是面向全国的。等到高等院校有了经费开始创办系、所一级的专业刊物时,大多数是拿不到刊号的,所以就以书代刊,这类专刊有些更学术、更核心,现在有些也进入教育部认可的南京大学来源集刊目录(CSSCI)。西方的核心刊物即 Leading Journals, 因为匿名审稿制度严格,所以的确水准较高。你如果一直阅览这些"领首"的期刊论文,你也就能够跟上学术潮流,站在学术的最前沿。

翻阅杂志,特别是西文杂志还有一个目的,就是看书评和待评书目，从中了解你一时可能还见不到的西文、日文书，或者虽然见到，你可以看到专家是怎么评价的，内容大体上是什么，值不值得你去阅读。我常常要求研究生定期去看西文杂志的书评，你只要守住二三种书评比较全面的西文刊物，如 *BSOAS*，你基本上就可以把握相关学科的研究成果了。

在查阅今人研究成果时，大家会逐渐锁定一些重要的学者，和你的研究方向关系密切的学者，所以你要知道他基本上在什么刊物上发表文章，如何随时追踪他的论文。西方的杂志没有一期一个人只发表一篇的"平均主义"，只要你有水平，可以连篇累牍地给你一个人发表文章，甚至一期发表几篇，像壮年时期的贝利（H. W. Bailey）在 *JRAS*、*BSO*（*A*）*S* 上就是如此，这也是西方杂志推出人才的一种做法。所以你如果想知道他主要在什么杂志上发表文章，就要随时跟进。等到这位学者成为大家，那他的文章就散在四方，搜求不易了。日本学者的文章常常会发表在自己学校的刊物上，如京都大学的学者常常发在《东方学报》（京都）、《东洋史研究》，东京大学的学者经常发在《东洋学报》《东洋文化研究所纪要》。等到这些国立大学的学者退休到了一个私立大学后，你就要跟踪到他所在的私立大学的相关期刊了。比如池田温先生到了创价大学，那你就要到《创价大学人文论集》《シルクロード研究》等创价大学的刊物上去找他的文章了。

第十讲

论文的写作（上）：
标题、结构与学术史

这一讲主要介绍学术论文写作的构思、立意，而不是讲技术性的规范问题。

一个研究生在通过一段时间的学习，特别是在某些方面比较全面地收集了史料，又看了相关的研究论著后，就会逐渐地在自己所熟悉，特别是自己所感兴趣的学术领域里，发现一些尚待解决或者还没有彻底解决的问题，值得撰写论文来加以清理。小的问题可以写札记，大的问题可以写论文，最后形成自己的硕士论文或博士论文，若放不到学位论文里的题目，则可以投稿给杂志。论文有各式各样的，这其中也包括参加导师科研项目的论文、给前辈先生祝寿的论文。一般来说，博士论文是基于对一些问题比较系统的思考和对一些未知领域的新探索，是由几篇颇具规模的论文组合而成的，有的博士论文其实是一本书。

一、标 题

在确定一篇文章的题目时，要根据所要撰写的文章种类、材料基础、发表去向、读者受众等情况来加以限定，不要给出一个大而空的题目。题目本身一定要尽可能地短，但又要使读者大体上知道你要说明的问题所在，历史论文一般要有朝代或其他表示时间的提示。硕士、博士论文的题目可能会比较长一些，因为你不像在某一领域里已经成名的作者那样，他本人的名字就代表了某些讨论的题目。比如一些断代史的专家，一些专门史的专家，他的姓名本身就已经有了限定，而研究生一般来说是学界的新人，所以论文的名称要长一些，明确一些，让读者知道你讨论什么时代的什么问题。

博硕士论文题目最应当注意的一点是，要在写作之前就考虑好你的论题要有所限制，以便在规定的时间里完成全部论文。这样的话，你的论文题目也一定要有限制。有不少学生构思宏阔，但在规定的时间里无法完成，于是只好不断地删削内容，但已确定的题目又不舍得或者忘记修改，最后的结果往往是文不对题。这几乎成为许多研究生论文的通病，所以也常常成为匿名评审专家或答辩委员会成员挑剔的一个方面，比如说你题目上是研究"唐代的岭南"，可是你的文章只写到开元、天宝年间，这就不能说是整个唐代的岭南了。

我主张不要用"试论""述论"一些字眼在论文题目中。要论就论到底，虽然学无止境，一般情况下你可能觉得论据掌握得已经十分充分了，但那也不一定就能论到底。但是否有这样的决心和功夫，还是只是浅尝而止，是不一样的情形。所以我觉得不应当只是"试论"，如果只是"试论"，那就暂且不要发表，等研究透彻了再来发表。"述论"则给人的印象是你的文章是综述式的，不是论文，但博硕士论文要的是论，不是述。如果你要把某个问题做学术史的清理，倒是可以写成"述论"，既有"述"，也有"论"，但这不是严格意义上的论文。

选择文章的题目时，可以借鉴一些西文论文的题名方式。因为中国传统的札记式的题名方式往往不能把论文的主旨明确地显现出来，比如旧式的札记就叫"说××"，不够明确，现在很少人这么用。与白话文相符的论文题目，也应当是通俗易懂的，但文字可以紧凑，甚至半文言的也可以被接受。另一方面，现在不论博硕士论文，还是期刊论文，都要有英文题目，所以最好在你拟定自己文章的题目时，就给出一个英文题目。有时候这样的思考，会弥补一些只用中文思考的缺陷。顺便说说，在投给杂志时，最好把自己的英文题目也拟好了给他们，免得外行随意翻译，闹出笑话。

我们可以参考前辈学者的文章题目来拟题，比如周一良先生的《领民酋长与六州都督》《唐代的书仪与中日文化关系》，都是非常好的范例。现在学者常常用一些比较漂亮的短语或诗句来作为文章或书的正题，而把要写的具体内容用副题表现出来，比如柯素芝（Suzanne Cahill）的《"自恨罗衣掩诗句"——唐代女冠诗作中女性的声音》，齐东方《浓妆淡抹总相宜——唐俑与妇女生活》[1]，都

---

① 邓小南主编《唐宋女性与社会》，上海辞书出版社，2003年，322—337、519—566页。

是用诗句来点出文章的主题，而且前者的"诗句"和"声音"是相呼应的，后者用"浓妆淡抹"来说陶俑也是非常贴切的。我觉得这也是增加历史学文章可读性的一种好做法，是值得鼓励的。我自己近年来也比较喜欢用这样的方式题名，比如《于阗花毡与粟特银盘——九、十世纪敦煌寺院的外来供养》①，用于阗花毡与粟特银盘作为归义军时期敦煌寺院中的外来供养物品的代表，地点、物品都很对称，正题让人很容易记住，副题告诉读者所要具体讨论的全部内容是什么。另外，这样的题目翻译成英文也完全没有问题，这篇文章也的确以"Khotanese Felt and Sogdian Silver: Foreign Gifts to Buddhist Monasteries in Ninth and Tenth-Century Dunhuang"的题目，译成了英文发表②。又如《女扮男装——唐代前期妇女的性别意识》③，正题是人人都可以记住的短语，也是本文着力论证的唐代前期社会现象，副题则表示文章的目的是要从性别史的角度讨论由这种现象而看到的性别意识问题，因为这是给"唐宋妇女史研究与历史学"国际学术研讨会提交的论文，我不专门做性别史，但也希望利用这个新史学的角度，来看唐朝的社会现象和意识形态。还有我自己感觉比较满意的题目是《金樽美酒醉他乡——从安伽墓看粟特物质文化的东渐》④，本文要讨论安伽墓围屏图像上所见到的粟特物质文化传入中国的情形，这其中有粟特人喜爱的金银器，有他们畅

---

① 胡素馨编《佛教物质文化：寺院财富与世俗供养国际学术研讨会论文集》，上海书画出版社，2003年，246—260页。
② Asia Major, third series, XVII.1, 2004 [2005], pp. 15-34.
③ 邓小南主编《唐宋女性与社会》，723—750页。
④ 《文物天地》2005年第1期，88—91页。

饮的葡萄酒,即标题上"金樽"和"美酒",而这些入华粟特首领居住着汉式的宅第,前面小桥流水,其乐融融,也就陶醉于此,最后埋骨异国他乡,即所谓"醉他乡"。

二、篇章结构

一篇文章一般是由导言、正文和结论构成的,各个部分有各自的内容分工。导言一般要介绍研究史,并简要提示本文的创新点在哪里。正文可以再细分成几节,从几个方面来论证你的观点。结论是对论据和论点的总结,能够从理论上有所提升最好,有时要提示将来的课题展开。

在安排文章的结构时,一定要注意各个部分的比例要大体上合适。

过去,有的中国学者在撰写论文时,不注意交代学术史,让人不清楚文中的观点是他自己的,还是别人已经说过的。其实交代前人的研究成果和主要观点,是为了铺陈出你自己观点的创新之处,为正文中自己观点的论证做一个铺垫。

但现在又出现另外一个问题,即自20世纪80年代以来,中国的学术发展极快,而且许多文章存在学术史交代不清的问题。因此,要做一个清晰的学术史并不容易,这也就是为什么我提示大家要先做研究文献索引。因为可以通过对研究文献索引的精选,做出分类索引,通过去伪存真,把真正的研究成果继承下来,理清楚一条研究这个问题的线索,抓住有贡献的论著。其实,在这个过程中，你已经在清理学术史了，即首先把没用的文章清理出去，然后把有用的文章保留下来。但学术进步的表现之一是有用的文章确实也不少，全面叙述会占许多导言的篇幅。因此，我有时建议研究生先写一些研究综述，在正式的刊物上发表，这样可以在导言中提示这篇文章，使得导言部分不致过于冗长。

正文是文章的主体，要用浓重的笔墨来书写自己的创造性成果，因此文字一定较多。这样就要求大家要把正文的内容分出层次，有时要用章节来划分，在安排章节和层次时，一个最重要的问题是要注意文章的逻辑性，要由浅入深，一环套一环地展开论述，各个章节之间形成有机的联系，共同构成一个整体。

这里要特别强调逻辑性问题，这是现在一些研究生写文章很不注意的问题。写论文的基本模式是提出一个论点，要举出史料，也就是各种各样的论据，加以论证，最后得出结论。要提示为什么提出这样一个论点，所以要有问题，而你的论点要有新意。论据方面不能只是孤证，要提出多项证据。但如果是前人论证过的问题，那么人家已经用过的材料你可以提示，但不能再用，除非你有新的解释；论据要在下笔之前做仔细的排列，先举什么，后举什么，这中间要有符合逻辑的次序。还有一点很重要，就是不仅要说有多少证据，还要说就目前所见，没有更多的证据了。最后是如果有对你论点不利的反证，要加以解释，不能装作不知道而不提。

其实写文章时准备的东西要大大多于写出来的东西，但你是否都检索到了，考虑过了，与没有检索和考虑过是两回事。一个人的学术功力是否深厚就表现在这里，就是许多与本文相关的问题，你都思考和论证过了，但并没有写出来，有的时候要在注释里简单地提示一下，表明你思考过了。因为审查你论文的人是会在你提出的论据之外考虑问题的，如果这些外延的问题你都思考过，是可以从文章中看出来的，也经得起别人的检查，是有功力的论文。文章最重要的部分是论证的部分，而这部分要有逻辑性，哪些在前面讲，哪些后面说，环环相扣，不自相矛盾，而且让人读起来感到有说服力。

结论一般要简要，文字要凝练。但也不能重复前面的话，而是真正的总结和提炼。现在许多学生不会写结论，觉得前面都已经说了，没什么好写的。其实结论非常重要，有的时候，读者在浏览文章时是先看你的结论，觉得你有新意，才仔细看你的文章，所以结论一定要写好。如果涉及比较大的问题，最好结合本学科的理论问题，做超出具体问题之外的一些理论思考和讨论。如果能提出一些具有普遍性意义的观点，那就是最好的结论了。

至于各种文章的长短，应当视内容而定。过去因为平均主义思想的影响，一些刊物限制不能超过一万字，但有些文章不能在一万字内解决，特别是考虑到注释规范的话，篇幅一定会比以前的文章要长，所以不能削足适履。

与此同时，我们也应当坚决反对故意写长文。能用札记解决的，不写成论文，能用一万字解决的，不写一万五。这样省时省力，也省资源。现在因为电子文本使用起来极其方便，所以很多人写文章引很多的史料，其实有许多史料是相似的，这样的史料引一两条就可以说明问题了，不必多引。

过去，我们的老师总是让我们找一些范文来学习或者模拟，我也推荐给大家两篇（部）逻辑性强，而且篇章合理、文字凝练的范文，就是田余庆先生的《北府兵始末》①和《东晋门阀政治》②，前者可以做硕士论文安排篇章结构的参考，后者可以做博士论文模拟追求的范本。

三、学术史

在此我想接着前面一节提到的学术史撰写问题，再单独说说应当注意的事项。

对于学术史的概述，首先是要全面，就是要把和你讨论的主题相关的研究论著都收集齐全，然后对比阅读，剔除那些完全是炒冷饭的文章，选择有贡献的论著，仔细排比出哪一点贡献是哪篇文章、哪本专著做出来的。这其实并不是一件容易的事情，要收集、阅读、理解、消化，最后还要有逻辑地写出来。

应当留意的一点是，有的论著研究的问题并不能在题目上显现出来，特别是一些学者的札记，往往太过简略，所以不知道具体在讲什么。但是在写学术史的时候，这样的研究成果还是不能够漏掉的，同样也应在叙述之列。在我熟悉的敦煌学界，一些研究者对于前人的研究成果不够尊重，比如一个敦煌文书，是谁先录出来的，

---

① 收入《秦汉魏晋史探微》，中华书局，1993年，305—349页。
② 北京大学出版社，1991年。

这一般是要标出来的,因为第一位录出来的人很可能是到巴黎、伦敦,不辞辛苦地抄录出来的,光是旅行费用的投入就很大,而且这些抄自原卷的录文,有的时候比较准确。另外就是最好的录文也应当注出来,这就需要进行对比,有所选择,而中间的一些过渡形态的录文,可以省略。但有时没有一个最好的录文,那你自己就得对照原卷(或照片),择善而从,给出一个最好的录文,同时也要把自己的根据交代给读者。过去没有电脑的时代都是抄卡片,我有一套敦煌文书编号研究的卡片,按号排列,每看一本书、一篇文章的时候,都把其中研究哪个敦煌文书的信息(作者、书刊名、页码)注到卡片上。这样积累多了,我就可以一眼看出一篇新的文章在引用一个敦煌文书时是在炒冷饭,还是做出了新的贡献。如果我需要拿一张新的卡片时,我就知道自己所读的这篇文章是有贡献的。现在有电脑了,大家可以做类似的积累,先慢后快,写作中可以省很多事,我的《归义军史研究》[①] 在引用敦煌文书时给的出处,就是从这些卡片上来的。

在做学术史的叙述时,要按照论著的发表先后来叙述。我现在看一些研究生写的开题报告,这个本来不是问题的做法好像很成问题,前人的文章拿过来随便排列叙述。写学术史,一定要知道学术研究成果的谁先谁后。现在我们面临的另一个问题是,今天出版业非常兴旺,所以很多学者都有机会把自己已经发表的文章收集在一起,编成论文集出版。论文集当然比散在杂志、会议论集、纪念文

---

① 上海古籍出版社,1996 年。

集等书刊上面的论文好找,所以有的研究生就直接引用论文集,但是在叙述学术史的时候,要找到原本刊载的论文来看。这里要注意几种情况:一是原刊论文和论文集所刊一模一样,那基本上可以写作"原载《北京大学学报》1989 年第 2 期;收入张广达《西域史地丛稿初编》,上海古籍出版社,1995 年,217—248 页。"但有的作者在收入论文集的时候有增补和改订,那就需要仔细对证出来,提示读者"原载××;在收入××时有所订正"。如果正好是你要论述的问题是在收入论文集时才改订的,那一定要写明,这个看法是在论文集中首次提出来的。

我们知道,在 A 学者发表论文和编自己的论文集之间,有的时候有较长的时间差,其间又有 B 学者研究同样的问题,在杂志上发表了同样的观点,如果你只引用 A 学者的论文集和 B 学者的杂志论文的话,那么这个学术的首发之功就会易主,这是绝不能允许的做法。其实也有些人明知故犯,用偷汤换药的做法来改写学术史。比如做敦煌研究的个别人就只引《归义军史研究》而不引此前单篇发表的同样论文,但引用自己老师或朋友的文章时却只引先出的杂志而不引后出的论文集。这是一种很卑劣的手法。

原本我们标注研究论著,一般都只到年,不及月份,我现在撰写的这本讲义在引用论著时也基本上都不标月份。虽然我们收集的资料很多都有月份,但因为不是所有论著都有月份,所以为统一起见而没标。但是现在学术发展很快,有的时候是按月计算的,谁先说什么,谁后说什么,可能就差那么几个月。遇到这样的情况,就要按月来叙述,注释中也应增加月份。

有的比较大一点的题目恐怕需要按照内部的逻辑再细分专题进行学术史的叙述，否则就像流水账，看不出问题点。在所有收集的论著中，还是要把炒冷饭的、没有什么发明的论著淘汰出去，有选择地介绍优秀的研究成果。综述学术史的首要价值是要有全面的信息，其次是要给出一个清晰的、有年代线索的学术史脉络。在具体的评述中，应当尽量利用有限的文字，给出优劣的评价，以便读者有所取舍。

下面举几个我处理学术史的例子来做示范，未必妥当，可供大家参考。

前面已经说过，如果问题比较复杂，而研究论著比较多的话，最好单写学术史的综述文章来加以清理。这里可以举我撰写的《陆路还是海路？——佛教传入汉代中国的途径与流行区域研究述评》一文①，因为所涉及的论题牵涉几个方面，有历史、考古、佛教、西域、南海等多个领域，所以我写这篇文章做专门的清理，其中有严格按照发表年代的学术史叙述，也有对于不同观点的评论，以及对不考虑前人成果的"海路说"的批判。

比较短的学术史叙述，就可以随文来做。我写《〈清明上河图〉为何千汉一胡》②，虽然目的不是研究这幅画本身，不必做透彻的学术史，但对于有关这幅名画的主要学术研究方面，我在注里做了如下交代：

---

① 《北大史学》第 9 辑，北京大学出版社，2003 年，320—342 页。
② 北京大学中国古代史研究中心编《邓广铭教授百年诞辰纪念论文集》，中华书局，2008 年，658—666 页。

关于故宫藏卷的基本情况和早期研究，参看郑振铎《〈清明上河图〉的研究》，原载《文物精华》1959年第1期；张蔷编《郑振铎美术文集》，北京：人民美术出版社，1985年，221—247页；徐邦达《清明上河图的初步研究》，《故宫博物院院刊》第1期，1958年，35—49页。关于《清明上河图》所描绘的汴梁都城景观的详细考察和相关问题的争论，参看R. Whitfield, "Chang Tse-tuan's *Ching-ming shang-he t'u*", *Proceedings of the International Symposium on Chinese Painting*, Taipei, 1972（未见）；徐邦达《清明上河图地理位置小考》，《美术研究》第2期，1979年，75—76页；木田知生《宋代开封と张择端〈清明上河图〉》，《史林》第61卷第5期，1978年，130—144页；伊原弘《张择端〈清明上河图〉と宋都开封の风景》，《中央大学アジア史研究》第4号，1980年，15—36页；伊原弘编《清明上河图をわむ》，勉诚出版，1994年；L. C. Johnson, "The Place of *Qingming shanghe tu* in the Historical Geography of Song Dynasty Dongjing"; V. Hansen, "The Mystery of the Qingming Scroll and Its Subject: The Case Against Kaifeng", 以上二文载 *Journal of Sung-Yuan Studies*, 26, 1996, pp. 145-182, 183-200; J. K. Murray, "Water under a Bridge: Further Thoughts on the Qingming Scroll"; J. R. Allen, "Standing on a Corner in Twelfth Century China: A Semiotic Reading of a Frozen Moment in the *Qingming shanghe tu*"; S. Wang, "Consistencies and Contradictions: From the Gate to the River Bend in the *Qingming shanghe tu*"; 以

上三文均载 Journal of Sung-Yuan Studies, 27, 1997, pp. 99-107, 109-125, 127-136；周宝珠《〈清明上河图〉与清明上河学》，开封：河南大学出版社，1997 年，49—128 页；Tsao Hsingyuan（曹星原），"Unraveling the Mystery of the Handscroll 'Qingming shanghe tu'", Journal of Sung-Yuan Studies, 33, 2003, pp. 155-179；伊原弘《王朝の都・丰饶の街》，东京：农山渔村文化协会，2006 年，147—202 页。关于《清明上河图》的绘制年代，一般认为在 12 世纪初，R. Barnhart 认为在 11 世纪中叶，见所撰 "The Five Dynasties（907-960）and the Song Period（960-1279）", Three Thousand Years of Chinese Painting, eds. Yang Xin et al., New Heven and Beijing: Yale University Press and Foreign Language Press, 1997, p. 105。曹星原上述引文对其结论做了补充。但这一年代差异对于我们的讨论影响不大。

排除鉴赏类的文章，我力所能及找到的有关故宫博物院藏《清明上河图》画卷的研究状况就是如此，没有看过的就写"未见"，其他都是读过的，所以有简单的内容提示。这一涵盖中、英、日三种文字的研究目录，可以让读者知道你做了学术史的工作。

在我和刘后滨教授一起主编《唐研究》第 14 卷 "《天圣令》及所反映的唐宋制度与社会研究专号" 时，我撰写了《卷首语》中学术史的部分，这里也不厌其烦地把正文和注释一道引述出来，并从撰写学术史的角度，分段做一点补充说明：

> 自从 1999 年戴建国教授发现并公布《天圣令》的部分内

容之后，引起了中、日学者的高度关注。2006年10月由中国社会科学院历史研究所课题组整理的《天圣令》校录本出版①，为唐宋史研究者提供了一个通行的文本。同年年底，《唐研究》第12卷集中发表了课题组成员的一组研究论文。本专号发表的论文，可视作《天圣令》从发现到校录本出版之后，海内外学者第一次集中的研讨。

《天圣令》被发现以后至校录本出版期间的相关研究，黄正建在2006年底发表的《天一阁藏〈天圣令〉的发现与整理研究》一文中，已做过详细的概述②。从那时到本卷专号出版之间，虽然只有两年多一点的时间，但有关《天圣令》的研究可以说日新月异，成绩斐然。以下就我们掌握的资料略作介绍。

《唐研究》第12卷是2006年12月底出版，第14卷是2008年12月底出版，这里首先尊重已有的劳动成果，因为黄正建先生在《唐研究》第12卷已经发表了此前《天圣令》研究概述，所以这里就只是叙述以后两年内的研究成果。因为都是最新的研究成果，并不容易找全，所以先说是就"我们掌握的资料"来做介绍。在以下的注释中，论著一般都标示了出版的月份，以表明这项研究的"日新月异"。

---

① 天一阁博物馆、中国社会科学院历史研究所天圣令整理课题组《天一阁藏明钞本天圣令校证——附唐令复原研究》，中华书局，2006年10月。
② 《唐研究》第12卷，北京大学出版社，2006年12月，1—8页。

黄正建《天一阁藏〈天圣令〉整理研究暨唐日令文比较断想》，是在日本的讲演稿①。他的《〈天圣令〉附〈唐令〉是开元二十五年令吗?》②，对戴建国关于《天圣令》所附唐令为开元二十五年令的说法提出质疑。但文章只有一页的篇幅，尚需深论。对于这个问题，卢向前、熊伟最近发表《〈天圣令〉所附〈唐令〉为建中令辩》③，指出《天圣令》所附唐《田令》规定与敦煌户籍上登录的土地授受额大多不符，而排除其为天宝令和至德令以后，作者论断应当是建中令。

这一段主要介绍中国学者对《天圣令》的整理研究介绍和年代的讨论。它表明即使是在国外发表的中国学者的文章，也要追索。而卢向前等人的文章——仅仅比《唐研究》第14卷早一点发表，是在最后的校样中补入的最新的研究成果。学术史要追踪到最新的成果，因为它可能改变你博硕士论文的某些构想。

2007年11月在上海师范大学举办的"中国唐史学会第十届年会"上，总共有6篇有关《天圣令》的文章，但只有黄正建的《明抄本宋〈天圣令·杂令〉校录与复原为〈唐令〉中的几个问题》，最后收入了会议论文集④。这是他对所负责整理的《杂令》中的一些问题的再认识。提交会议的文章中，有三

---

① 饭山知保译，日本唐代史学会编《唐代史研究》第10号，2007年8月，72—82页。
② 《中国史研究》2007年4期，90页。
③ 袁行霈主编《国学研究》第22卷，北京大学出版社，2008年12月，1—28页。
④ 《唐代国家与地域社会研究（中国唐史学会第十届年会论文集）》，上海古籍出版社，2008年6月，44—60页。

篇由《文史哲》2008年第4期集中发表：吴丽娱《关于唐〈丧葬令〉复原的再检讨》（91—97页）修正了其本人校勘复原中的一些错误和疏漏，又对其中一些条目如丧事奏闻吊赠、明器、䰠、外官殡殓调度、敛服、卤簿、赠官、谥号等的文字内容、标点断句问题提出进一步补充；耿元骊《〈天圣令〉复原唐〈田令〉中的"私田"问题——与何东先生商榷》（98—104页），针对何东《〈天圣令·田令〉所附唐田令荒废条"私田"的再探讨——与杨际平先生商榷》（《中国社会经济史研究》2006年第2期）的观点，认为唐朝存在土地私有权；牛来颖《诏敕入令与唐令复原——以〈天圣令〉为切入点》（105—112页），对比诏敕文字与《天圣令》保存的唐令文字，判定令文形成的时间，并探讨有关"著于令"的记载与《天圣令》中现存令文之间的关系，以期说明敕文纳入令典的过程及不同时期制度的变化更替，进而从唐后期有关的点滴记载，来看令典编纂的延续和变化情形。此外，孟彦弘提交会议的《唐代过所的"副白"、"录白"及过所的"改请"——关于唐代过所的一个侧面》，则修订发表在《庆祝宁可先生八十华诞论文集》中①。戴建国的《〈天圣令〉所附唐令为开元二十五年令考》，则在本卷专号中发表。

在同一本《庆祝宁可先生八十华诞论文集》中，还有黄正

---

① 中国社会科学出版社，2008年10月，218—226页。

建《唐代"庶士"研究》①，是他整理研究《杂令》的成果之一。在《天圣令》整理组的成员中，负责《丧葬令》工作的吴丽娱，大概是成果最多的一位，她陆续发表的有关文章有：《唐朝的〈丧葬令〉与唐五代丧葬法式》②《葬礼的炫耀——关于天圣〈丧葬令〉的启迪》③《说说"举哀成服"与"举哀挂服"》④《唐朝的〈丧葬令〉与丧葬礼》⑤。负责《营缮令》的牛来颖，除上面提到的文章外，还有《〈营缮令〉桥道营修令文与诸司职掌》一文⑥。负责《仓库令》的李锦绣，则有《唐开元二十五年〈仓库令〉所载给粮标准考——兼论唐代的年龄划分》⑦。

这两段是中国学者对《天圣令》的具体研究，特别是《天圣令》整理者的研究成果，因为 2006 年 10 月《天圣令》才整理出版，主要的研究论文都出自整理者之手。因此，不论它们发表在什么类的书刊上，都要跟踪收集。

《天圣令校证》的出版，引起日本学术界的广泛注意。大津透发表《北宋天圣令的公布出版及其意义——日唐律令比较

---

① 中国社会科学出版社，2008 年 10 月，319—334 页。
② 《文史》2007 年第 3 辑，87—125 页。
③ 《文史知识》2007 年第 3 期，61—65 页。
④ 《文史知识》2007 年第 6 期，61—65 页。
⑤ 《燕京学报》新 25 期，2008 年 11 月，89—122 页。
⑥ 《中日学者论中国古代城市社会》，三秦出版社，2007 年 5 月，178—197 页。
⑦ 《传统中国研究集刊》第 4 辑，上海人民出版社，2008 年，304—316 页。

研究的新阶段》①，除介绍《天圣令》的内容外，主要从日唐律令比较研究的角度，来指出若干问题点和研究课题。古濑奈津子《唐令研究的新史料的出现——天一阁藏明钞本天圣令》，介绍了《校证》一书的内容②。

冈野诚一直在关注《天圣令》。早在 2000 年 3 月的明治大学"隋代史研究会"上，就根据戴建国的论文，发表《宋天圣令残卷的发现》；2002 年，他又发表《关于明钞本北宋天圣令残卷的问世》③，报导这一重要发现。2007 年 2 月，他发表了《关于北宋天圣杂令中的水利法规》④，检讨了其中有关水利法规的 5 条宋令和 1 条唐令，并指出唐宋间的差异所在。文末附有《〈天圣令〉研究文献目录（未定稿）》，收录 1999—2006 年末中日学者的研究论著，极便学人。冈野氏主编的《法史学研究会会报》也成为一个日本研究《天圣令》的重要园地，陆续发表了丸山裕美子《律令国家与医学文本——以本草书为中心》⑤、石野智大《关于唐令中所见的药材采取、纳入的过程——天圣医疾令所收唐令的检讨》⑥。2008 年，冈野

---

① 《东方学》第 114 辑，2007 年 7 月，1—17 页。薛轲汉译载《中国史研究动态》2008 年第 9 期，19—30 页。
② 《东方》第 319 号，2008 年 7 月，20—22 页。
③ 《法史学研究会会报》第 7 号，2002 年 9 月。翁育瑄汉译载《法制史研究》3，台北，中国法制史学会，2002 年。
④ 《法史学研究会会报》第 11 号，2006 年（2007 年 2 月出版），1—24 页。
⑤ 同上书，25—41 页。
⑥ 《法史学研究会会报》第 12 号，2007 年（2008 年 3 月），15—28 页。

诚又发表《关于北宋天圣令：其发现·刊行·研究状况》一文①，有他对《天圣令》最新研究进展的追踪。

这是日本学术界对《天圣令》出版的最初反应，有从日唐律令比较研究的角度，有从法制史研究的角度。其中冈野诚教授主编的《法史学研究会会报》是比较少见的刊物，非卖品，我们对发表于此刊的论文的介绍，表明尽可能收罗完备。这一点得到了冈野教授的表扬。此外，日本学者文章的汉译，不论发表在海内还是海外，也都应当收集。

2007年8月20—22日在淡路岛召开的日本唐代史研究会夏季年会，实际就是"《天圣令》研讨会"，提交的论文有冈野诚《关于北宋〈天圣令〉的特质》、山崎觉士《天圣令中的田令与均田制》、渡边信一郎《唐代前期赋役制度的再检讨》、古濑奈津子《日唐营缮令的比较研究》、辻正博《北宋·天圣〈狱官令〉杂考》。其中，渡边、山崎两氏的修订稿，后来正式发表在《唐代史研究》第11号上②。

2007年11月召开的日本史学会第105届大会中，有大津透主持的，日本古代史、东洋史学者一起参加的"律令制研究的新阶段"学术研讨会，会上大津透、辻正博、丸山裕美子、武井纪子、大隅清阳发表关于《天圣令》的研究论文，这些论文的提要，载《史学杂志》第117编第1号（2008年）上。

---

① 《历史と地理》第614号，2008年5月，29—38页。
② 《唐代史研究》第11号，2008年8月，3—29、30—51页。

以大津透为代表的"日唐律令比较研究的新阶段"课题组，共由十人组成，从2005开始研究，至2008年8月完成研究报告，形成大津透编《日唐律令比较研究的新阶段》一书①。这部原本说在年末出版的著作，在11月初就已经出版。其内容分为三个部分，第一部分是"天圣令的历史地位"，包括5篇文章：辻正博《〈天圣·狱官令〉与宋初司法制度》、坂上康俊《天圣令蓝本唐令的年代推定》、黄正建《天圣令中的律令格式敕》（附大津透《日本令中的式·别式·敕》）、稻田奈津子《〈庆元条法事类〉与〈天圣令〉——唐令复原的新的可能性》、妹尾达彦《都城与律令制》；第二部分是"唐令复原与日本律令制研究"，包括5篇文章：武井纪子《日唐律令制中的仓·藏·库》、丸山裕美子《律令国家与假宁制度——关于令与礼的继承问题》、古濑奈津子《营缮令所见的宋令·唐令·日本令》、榎本淳一《天圣令所见的唐日奴婢买卖的诸问题》、吉永匡史《律令国家与追捕制度》；第三部分是"日本律令制的形成"，包括3篇文章：大隅清阳《大宝律令的历史地位》、铃木靖民《日本律令的成立与新罗》、三上喜孝《从唐令到延喜式——唐令继承的诸方面》。由于篇幅的原因，武井纪子在日本史学会第105届大会的论文《律令仓库制度的特质》，没有收入本书。这部书可以说是从多种视角来考察

---

① 大津透编《日唐律令比较研究の新阶段》，山川出版社，2008年11月。又可参见大津透撰《北宋天圣令的公布出版及其意义——日唐律令比较研究的新阶段》，中文译文发表在《中国史研究动态》2008年第9期。

《天圣令》的内容，特别在唐令和日本律令的关系问题上，有不少新的看法。在 2008 年 6 月份于人民大学举行的"《天圣令》研究——唐宋礼法与社会"会议上，我们和大津透先生商议，在他们编撰的同时，将其中 4 篇文章译成汉语，放在本卷《唐研究》中发表。

除此之外，从日本古代史的角度来探讨《天圣令》的服部一隆，先后发表《天圣令的发现与大宝令》[①]、《日本古代田制的特质——利用天圣令加以再检讨》[②]。这是对日本学术界的具体研究的详细介绍，特别是对《唐研究》第 14 卷出版前一个多月才出版的大津透编《日唐律令比较研究的新阶段》一书的介绍。从我编杂志的角度，这也是向读者提供最新的国外研究情报。

《天圣令》中唐令的材料，已经开始对唐史研究和敦煌吐鲁番文书的整理研究提供帮助，而我们近年来对新获吐鲁番出土文书的整理工作，也反过来有助于《天圣令》中唐令的复原和整理。在这方面，可以参看"新获吐鲁番出土文献整理小组"的部分研究成果：孟宪实《吐鲁番新发现的〈唐龙朔二年西州高昌县思恩寺僧籍〉》[③]、又《唐代府兵"番上"新解》[④]、文欣《唐代差科簿制作过程——从阿斯塔那 61 号墓所

---

① 《千叶史学》第 46 号，2005 年 5 月，4—6 页。
② 《历史学研究》2007 年增刊号（总第 833 号），2007 年 10 月，34—42 页。
③ 《文物》2007 年第 2 期，54 页。
④ 《历史研究》2007 年第 2 期，77 页。

出役制文书谈起》①、陈昊《吐鲁番台藏塔新出唐代历日研究》②。

最后是利用《天圣令》来研究唐史和吐鲁番文书的相关成果,主要是我们"新获吐鲁番文献整理小组"发表的文章,因为不是直接与《天圣令》有关的研究,所以放在最后。同时,这也是表示谦虚的做法。

---

① 《历史研究》2007 年第 2 期,54—55 页。
② 《敦煌吐鲁番研究》第 10 卷,上海古籍出版社,2007 年 9 月,207—218 页。

第十一讲

论文的写作(下):
不同类型的论文

一、硕士论文

博硕士论文的写作,除了要遵守各自专业领域里的权威写作要求之外,还必须遵守所在学校的具体要求,要事先仔细阅读研究生院和所在院系的指南规定,不要事后再改正。

硕士生三年,当然主要是打专业基础,要做的事很多(前九讲所列举的也不完备),但与三年的博士生相比,时间是比较充裕的,所以我觉得不宜较早地确定题目,把自己局限在一个很专的范围里,而应当在专业范围里广泛阅读,扩大专业基础和相关知识。

硕士论文的选题最好是一种以小见大的类型,即从小处入手,但能够联系到大问题的题目。这样的题目也需要一定的功力才能发现。一般来说，课堂作业、读书札记、学士论文和自己的硕士论文，甚至博士论文都有一定的关联。所以，应当注意自己的学术积累，做到有连续，也要有突破。

我有时觉得硕士论文不那么重要。硕士只是一个训练的过程，应当在硕士的大好时光里做深厚的学术积累，积累得越多，以后产出的越多。所以硕士论文不要写得过长过大，可以把考虑成熟的问题分开，分别准备论文。当然，若是一个有机的组合，还是一口气写出来，则更方便读者。

我指导过不少硕士论文，参加开题、答辩的论文就更多，其中有成功的，也有很一般的。比较好的论文也有几篇，现在以2009年毕业的林晓洁的论文《中唐文人官员的"长安印象"及其塑造——以元白刘柳为中心》为例。这篇文章前面是绪论，交代学术史、规范术语，还有理论的探讨。然后正文四节，分别是：（一）长安初印象，（二）迁谪书写中的长安：抽象与生活，（三）京官与外任：两条道路的选择，（四）家·国和两京之间。每一节里面再细分若干小节，分别讨论四个文人在不同时期的长安印象，每节后有小结和配图。最后是结语，加以总结提高。这篇文章用了很多文学的材料，写的是历史学的文章，文字凝练，逻辑谨严。我原本担心这样四位重要的诗人都要讨论，是否可行。她在处理具体的诗句时，考虑的是"长安印象"这个大题目，所以可以以小见大；又从长安的角度，驾驭四个文人丰富的资料，结果按时交卷，圆满完成。这篇硕士论文受到我主持的"隋唐长安读书班"的成员、硕士论文审稿人、答辩委员会的先生们的一致赞扬，又顺利通过匿名评审,得以全文发表在《唐研究》第 15 卷（2009 年 12 月出版）上。这篇长文虽然删掉了参考文献和后记,但还是很长,可是文章的逻辑性极强,不宜把它割裂开来,所以就一次发表,以便读者参考。

二、博士论文

因为中国古代的典籍留存下来的很多,考古资料又极其丰富,加之近年来研究成果剧增,使得中国古代史专业的博士生在三年之内都是非常紧张地度过的,甚至失去了做学问的乐趣,钻进去了,但跳不出来。论文的完成情况也不理想。有时是材料准备好了,但文章写得十分粗糙。有时是文章的前一半写得很好,很丰厚,但后一半却很草率。

因此,撰写博士论文首先要早些确定题目,题目要有一定的限度,不宜铺张得太广阔。早些确定了题目以后,在以后的读书过程中,就可以不断地积累素材。

因为博士论文的篇幅一般在十万字以上,不可能一蹴而就,所以要早些安排好文章的篇章结构,这样可以有计划地分类收集资料,加以排比、分析,撰写初稿。不要把什么事情都放到最后再做,以为到最后再写可以一气呵成。博士论文是体大思精的作品,史学研究需要做很多前期的史料分析工作,不容易在最后半年时间里完成论文的写作,因此最好早些写出一些片段的成果。

最后的时间,应当更多地放在把片段的成果连缀成一个完整的体系，要从宏观上多加考虑，多做思考。也就是说，从材料中跳出来，考虑一些宏观的问题，把具体的研究升华提高。

总之，博士论文经过修改以后，往往是一个年轻学者的第一本著作，也常常是这位学者的成名作，因此应当充分重视这一名山事业。

博士论文既然是一篇论文，就要以论为主，叙述主要是作为过渡和辅助论述的部分。但博士论文又是一个整体，所以论文的各个篇章之间要有一定的联系。这是比较难做到的一点。当然，有的博士论文就是几篇文章或一组札记的合集，那也未尝不可。但历史学的论文最好要有一定的联系贯穿其中。

我所指导的博士论文也有一些了，其中余欣的博士论文《唐宋之际敦煌民生宗教社会史研究》获得了2009年度全国百篇优秀博士论文奖，我就举他的论文为例，给以后的博士生提供一种类型的模本。当然，每个人的主题不同，内容、结构也不会完全相同。下面是余欣论文的目录：

导论　1

第一节　选题缘起和术语释义　1

第二节　资料运用与研究方法　3

第三节　研究目的及总体构想　16

第四节　学术史回顾　19

第一章　敦煌的万神殿：诸种信仰的交融　35

第一节　敦煌散食文中的诸神系谱　36

　　　　一、两件散食文的录文　37

　　　　二、施食文与密教施焰口饿鬼仪轨之关系　41

　　　　三、诸神系谱的结构性分析　45

　　　　四、密教的流传及其对敦煌民间信仰的影响　48

　第二节　日常生活内部世界的神灵信仰　50

　　　　一、灶神　51

　　　　二、社神的命运　55

　　　　三、土地神　59

　　　　四、城隍　64

　　　　五、树神　67

　第三节　身后的世界：墓葬神煞研究　70

　　　　一、《曹元深祭神文》的性质　70

　　　　二、《祭神文》中诸神的分类　76

　　　　三、墓葬神煞　78

　第四节　神祇背后潜藏的政治"幽灵"　88

　　　　一、三危大圣和金鞍毒龙的斗法　88

　　　　二、祠庙营建与战争动员　95

　　　　三、为慕容归盈立庙事件背后的政治较量　97

第二章　居住：生活空间与民间信仰的交涉　102

　第一节　营造法式　104

　　　　一、家宅与命运　104

　　　　二、基本原则　105

三、环境与信仰　114

四、布局设计与修建顺序　118

第二节　入宅与暖房　121

第三节　宅中鬼神与镇宅之术　127

　　一、镇宅法　127

　　二、宅舍与鬼神　152

第四节　生活空间与信仰空间的转换　160

　　一、婚嫁礼俗、性别意识与住宅象征　160

　　二、设斋于宅　163

　　三、家兰若与舍宅为寺观　166

第三章　禁忌、仪式与法术：敦煌文献所见中古时代出行信仰之研究　170

第一节　择吉之术　171

　　一、占周公八天出行择日吉凶法　172

　　二、孔子马头卜法　174

　　三、周公孔子占法　177

　　四、李老君周易十二钱卜法　179

　　五、七曜日占法　181

　　六、摩醯首罗卜　185

第二节　出行禁忌　187

　　一、一件新史料的录文　187

　　二、术语笺释　189

       三、方位吉凶 194

第三节 "往亡"与"归忌"问题新探 196

       一、传世文献和出土简牍中的史料 196

       二、敦煌具注历日中相关材料的分析 203

第四节 信仰与仪式 206

       一、行神信仰 206

       二、出门仪式 214

第五节 禳灾辟邪的诸般法门 224

       一、佩物禳镇 225

       二、带符念咒 226

       三、写经念经 228

       四、画纸赛神 229

       五、厌胜与遁甲 230

第六节 思远道：为行人祈福的各种方式 232

       一、道场施舍 233

       二、设斋启愿 236

       三、燃灯供养 237

结论 240

参考文献 244

附图

跋

从敦煌的具体事例出发，可以观察中古中国宗教社会史的许多微观与宏观的问题。这篇论文从"民生宗教社会史"的新视角来观察、整理、分析敦煌的材料,由具体的材料,论证敦煌民众受不同宗教信仰支配下的社会生活史。有些问题和材料虽是前人讨论过的,因为有新的视角,所以可以重新论证;有些材料是前人没有处理过的,则用敦煌学的方法加以整理和研究。

以上是我近年来指导或阅读博士论文的想法。其实,我自己没有撰写博士论文的经验,虽然我戏称自己的《归义军史研究——唐宋时代敦煌历史考索》是"准博士论文"。因为该书的构架和撰写过程像是博士论文的做法,其中的篇章是陆续写成的,是我系统研究唐宋西北历史的组成部分,有的章、节本是原来的一篇文章,后来把它们按章节体系编成现在这个样子。这种方式有点像博士论文的做法,把一篇一篇陆续完成的论文连缀成一个比较大的构架。另外,我还撰写过日本学者森安孝夫先生的博士论文的书评,即《森安孝夫著〈回鹘摩尼教史之研究〉评介》[①],也可以参考,特别是从中可以学习到一些篇章结构的安排和强调论述的写法。这本论文严格按照学术规范,以论文组成,发掘新史料,对原有的史料给出新的解释。比如作者在文中说到,因为 S. 6551 敦煌讲经文已经被张广达、荣新江论证为西州回鹘的材料,他原来的准备就没有必要发表了,只是在判定年代上有不同意见,拿出来讨论。这就是真正的论文,有论才写文。

---

① 原载《西域研究》1994 年第 1 期,99—103 页;收入拙著《中古中国与外来文明》,三联书店,2001 年,460—468 页。原书为森安孝夫《ウイグル゠マニ教史の研究》,《大阪大学文学部纪要》第 31、32 卷合并号,1991 年。

三、期刊论文

自从对文科量化的管理体制实施以来,博士生在毕业之前,必须在所谓核心刊物上发表(或被接受)两篇论文,才能毕业。我是反对这种量化管理文科的做法的,但我一直主张学生可以发表文章,而且应当对自己有这样的要求和压力。

投给期刊的学术论文的准备和写作,和硕博士论文的基本原理没有什么不同,但应当遵守各个杂志不同的学术要求和规范。各个杂志是有自己风格的。比如《历史研究》比较注重大的问题,所以那些兼带着整理文书的敦煌学论文,往往是要被退稿的。而某些强调实证的杂志,则不喜欢那些看上去有点云山雾罩的文章——即使里面有些思想的火花,也会被扑灭。把什么样的文章投给什么样的杂志,应当是要有所考虑的,但不能迁就杂志而改变自己的文风和论题。

一般来说,做敦煌研究的人,在第一次把一个文书录出来的时候,本身就是一个成果,所以往往按照敦煌学的学术规范按行录文。但这样的做法,在一些看惯了一般的史料引文方式的杂志编辑眼中,是白白浪费篇幅,也就往往难以通过。所以像这样录文较多的文章,你就应当选择像《敦煌吐鲁番研究》《敦煌研究》《敦煌学辑刊》这样的专业杂志,而不是《历史研究》《中国史研究》《民族研究》等。

在学术刊物上第一次发表论文,是展示自己学术功力的重要手段,做得好,可以使自己在学术界站稳脚跟;但做不好,也就失去了学术界对你的信任度。所以这是一件需要十分认真对待的事情，不可掉以轻心。这其实是业师张广达先生对我的教导，他说第一篇文章最好是实证性的，结论要极其扎实。这就让我想起他在"文革"结束开始学术新生后所写的《碎叶城今地考》一文①，该文针对郭沫若、范文澜等史学权威的西域两碎叶说，首先立论，根据遍检可资印证的唐代西域地理文献和资料，证明焉耆之地无碎叶；然后依据汉籍和阿拉伯、波斯文穆斯林地理文献有关碎叶城的记录做详细的换算和比对，把碎叶城锁定在托克玛克西南8—10公里处的阿克·贝希姆废城或托克玛克以南约15—16公里处的布拉纳废城；最后根据苏联学者对两处遗址的考古发掘，判断布拉纳为八剌沙衮城遗址，阿克·贝希姆为碎叶城遗址，而且把考古学者发掘的一座佛寺，根据其中供奉弥勒像的情形，判定即杜环《经行记》所记碎叶之大云寺。碎叶只有一个，即阿克·贝希姆遗址。这个论证可以说天衣无缝，因而其结论基本上成为定论。

这篇文章发表十多年以后，大概20世纪90年代中期的某一天——那时张先生已经移居海外，宿白先生在路上看见我，把我叫到他家里，说日本学者菅谷文则给了他一件阿克·贝希姆发现的有关碎叶的汉文碑刻拓本，要我给张先生寄去，可惜他的书和资料太多，怎么也没有找到。这件新发现的"碎叶镇压使"杜怀宝造像记

---

① 原载《北京大学学报》1979年第5期，70—82页；后收入《北京大学哲学社会科学优秀论文选》第2辑，北京大学出版社，1988年，319—341页；作者《西域史地丛稿初编》，上海古籍出版社，1995年，1—29页；又《文书、典籍与西域史地》，广西师范大学出版社，2008年，1—22页。

和一方残碑的拓本,随后发表在加藤九祚执笔的《中亚北部的佛教遗迹研究》第6章第6节,并有内藤みどり撰写的《关于阿克·贝希姆发现的杜怀宝碑》一文加以论证①。此后,周伟洲先生撰《吉尔吉斯斯坦阿克别希姆遗址出土唐杜怀宝造像题铭考》②《吉尔吉斯斯坦阿克别希姆遗址出土残碑考》③,更加坚实了碎叶就在阿克·贝希姆遗址的结论。可以说,《碎叶城今地考》是一篇论证极其严密的实证性论文,而且幸运地得到了考古发现的印证。

其实你如果看张先生文中在讨论焉耆无碎叶时说到的一段话:"遍检可资印证的唐代西域地理文献和资料,包括粟特语国名表(*Nafnāmak*)、敦煌卷子中的汉文地志图经之类残卷、所谓'钢和泰卷子'中反映925年情况的和阗-塞语行纪部分、伯希和编号1283号藏文卷子,特别是与焉耆有关的回鹘文《弥勒下生经》(*Maitrisimit*)题记等等,直到目前,都找不到碎叶位于焉耆的任何线索。"你就知道作者在研究这个问题时下了多大的功夫。粟特语国名表、于阗文钢和泰卷子、P. t. 1283号藏文卷子、回鹘文《弥勒下生经》题记,这些西域、敦煌出土的相关材料,在20世纪70年代末的中国学术界,有的是闻所未闻的,加上后面作者提到的阿拉伯地理学家伊本·胡尔达德贝赫撰《道里与诸国志》、库达玛·伊本·贾法尔撰《税册》、波斯佚名作家撰《世界境域志》、波斯作

---

① 加藤九祚《中央アジア北部の仏教遺迹の研究》,《シルクロード学研究》第4卷,奈良:丝绸之路研究中心,1997年,以及内藤みどり《アクベシム発見の杜怀宝碑について》,同书,151—158页。
② 《唐研究》第6卷,北京大学出版社,2000年,383—394页。
③ 作者《边疆民族历史与文物考论》,黑龙江教育出版社,2000年,307—313页。

家加尔迪齐撰《记述的装饰》、马合木·喀什噶里撰《突厥语词汇》，你可以想象作者检索了多少文献材料！这当然还要包括所检索的汉文文献。这就是一篇文章透露出来的功力！而由于这样一篇文章的写作，我们也就可以知道作者为什么大致先后发表了《关于马合木·喀什噶里的〈突厥语词汇〉与见于此书的圆形地图（上）》[①]和《唆里迷考》[②]这样两篇文章。后者正是用回鹘文《弥勒下生经》题记来考证焉耆在回鹘时代被称作"唆里迷"，从而澄清了西域地理上的又一个疑问。张先生的"两篇半"处理的都是非常具体的问题，但从中可以看出功力有多么深厚。

四、会议论文

现在学术会议非常之多，虽然我们经费有限，但博士生仍应当充分利用这样的机会，去展示自己的才华。美国的博士候选人或刚刚毕业的博士生，经常参加各种相关的学术会议，就是为了被与会的专家学者以及来旁听的教授、系主任们赏识，并找到自己满意的工作。每年的美国亚洲学会年会（Annual meeting of AAS），常常有两千人，其中有相当多找工作的人或者是物色他们的人。

在中国，有些学术会议不那么学术，所以在有限的经费支持下，一定要找最有学术含量的学术会议来参加，并认真准备论文，

[①] 《中央民族学院学报》1979 年第 2 期，29—42 页及封三附图。
[②] 与耿世民合撰，《历史研究》1980 年第 2 期，147—159 页。

甚至要有使人耳目一新的论文拿出来,让与会者刮目相看。我现在有时参加敦煌吐鲁番学会或者唐史学会的一些会议,觉得炒冷饭的文章很多,但时而会有一些富有新意的论文,往往是年轻人提交的,给人很不错的感觉。

我自己对于一些重要的会议也是带着非常敬畏的心理参加的。比如 1988 年在北京召开敦煌吐鲁番学会的年会,日本敦煌学家藤枝晃、池田温等教授都来参加,会长季羡林先生让我们提交力作。这也是我第一次参加敦煌学方面的会议,所以提交了精心准备的会议论文《沙州归义军历任节度使称号研究》[1],达到了很好的效果,特别是得到姜伯勤先生的赞赏,说这是他手边经常使用的工具。1994 年,我第一次到敦煌参加敦煌研究院主办的"敦煌学国际研讨会",也做了充分的准备,提交论文《敦煌藏经洞的性质及其封闭原因》。这是我自己比较满意的文章,后来发表在《敦煌吐鲁番研究》第 2 卷(1996 年),应当说在学界有很好的反响,而且翻译成英文,在法国的汉学核心期刊发表[2]。

有些会议要出版会议论文集,有的则不出版。如果是后一种情况,应当尽早把论文在刊物上发表,以扩大影响,同时也可以作为博士毕业的"资本"。

---

[1] 收入会议论集《敦煌吐鲁番学研究论文集》,汉语大词典出版社,1990 年;以后又增订补充,修订稿载《敦煌学》第 19 辑,台北,1992 年,15—67 页。
[2] 收入拙著《鸣沙集——敦煌学学术史与方法论的探讨》,台北新文丰出版公司,1999 年。英文译本 "The Nature of the Dunhuang Library Cave and the Reasons of Its Sealing" (tr. by Valerie Hansen),载 *Cahiers d'Extrême-Asie*, 11(Nouvelles etudes de Dunhuang), ed. J.-P. Drège, Paris/Kyoto 1999-2000, 247-275, 这是法国学术界纪念藏经洞一百周年的专集。

五、贡献给祝寿或纪念文集的文章

一些朋友和学生给一个有成就的学者写一组文章，编成一本纪念文集（Festschrift）①，在生日那天奉送给他，是西方学术界常有的事情。这种做法在尊重学术的日本也早就流行，有"还历记念文集"（60岁生日）、"古稀记念文集"（70岁生日）、"颂寿记念文集"（80岁生日）、"米寿记念文集"（88岁生日）等；当一位重要的学者去世以后，还有"追悼记念文集"。在中国，过去这种做法较少，现在学术界可以做一些为学者树碑立传的事情了，所以纪念文集慢慢地多了起来，即使已经过世的学者，也有"百年诞辰纪念文集"的编纂。我觉得这是学者自己对于优秀学者或者师长们表示敬意的一种方式，是值得鼓励的做法。研究生有时也要为自己的师长们写祝寿文章，这事也不可掉以轻心，应当拿出自己最好的文章来做贡献。在西方，祝寿文集的编纂是不让被祝寿的人知道的，到生日那天再给他一个惊喜。不过在中国，被祝寿的老师往往是要看论文的，写得不好被毙掉，那可就麻烦了。

写纪念文集的文章，一般来说，都是要在被纪念者的研究范围内来确定自己的课题。如果能够在研究中引用到他本人的文章更

---

① 在中国，有的先生忌讳用"纪念"这个字眼，其实在纪念一个人的生日这个意义上没有什么不好，像《周叔弢先生六十生日纪念论文集》《周一良先生八十生日纪念论文集》，都是很好的书名，后者是周先生自己定的书名，他显然是模仿他父亲的纪念文集的书名来的。

好,没有也没关系。所以,要选择好一篇纪念性的学术文章,其实也不那么容易。我不知道别人的做法,只能说说我自己的经验。

在给季羡林先生祝寿时,考虑到他对于中印文化交流史研究的贡献,我写了《敦煌文献所见晚唐五代宋初的中印文化交往》①,自我感觉这个题目是合适的,而且可以用敦煌的材料补充季先生的论著。在给宋史大家邓广铭先生祝寿的时候,我因为不研究宋史,所以可选择的范围很小,于是把宋朝到高昌回鹘王国的使者王延德的行记和吐鲁番出土文书结合起来,撰写了《王延德所见高昌回鹘大藏经及其他》②,觉得还是很符合全书的主体内容的。等到十年后再次给邓先生写纪念文章,我就选择宋人张择端《清明上河图》,与我自己研究的胡人主题结合起来,撰写了《〈清明上河图〉为何千汉一胡》③,这个题目又呼应了佐竹靖彦教授在邓小南和我一起主办的"唐宋妇女史研究与历史学"国际学术研讨会上发表的《〈清明上河图〉为何千男一女》一文,我觉得是很贴切于这本纪念文集的。

近些年,我也花很多时间来给国外的朋友和师长写纪念文章,其中不少是研究中亚的学者,他们不懂中文,所以我把用中文发表的相关文章翻译成英文,也是借这样的机会来发出中国学术的声音。比如给突厥回鹘专家哈密屯的八十华诞纪念文集,我贡献了

---

① 载李铮等编《季羡林教授八十华诞纪念论文集》,江西人民出版社,1991年,955—968页。
② 载北京大学中国古代史研究中心编《庆祝邓广铭教授九十华诞论文集》,河北教育出版社,1997年,267—272页。
③ 载北京大学中国古代史研究中心编《邓广铭教授百年诞辰纪念论文集》,中华书局,2008年,658—666页。

"The Relationship of Dunhuang with the Uighur Kingdom in Turfan in the Tenth Century"①,是翻译我的《归义军史研究》中的一章,其中大量引用了哈密屯的研究成果,并接着他做过的课题,利用汉文资料有所推进。给粟特专家马尔沙克七十华诞纪念文集,我奉献一篇 "Sogdians around the Ancient Tarim Basin"②,这是拙文《西域粟特移民考》增订本的翻译。因为 1997 年我第一次在巴黎见到马尔沙克先生,他就找我要这篇文章,所以我就把这个英文本奉献给他③。我给日本学者森安孝夫先生纪念文集的文章,是翻译一篇只是稍早半年发表的中文论文《新出吐鲁番文书所见唐龙朔年间哥逻禄部落破散问题》④,因为他对突厥回鹘的研究贡献最多,而且关注我们正在整理的新获吐鲁番文书。此外,奉献给粟特学家、伦敦大学辛姆斯-威廉姆斯教授的论文 "Further Remarks on Sogdians in the Western Regions"⑤,奉献给于阗文专家、哈佛大学施杰我教授的论文 "The

---

① *De Dunhuang à Istanbul*, *Hommage à James Russel Hamilton* (*Silk Road Studies* V), eds. by Louis Bazin et Peter Zieme, Brepols, 2001, pp. 275-298.
② *Ērān ud Anērān. Studies Presented to Boris Il'i č Maršak on the Occasion of His 70th Birthday*, eds. M. Compareti, P. Raffetta and G. Scarcia, Venezia: Libreria Editrice Cafoscarina, 2006, pp. 513-524.
③ 参看荣新江《纪念马尔沙克——兼谈他对粟特研究的贡献》,《艺术史研究》第 9 辑,中山大学出版社,2007 年,451—460 页。
④ 《新出吐鲁番文书に见える唐龙朔年间の哥逻禄部落破散问题》(西村阳子译),《内陆アジア言语の研究》XXIII(森安孝夫教授还历记念特集号),2008 年,151—185 页 + pls. XII-XX。
⑤ *Exegisti monumenta. Festschrift in Honour of Nicholas Sims-Williams* (Iranica 17), eds. Werner Sundermann, Almut Hintze and Francois de Blois, Wiesbaden: Harrassowitz Verlag, 2009, pp. 399-416.

Name of So-called 'Tumshuqese'"[①]，都是精心选择的题目，而且我觉得非常贴切。像最后这篇文章的中文原本是 1992 年发表的，但西方的伊朗语专家都看不懂，所以编辑我的文章的辛姆斯-威廉姆斯教授认为一点也不过时，他只补充的两个注，是我文章发表后西方发表的相关论文。

应当注意的一点是，纪念文集的文章题目最好不要有"墓志"之类的字样，最好不用专门讨论这类资料的论文来祝寿。当然，像西方学者对此没有什么太多的忌讳，中国的先生有的人对此也不会有什么想法，但有的老先生可能会有些不高兴。只有在写追悼文集的时候，才可以使用这类材料作为主题。比如我在给潘重规先生追悼文集写稿子的时候，便提交了《敦煌本邈真赞拾遗》[②]。邈真赞是给已故的人写的赞颂文字，用研究这类文字的文章来纪念一位有学术贡献的人物应当是合适的。

[①] *Bulletin of the Asia Institute* 19（*Festschrift in Honor of Oktor Skjaervo's 65th Birthday*），Dec. 2009，pp. 121-127.
[②] 《敦煌学》第 25 辑（潘重规先生逝世周年纪念专辑），2004 年，459—463 页。此文不长，但发表了两件前人没有留意过的敦煌邈真赞文献的整理和校释。

第十二讲

书评与札记

研究生的科班训练,除了要会写论文和专著,也要会写书评和札记。要做一个真正现代意义的学者,特别要学会写书评,写真正意义上的书评。因此,在这一讲中,我重点谈书评。

一、书评制度

书评是一本学术杂志中举足轻重的部分,西文学术期刊的主体是论文(Article)和书评(Review),论文往往只有几篇,涉及的范围不够广。对于读者来说,更重要的有时是书评,因为书评才能真正反映这本刊物所涵盖的各个方面。我们翻看一本杂志时所获取的知识,有时并不在于论文,而在书评,这是和西方学术刊物的书评制度相关联的。

因为中国学术期刊一直没有建立起良好的书评制度,所以一本杂志中,主体是论文,书评只占极少的篇幅,甚至没有书评。所发表的书评涵盖的方面不广,大多数书评是一些对所评之书的概述和夸奖,没有提供更多的信息,所以一般也不受读者重视,只受作者和出版社的重视,因为其中一些书评是作者或出版社编辑找人写的。

西方学术刊物的书评制度是这样的:

每个学术出版社出版一本学术专著后,都要寄给权威的学术期刊,由期刊主编挑选其中值得评的书,去约请与该专著研究领域相关的专家来撰写书评,同时也就把这本书送给写书评的人。这种由杂志自身来选择权威专家的做法,很好地避免了由作者本人或出版社的责任编辑把自己写的书或编的书送给书评作者,因为后者必然产生人情稿子。所以,我们在西方经常遇到的事情是,一个学者出版了一本新书后,都在提心吊胆地等待书评的发表,而他/她并不知道书评都是谁在写,更不能干预书评作者写什么。我在耶鲁大学时,某一天见到韩森(Valerie Hansen),我说《守护神》(*Numen*)上有一篇你的 *Negotiating Daily Life in Traditional China*: *How Ordinary People Used Contracts*, *600-1400*(New Haven: Yale University Press, 1995)的书评,她赶快跑去看。足见书评在西方作者眼中有着与中国不同的学术意义。

因为书评是由杂志约请的专家撰写的,所以主动权牢牢掌握在杂志自身手中,杂志也把自己所发表的书评水准,看作该杂志的学术水准,这样的一种学术认定的结果,是杂志要约请权威来写稿,而不接受书评投稿。我们常常看到在一些刊物的约稿通知里面说,书评不接受投稿,如果你特别希望评某本书的话,必须先和主编联络,在得到主编的同意后,才能撰写。同时,由于杂志对自己发表的书评水准的认定,所以一般来讲是不接受反批评的。你可以在其他刊物上发表商榷文章,但在发表书评的刊物上是不行的,即使你的反批评是很有道理的,一般情况下也是不给刊登的。这种做法有点霸道,但实际上是为了一个杂志的正常运作,因为你一旦发表了反批评,则必然引起书评作者的再度反批评,这样你来我往,批评文章越来越多,文字越来越长,那么这个杂志的篇幅就大量被占掉,而批评双方有时也从学术争论发展到意气之争,降低了杂志的学术水平,这样下去杂志是无法办的了。

在中国,大多数刊物没有这么严格的书评制度。比如二十几年前《历史研究》发表了葛剑雄、曹树基先生评社科院人口史的一本书①，很有分量，是中国学术界少有的书评，虽然有些话用词过于激烈，但仍给中国学术界带来一股新的气息。但是因为《历史研究》没有规范的书评体制，很快就发表了反批评文章②，这其实是否定自己。所以，发表书评的杂志是不能够发表反批评的，但并不反对书的作者在其他地方发表反批评的文章。

当然，西方杂志赋予书评作者的这种话语权，有时也被利用来作为攻击他人的手段。比如《哈佛亚洲学报》（HJAS）第58卷第1期（1998年）发表的贝格利（Robert Bagley）撰写的长篇书评，用十分激烈的言辞批评巫鸿《中国早期艺术和建筑中的纪念性》③ 一书，指作者在书中表现了至今没有改造好的"中国劣根性"！对于这样一篇学人看了都觉得超乎学术的"毁灭性的批评"，《哈佛亚洲学报》就是不发表巫鸿的反批评，最后还是李零先生出面，在刘东主编的《中国学术》第2辑（2000年）中，同时发表贝格利书评的中文翻译和巫鸿的答辩文章④，让读者自己看看谁有理。

《哈佛亚洲学报》的这篇书评是个特殊的例子，背后有很复杂的原因。一般来说，西方学者写书而受到批评，已成习惯，一般不

---

① 葛剑雄、曹树基《是学术创新，还是低水平的资料编纂？——评杨子慧主编〈中国历代人口统计资料研究〉》，《历史研究》1998年第1期，154—166页。
② 《中国历代人口统计资料研究》编委会《学术讨论应当是科学、积极和健康的——评葛剑雄、曹树基〈是学术创新，还是低水平的资料编纂?〉》，《历史研究》1998年第6期，147—158页。
③ Wu Hung, *Monumentality in Early Chinese Art and Architecture*, Stanford University Press, 1995.
④ 《中国学术》第2辑，北京：商务印书馆，2000年，202—290页。

会引起意气之争。贝利（H. W. Bailey）教授集毕生精力所编的《于阗塞语词典》① 出版后，其弟子恩默瑞克（R. E. Emmerick）在《印度伊朗学刊》（*IIJ*）第 23 卷（1981 年）上撰写书评②，指出其不足之处。但这并没有影响二人的交情，贝利每年过生日，恩默瑞克都要从汉堡赶往剑桥去祝寿。1985 年我前往剑桥拜访贝利教授时，他告诉我当今执于阗文研究牛耳者为恩默瑞克，并介绍我到汉堡去找他。

在中国书评体制不健全的情况下，一旦一个作者的书受到批评，有时会被某些人利用这些书评来攻击作者，使得作者的职称评不上，甚至分配房子、提升工资也受影响。有时再加上报纸、网站的炒作，使得问题更加复杂。要知道，在西方的杂志里，往往是值得评的书才被安排来写书评的，有些书根本不值得一评，所以，尽管书评没有什么好听的话，也说明这本书不是最差的。一个人的学术眼界是有限的，自己所撰作的书肯定会有漏洞，所以别人的善意批评是可以接受的，这有利于自己将来在修订本中把学术水准更推进一步。

西文杂志的书评，一般都上目录，在"书评"类下面，先列作者，然后是书名，最后是书评作者名和页码。这样等于给值得评的书做了广告，让浏览这本杂志的人知道有这么一本书，甚至会吸引某些人翻开书评，看看本书的基本内容。因此，一般来说书的作者

---

① H. W. Bailey, *Dictionary of Khotan Saka*, Cambridge, 1979.
② *IIJ*, 23, 1987, pp. 66-71.

都是愿意自己的书有人评的。在目前中国的杂志里，书评的正题往往是一句表扬的话，书名放在副题中，常常没有作者的名字，这其实不利于对被评的书的学术认定。我在办《唐研究》时，改变这种做法，采用西文刊物的标题方式，意思就是让大家一眼看到唐研究领域里最值得注意的都有哪些书。请大家注意引用这样的书评时，不能像引用一般文章那样，只抄写标题，而是要在前面加上"书评"二字，如：荣新江《书评：罗丰编著〈固原南郊隋唐墓地〉》，《唐研究》第 2 卷，北京大学出版社，1996 年，555—559 页。

　　西方杂志的主编，往往就是某些方面的权威学者，所以有些刊物的主编就把出版社寄来的书留下，自己写书评。最著名的就是《通报》(*T'oung Pao*) 的主编伯希和（Paul Pelliot），他的学术领域十分宽广，涉及中亚、中国的许多方面，自己的成就很高，所以他所写的书评也因为具有很高的水准而不被认为是违反了书评约稿的原则。伯希和一生撰写了大量的书评，他的书评不仅发表在《通报》，也发表在法国《亚洲学刊》(*Journal Asiatique*)、《法国远东学院院刊》(*Bulletin de l'École française d'Extrême-Orient*) 等杂志上，大概由于所写书评太多的缘故，在伯希和去世以后，他的论著目录一直没有完整地编辑起来。原本听说京都大学的高田时雄先生准备编一个全目，但没有完成。2001 年出版了 Hartmut Walravens, *Paul Pelliot (1878 – 1945)：his life and works：a bibliography*[①]，包括他的全部论著目录，还有篇目、主题索引，以及后人有关伯希和的论著

---

① Bloomington：Research Institute for Inner Asian Studies, Indiana University, 2001.

目录。伯希和大量的学术成就，其实有不少包含在他所写的书评里。

良好的书评制度，可以使得一本杂志的书评保持较高的信誉，拥有更多的读者。目前，在中国越来越多的杂志已经意识到真正的学术书评的意义，但要真正建立起良好的书评制度，路还很漫长。

二、书评种类

书评有不同的种类，有长有短，长的过万字，短的只有几百字而已。

一种书评是属于介绍类的，往往只有 500—1000 字，把书的内容简要地介绍一下，如果写得凝练，也可以看出书评作者站在学术史的高度予以的点评。像美国《亚洲学会会刊》（*The Journal of Asian Studies*）、法国《汉学评论》（*Reuve Bibliographique de Sinologie*）等刊物上的书评，就是这种类型，主要目的是想多包含一些书的书评，使杂志学术范围的覆盖面更加广泛。刘东主编的《中国学术》发表的书评，很像是往这个方面发展，而这本企图涵盖中国学术许多方面的杂志，也确实应当向这个方面发展，但目前来看，书评量太少。

一般的书评在 3000—5000 字左右，也就是既可以概述原书的内容，又可以加以评论。这是书评的主要形式，大多数的杂志采用这样的书评，我所编的《唐研究》也是如此。

还有专门就一本书进行广泛商榷的书评，称作"书评论文"

（review article），字数较多，有的超过一万字。书评论文对于所评之书来说，可谓重磅炸弹。我曾经在《神圣的殿堂——莱顿大学图书馆东方写本与图书部》（海外书话2）中举过一个例子[①]，即达菲那（Paolo Daffinà）的《评〈汉书·西域传〉的新译本》一文，这是对莱顿大学汉学院前院长何四维（Anthony F. P. Hulsewé）教授《中国在中亚：早期（公元前125至公元23年）》[②]一书的批评，发表在《通报》里[③]。原书作者何四维先生对我说：看我这本书，一定要看达菲那的书评。可见书评论文的重要。

我们应当学会写不同类型的书评。

三、哪些书值得评

一个最基本的原则是：有学术贡献的学术著作值得评。相反，给一般读者所写的通俗读物，普通的概述或综述，则不一定在纯学术刊物上发表评论。当然可以在其他刊物上发表评介文字。

值得评论的书，从我们历史学科的角度来说，包括专著、论文集、史料集、考古报告、学术性的展览图录等。因为书评的一个重要功能是让读者了解这本书的内容和学术贡献，所以，要有专家用简洁的语言，把这些书的内容和成绩勾勒出来，特别是一些论文

[①] 《中国典籍与文化》2003年第2期，60—61页。
[②] *China in Central Asia: The Early Stage, 125 B. C. -A. D. 23*, Leiden, 1979.
[③] P. Daffinà, "The *Han Shu Hsi Yü Chuan* Re-translated. A Review Article", *T'oung Pao* 68, 1982, pp. 309-339.

集、考古报告，对于其他专业的人来说，翻看书评以后，可以决定值得不值得去找这本书来读。

但是，要知道，从一本杂志来说，不可能找到所有值得评论的图书的书评作者，所以虽然有的书，我很想在《唐研究》上发表一篇书评，但往往因为苦于找不到合适的撰稿人而只好作罢。这又说到书评的作者问题了。比如说在中国的唐史学界，我们拥有众多各方面的专家，但老一辈的甚至略微年轻一点的专家学者，受到"文革"大批判的影响，不愿意写书评，使得在国内找寻一个所评之书的最佳专家的做法，有时难以成功。因此，我们也约请一些在某一领域学有专长的中青年学者来撰写书评，几年的实践证明，中青年学者不仅有实力写，而且敢于写，甚至一些博士生因为较长时间关注一个课题，他们所写的同一专业领域里的书评，很有力度，受到读者的好评。因此，只要大家努力，中国的书评制度可以创造性地建立起来，中国的书评内容也可以充实起来。

在老一辈的学者当中，在写书评这一点上，周一良先生是个例外。我在《才高四海，学贯八书——周一良先生与敦煌学》中有如下一段介绍：

> 周先生受过严格的西方学术的训练，不论在燕京大学，还是在哈佛大学，因此，他在撰写论文、札记的同时，一直坚持写书评。他对书评的看法，可以从他表彰杨联陞先生撰写书评的文字里体现出来："我认为莲生（即杨联陞）的书评可以媲

美法国汉学家伯希和。"① 从某种意义上讲,写文章是写自己,只要把自己的研究成果端出来就行;写书评是写别人,往往要站在学术史的高度,从方法论上加以评述,有时比写文章还难。周先生在中国的社会环境下,当然无法和杨联陞相比,但他写书评的作法,是许多与他同龄甚至比他年辈还晚的中国学者所不具备的。周先生的书评范围很广,从早年的《评冈崎文夫著〈魏晋南北朝通史〉》②,到晚年的《马译〈世说新语〉商兑》③和《马译〈世说新语〉商兑之余》④,都是按照书评的学术规范,提出了严肃的商榷意见。在敦煌学方面,他撰写过《王梵志诗的几条补注》,对王梵志诗的校本提出批评意见⑤。还有《读〈敦煌与中国佛教〉》,虽然以介绍为主,但也有指正的地方。我们从这些书评中,可以窥见周先生的一些研究方法。⑥

他曾特别送我上面提到的《马译〈世说新语〉商兑》抽印本,说明他自己对这篇书评的欣赏。

---

① 《纪念杨联陞教授》,《毕竟是书生》,北京十月文艺出版社,1998 年,180 页。
② 原载《大公报》1936 年 4 月 23 日第 11 版;收入《周一良集》第 1 卷,辽宁教育出版社,1998 年,795—809 页。
③ 与王伊同合撰,原载南港《清华学报》新 20 卷第 2 期,1990 年;收入《周一良集》第 1 卷,763—779 页。
④ 原载北京大学中国传统文化研究中心编《国学研究》第 1 卷,1993 年;收入《周一良集》,第 1 卷,780—794 页。
⑤ 原载《北京大学学报》1984 年第 4 期;收入《魏晋南北朝史论集续编》,北京大学出版社,1991 年,288—293 页。
⑥ 《敦煌吐鲁番研究》第 6 卷,北京大学出版社,2002 年,33—34 页。

四、书评内容

前面说到标题的写法,即"罗丰编著《固原南郊隋唐墓地》",按照规范的书评做法,下面要括注原书的出版社、出版年代、页码、图版、价钱,如"(文物出版社,1996年8月,17+263页+39黑白图版+8彩色图版,100元)",为读者提供全面的信息。如果是给不采用像《唐研究》那样的书评标题方式的杂志,最好就用中性的语言,写"某人著《某书》评介",表明有评论,有介绍。

书评的内容应当包括下面几个方面:

第一是内容简介,即让没有见到书的读者可以通过你的介绍,大致了解这本书的内容。在介绍一些方面较广的论文集时,可以根据自己的专业,有所选择地重点介绍一些文章,而简单介绍其他一些文章,或者只列其名或其类别。

第二是从学术史的角度来看本书选题和内容的价值、特点,如果是前人研究过的课题,那么这本书有没有新的角度,有没有新的材料,有没有新的笔法。如果是前人没有研究过的课题,或者说研究很薄弱的方面,则从研究的题目和范围来说明作者的贡献或尚不完善的地方。

第三是本书的不足,包括题目与内容是否对应,内容包含的范围是否过窄,以及材料的缺陷和论证逻辑是否合理。在指出别人不足时,要根据自己的研究在理论、材料、研究论著/参考文献等方面举出证据,加以论述,避免空论。

第四是根据自己的研究加以补正，包括订正书中的错误，补充书中的不足，这些部分一定要在有十分把握的情况下才能写出来。如果只是根据可以有两种解说的证据，就不能轻易否定作者的观点。

最后，对于一些古籍整理、包含新史料的著作，要校勘错字，以免贻误后人。

这些只是主要的方面，书评的内容没有特别的一定之规，是最容易表现个人学术思想的一种文体，所以你也可以利用书评来发挥自己的学术观点，因为现在的年轻学者，不可能像陈寅恪那样，很早就开始给别人写序、写审查报告，表述自己的学术思想，因此，你可以利用写书评的机会，把写刻板的专题论文时所不能表达的学术思想，通过书评表达出来。

书评的写作也没有一定之规，上面所列的几点，不一定按照上面的次序来写，比如在介绍内容的同时，就可以用夹叙夹议的写法，提示优点，指摘缺陷，这样有时显得平和一些，但不减书评的分量，我常常采用这样的写法。现在中国一些刊物上的许多书评在写了百分之九十九的好话以后，最后来一句："瑕不掩瑜""金无足赤"，"由于……原因，书中也有错误之处，相信再版时会修订"之类的话，是很不好的八股文，说了等于没说。

我在上面提到的"海外书话"中说："我平日里最喜欢读〔西文杂志的〕书评，它不仅能让你了解所评之书的大致内容及其学术贡献，还可以从中了解到更多的信息，书评者往往还根据自己的知识来补充该书之不足，特别是从学术史的角度补充参考文献和相关材料；而且大多数书评都会有批评在内，有时往往是按页码顺序来一一挑错。这和我们在国内报端看到的书评迥然不同，因此读起来就像喝咖啡一样，精神不时为之一振。"①

五、书评里的称呼

在写书评时，有时会混淆书的作者和书评作者的指代词，因此我建议这样写：

作者：指所评书的作者。也可以直呼其名，不过在中文的语境下，有些不太礼貌。如果加"先生"，则浪费文字；如果加"氏"，又有些像日文敬语。也可以用"以下敬语全略"，但遇到业师之类的人物，还是不略为好。

笔者：指书评撰者。也可以说"我""本人"。

本书：指被评书。书名较短的可以直接称书名。或者在书名第一次出现时起一个简称，后面就用简称。

每一类称呼，可以变换使用，免得文字太过拘谨。

六、要注意的问题

第一，评书不评人，但要了解作者。在写书评时，千万要记住你可以说这本书如何好，如何差，但切不可说这个作者如何好，如

---

① 《中国典籍与文化》2003 年第 2 期，60 页。

何差。当然，我们最好能够了解这个作者的学术出身、学习和工作单位、已经有过什么学术成果，这些对于了解本书的学术水平是必不可少的。对作者已有的相关成果做一些介绍有时也是必要的，但是，在书评里不要对作者进行大肆吹捧，更不能对作者加以人身攻击。

第二，要注意书的出版时间。一般来讲，我们往往只评最近一两年内出版的新书，对于再版书也主要评新增订的部分。但有时我们没有那么快地得到新书，有时我们需要把几年当中出版的同类著作放在一起来评。这时候，我们要切记不能用书出版以后新发现的材料来批评作者，应当站在和作者同样的起跑线上来写书评。比如我在评刘统先生的《唐代羁縻府州研究》时，注意到他的书基本上完成于 1988 年，而迟到 1998 年 9 月才出版，所以尽可能避免用 1988 年以后的新材料说话[1]，这些新材料只能给作者做补充，而不能据以批评人家。我过去不认识刘统，由于这篇书评，成了他的好朋友。

第三，不能以偏概全；不能抓住一点，不顾其余。一个人的精力有限，而且现在学术十分发达，很难把资料和研究信息全部收集齐全，因此在研究中往往会有一些漏洞，甚至是硬伤。对待这样的问题是可以指出的，但不要揪住不放，更不要以此否定全书的其他贡献。过去有人给《唐研究》投稿批评张弓先生的《汉唐佛寺文化史》，我以为用词太厉害而没有采用。后来这篇书评发表在别的

---

[1] 《唐研究》第 5 卷，北京大学出版社，1999 年，515—518 页。

刊物上，但接受了我们的建议，口气缓和多了。某位权威学者在其高水平著作中，把一条张大千写在西千佛洞宋人壁画榜题中的文字（张大千破坏敦煌壁画之证）当作宋代的史料来运用，这可是硬伤啊！我撰写书评时，考虑再三，还是用通信告诉他了，没有写进书评，因为我觉得太伤人了。

第四，要礼貌用词，不用"怪圈"一类的语言。因为有些字眼会伤害别人，所以我们尽量不用让别人有不愉快的语言，而是用事实说话。其实，有分量的书评最容易引起书的作者的反批评，如果书评作者以事实说话，那么反批评往往是无力的。这时反批评者常用的方法就是以"礼"来干预"法"，批评批评者用词不当，有失礼法，从道德上给你上纲上线。所以，一定不要用无礼的语言撰写书评。

第五是写完以后，多请一些同行和专家来审读，避免一些错误。

我喜欢读书评，也喜欢写书评。本着以文会友的原则，我写了这么多年的书评，批评了不少著作，我没有得罪什么人，而换来的是更亲切的友情。这样的一种做法，其实也是中国学术古已有之的传统，如乾嘉学派的重要学者钱大昕就曾在给王鸣盛的《答西庄书》说："学问乃千秋事，订讹规过，非以訾毁前人，实以嘉惠后学。但议论须平允，词气须谦和，一事之失，无妨全体之善，不可效宋儒所云'一有差失，则余无足观'耳。"①

---

① 钱大昕《潜研堂文集》卷三五，陈文和主编《嘉定钱大昕全集》玖，江苏古籍出版社，1998年，603—604页。

七、札　记

最后,附带谈一下札记的写作。

研究生阶段,特别是硕士生,不一定能连篇累牍地撰写出长篇的学术论文,但在读书过程中,也千万要抓住自己的灵感、心得、发现、联想等收获,并翻检相关的材料,写成笔记,在有空的时候,把笔记加以丰富,写成正式的学术札记。这些札记不一定马上能够达到发表的水平,但积累下来,是一笔宝贵的学术财产,在你将来的学习和研究中会有相当大的帮助。尤其历史学在某种程度上是靠积累的,谁积累得丰厚,将来的成果也就更多,札记是积累的重要方法,当然不是唯一的方法。

现在许多学术期刊非常欢迎短小精悍的文章,这些文章实际就是好的札记,文章有时需要完整性,而札记则不然,是有新知、新意才有感而发的,所以内容不一定非常全面,但有时更有可读性。

札记要短小精悍,一般都是考证性的文字,所以不必特别地加以修饰,用最短的文字,写明白自己要说明的问题。我在"《两京新记》读书班"(又称"隋唐长安读书班")上,鼓励大家把一得之见写成札记。在《唐研究》第9卷长安专号上,我曾经发表了一组读书班的《隋唐长安史地丛考》札记,其中有些可以作为新来的研究生写札记的样本,这里举蒙曼的《隆政坊富商索谦宅》一条为例:

《大唐故索处士(谦)墓志铭》:"君讳谦,字文纲,敦煌

> 人也。……父韩，隋掌设府车骑将军。以永徽六年（655）岁次乙卯六月己亥朔三日辛丑，春秋卅六，卒于隆政里。"（《全唐文补遗》3，355页）
>
> 墓志称其"富埒陶白，资巨程罗。乍开通德之门，交接简通之彦。时置候宾之驿，家富秦赵之声。虽卓郑之雄华，朱宁之汲引，此之数子，其何足云。"隆政坊（布政坊）靠近西市，西来逐利的商胡聚集，索谦原籍敦煌，而"优游三辅"，其敦煌之出身，便于其与西来商胡交往；而宅近西市，且经营有方，最后成为长安巨富。索谦无任何官职，可谓长安商人之代表人物。①

蒙曼的主要研究方向是唐代的禁军，所以仔细地阅读唐代墓志资料，在检索禁军材料的时候遇到这样好的商人材料，也不要随手翻过去，写一条简短的札记，提示自己，也奉献别人，相信对于研究长安、唐代商业史等方面是有参考价值的。

最好的札记样板应当说是周一良先生的《魏晋南北朝史札记》②，其中长的可以说是一篇文章，短的几百字；内容方面大的有史事、制度，小的则只关于一个字、词。在周一良先生对魏晋南北朝史的贡献中，这部《札记》应当是和他的《魏晋南北朝史论集》③《魏晋南北朝史论集续编》④ 相辉映的。

---

① 荣新江主编《唐研究》第9卷，北京大学出版社，2003年，242—243页。
② 中华书局，1985年。
③ 中华书局，1963年。
④ 北京大学出版社，1991年。

写札记的做法是中国史学的优良传统，旧史家许多都是用札记的形式来展现自己的学术成果。比如研究中国古代史的学生都应当阅读的钱大昕《廿二史考异》、赵翼《廿二史札记》、王鸣盛《十七史商榷》等，还有清人的许多文集和笔记、日记中，都有很多学术性的札记。写札记比较零散，如果发表的地方也比较分散的话，容易被人所遗忘。所以，最好的办法是把所写的札记，按照一个系统排列起来，归到一本书或一个主题下面。像上面提到的札记都是针对正史的，利用正史的人都会知道要同时看这些札记，这样就不会被遗忘了。

第十三讲

写作规范

以下是关于文章的技术性的处理，虽然简单，但遵守起来并不容易。希望大家从一开始写文章，就养成良好的规范做法，习惯成自然，你省事，编辑也省事。但是如果养成了不规范的习惯，那么以后改正起来就很麻烦，必须马上开始改正过来。

一、正文部分

1. 标题、作者名和段落

文章标题一般要用大于正文的字号，写在中间，也不要太大，我主张选用粗体 4 号字。不过各个杂志或书都会有自己的格式，也可以参照你要投稿的杂志来定。

作者名一般写在中间，注意单个字的名字，中间要空一个字的格，如"鲁　迅"。

作者单位写在什么地方，各种书刊是不统一的，写到什么层级也不统一。有的括注在作者名字的下面，有的括注在文章的最后，有的则在全书的最后统一写作者单位，如《唐研究》的做法。现在因为各个单位都要求作者署上本单位的名字，这点我也觉得是必要的，因为会有重名的情况。比如像"王静"这样的名字，如果不署上"中国人民大学历史学院"的话，读者只能推测这是哪个王静。国内的单位一般都写到系所一级，国外有时候就写到学校，甚至城市。

标题和作者名之间，作者名和正文之间，都要空一行。

以下的子标题除了做"第一节""第二节"……式的标法，每一节中的层级应当是：

一、标题

（一）标题

1. 标题

(1) 标题

如果再细，就用 a、b、c……如果只有两个层级，就用：

一、标题

1. 标题

其中一、（一）可以居中，上下空一行，"一、标题"可用小 4 号字，粗体；"（一）标题"用 5 号字，粗体。"1"以下的标题不居中，前空二格，可用粗体显示。

文章的每一个自然段落长短要适中，当然要看内容来分段，但也不能太短，又不能一整页都是一段，文章要给人以美观的样子，段落太短，显得凌乱；太长，显得沉闷。

2. 句子和标点

要注意句子的长短和标点符号的使用，在中文里不要混进西文标点。这似乎应当是上大学时就应当会做的事情，但许多研究生并不注意经营自己的文章，好像把文字堆上去就行了。其实文章是你的作品，要仔细措辞，反复修订，不能随便写个东西就扔给老师，更不能就这么投给杂志。

引文后的标点有两种做法：

（1）前面有"："者，表示直接引述，句号放在引号中，如《安禄山事迹》卷上记："潜于诸道商胡兴贩。每岁输异方珍货计百万数。每商至，则禄山胡服，坐重床，烧香列珍宝，令百胡侍左右。群胡罗拜于下，邀福于天。禄山盛陈牲牢，诸巫击鼓歌舞，至暮而散。"

（2）摘引某句话时（一般为短句），表示间接引述，逗号、句号放在引号外面。如：《新唐书·百官志》记"两京及碛西诸州火祆，岁再祀而禁民祈祭"。

长篇引文，要另起行，第一行缩进四格，从第二行起缩进二格。这里要注意不再用引号。有些学生先是把一段引文放在行文中，后来发现太长，就用缩进的引文形式，但忘记删掉引号。在删掉引号后，原本双引号中有单引号的，这时便要改成双引号了。引文结束后，如果继续讨论引文的问题，正文要顶格写，不要缩进二格的形式，因为这个段落还没有结束。

引用书名、刊名、文章名时，均用《》，不用〈〉。台湾、香港地区书名用《》（或『』），文章用〈〉（或「」），引用时需改正过来。相反，如果你给港台杂志投稿，那就要用港台的规范。不过我觉得单书名号有时候会不够规范，比如我们常常写《新唐书·艺文志》，既有书名，又有篇名，就不太好办了。

在书名号里面再有书、文章名时，则用单书名号，如《〈新唐书·艺文志〉补》。

注意单书名号〈〉在键盘上没有现成的，需要从"符号"里面选，这是不能嫌麻烦的。

引用古文有缺字要补时，补字用中文六角括号括起来，如："神灵〔相〕助"，"〔元和〕五年（810）"。注意这里的中文方括号在键盘上也不能直接打出来，也要从"符号"中去选择。

遇到别字、俗字、错字、缺字要订正时，要把正字写在这些字的后面,用圆括号括起来,如:"西城(域)人也","版授恒州中□(山)□(县)令"。

3. 注号和引文

注号一般行文时放在标点符号的前面,如:

> 陈寅恪先生认为所谓"杂种胡"大多数情况下是指九姓粟特胡人①。

引文时则有两种处理方法:

(1)如果引用一个完整的句子,句号在引号内,则注号放在最后,如:

> 《安禄山事迹》开头即称:"安禄山,营州杂种胡也。"②

(2)如果引用一句话,逗号、句号在引号外,则注号放在引号和逗号、句号之间,如:

> 安禄山"作胡旋舞,其疾如风"③,也是粟特人的长技。

缩进的引文,有的杂志要上下空行,有的需要变成仿宋体,我们这里用空行和仿宋体作为例子,但各种刊物的形式不太一致。《唐研究》就不用空行,也不变字体,因为空行的话,如果连续的引文太多,版面就显得很空;而且《唐研究》的读者对象是很专业

---

① 陈寅恪《唐代政治史述论稿》,上海商务印书馆,1947年,21—23页。
② 姚汝能《安禄山事迹》卷上,上海古籍出版社,1983年,1页。
③ 同上书,6页。

的人员，不变字体，也明白引文从哪到哪。

4. 数字和年代

处理数字的原则是源于西文的用阿拉伯数字，源于中文的用中文。如：公元、页码、杂志期卷号、统计数字等用阿拉伯数字；年号、古籍卷数、叶数等用中文。

一般来讲，第一次出现中国年号，要括注公元纪年，如元狩二年（前121）、贞观十四年（640），但括号中不再写"年"字（有的杂志要求有）。凡是一个年号括注过公元纪年后，再次出现时，不必再括注，不论第一次出现的是不是"元年"，都不再括注。但在计算年代时，括注的公元可以保留，以便读者计算。

写卷数时，用"卷一八一"的写法，不用"卷一百八十一"。若是"卷八十"，应当做"卷八〇"（"〇"是中文符号，不要用阿拉伯数字"0"，也不是符号里的"○"）。但有些杂志也要求作者写卷数用阿拉伯数字，那也要遵从人家的规范。一本书，一本杂志，自己的体例一致就行了，因为没有一个非常统一的细节规定。有的时候我们做表格的时候，为了让表格紧缩空间，也用阿拉伯数字标卷数，这是特殊情况，可以允许。

现在数字有滥用的倾向，要注意避免。比如叙述中说到"十多年"，最好不用"10多年"。

5. 外文

第一次出现外国人名时，应括注原文，如杜德桥

（G. Dudbridge），名一般用简称加点，后空格，姓用全称，第一个字母大写。如果是研究人物，比如研究耶稣会士的文章，最好也括注生卒年，但这是一件不容易做全面的事情。因为一旦括注，就要都注，可是有些人的生卒年不那么容易查到，有些可能还需要考证一番。

在文章的正文里，一般不直接出现外文，用括注的方式标示必要的外文，但注释可以直接引用外文。但你讨论的如果是外文字，则另当别论。比如：

> 1955年，蒲立本（E. G. Pulleyblank）出版《安禄山叛乱的背景》一书，从姓名、来源等方面，详细论证了安禄山是粟特人①。……安禄山的小名"轧荦山"，据伊朗语专家恒宁（W. B. Henning）教授的考释，这完全是粟特语 roxsan（rwxsn，rwγsn）的音译，意为"光明、明亮"②。

敦煌卷子编号：统一用 S. 2001（斯坦因编号）、P. 2001（伯希和编号）、Ф. 200（俄藏弗路格编号）、Дx. 2001（俄藏敦煌编号）等。首字母都要大写。有的编辑不知道 P. 指 Pelliot（伯希和），改作小写，就变成 p.（页码）的意思了，试想，哪有那么多这么大页码的书。

所有西文字，都要用 Times New Roman 字体，不能用宋体，但

---

① E．G. Pulleyblank, *The Background of the Rebellion of An Lu-shan*, London, 1955, pp. 7-23, 104-121 notes. 他为 *Encyclopaedia Iranica* I. 9（London，1985）所写"安禄山"词条，观点未变。

② 其说引见 Pulleyblank, *The Background of the Rebellion of An Lu-shan*, pp. 15-16。

括号要用宋体的中式括号。这些有时候需要手动一个个改动，做学问就是要这么细致。

二、繁简体字的问题

现在有不少学术刊物都用繁体字排版，如《文史》《中华文史论丛》《国学研究》《燕京学报》《唐研究》等，所以大家一定要提供准确的繁体字文本。

学习中国古代史的研究生，当然都会认繁体字，但未必会写繁体字。现在有了电脑的转换功能，除非特殊的情形，比如在现场手录简牍、文书的原文，一般也不需要自己写，而是用电脑的"繁简转换"就行了。其实，事情未必那么简单，因为现在的简体字有时是把某几个字合并了的，所以转成繁体字后到底是否就是你要的那个繁体字则未必。比如"云"往往都转成"雲"，可是你要写的是说话意思的"云"，是不能改繁体的。还有就是中国古代的度量衡单位"斗"，一般也会被转成斗争的"鬥"，这也需要用"查找"的方式，一一改正。还有就是大陆的杂志用的是标准的繁体字，而电脑的转换体系是台湾的，有些字转成台湾的惯用字。比如里外的"裏"，台湾用"裡"，应当改成前面的样子；还有严格说来，台湾用"為"，大陆的规范繁体字其实是"爲"。不过这在一般的杂志是不那么严格要求的，但我们整理出土文书的标准本时，那是每个字都要绝对规范的。

现在有的学生用电脑一转，根本不改，就直接交给老师了，或直接投稿。我在编辑《唐研究》的时候，对于这样的稿件很不满意。过去我们用手写稿件也不敢这样交给老师，现在有电脑这么方便的工具，百分之九十五的工作电脑都帮你做了，剩下那么一点改订的工作是必须要自己做的。

如果你对一个字没有把握，那最好就去查看《新华字典》，那上面的一个字下面有几个号，哪个号用于哪种表达最为清晰。下面把我编辑《唐研究》时常见的同一个简体字转繁体后表示不同意思时的不同写法列出，作为提示。

卜（姓氏、占卜）——蘿蔔

才（才能、才情）——纔（剛纔）

辛丑——醜陋

斗（斗升之斗）、五斗米道——鬥爭（鬥争之鬥）

党项——黨派

窗明几淨——幾人

《資治通鑑》——鑒定

頭髮（鬚髮）——發表（發佈）

范（姓、范阳）——範（範围、模範）

複雜——復仇、恢復——反覆、覆盖

復（重複）、複（複雜）、覆（反覆、覆盖）

川谷、山谷——穀物、百穀、辟穀

皇后、后妃、武后、韦后、后土（皇後、后宮）——後來（前後）

王侯——虞候（不是"侯"）

收穫——獲取（獲得）

坊里、道里——裏面、裏外（不用港台使用的"裡"）

飢餓——饑荒、饑饉、饑溺、饑歉

歷史——曆日、大曆、聖曆（日曆、大曆、聖曆＜年号＞、律曆志）

完了——瞭解

松树——鬆動

升（斗升之升）、昇（昇降之昇）

天台山、天台宗、台州——舞臺、臺灣

子曰诗云——雲彩、雲霧

關係、係指某物——繫年、聯繫——系統、世系

咸亨、咸通——鹹味

御史、御制、御旨——防禦

余（我、姓氏）——剩餘

于（姓氏）、于闐——終於、於是

文采郁郁、馥郁——鬱鬱蔥蔥、鬱鬱不樂

岳阳——山嶽、嶽瀆

札（札记）、紫（紫實）

占卜——佔领

征讨——特徵

地理志、五行志——墓誌

制度——製作

鍾（姓氏）——時鐘

儘管——盡力

抱朴子——誠樸

有些字在旧的电脑系统的"繁简转换"不能完全转成繁体,现在有的版本可以,有的不成,所以下面这些字需要留意是否转到家了:杰→傑,泪→淚,弃→棄,玩→翫,绣→繡,韵→韻,灾→災,踪→蹤,异→異。

还有,大陆的一些惯用语和台湾地区不同,转繁体后,要把台湾用语再转回来,比如:

(台湾)　　　(大陆)

物件————对象

網路————网络

資訊————信息

专案————工程

支援————支持

演示文本——简报

顺带说说,电脑是给今天的写作带来很多方便和快捷,但有时候也造成一些麻烦,尤其是同音的错误,这千万要注意。

第十四讲

注释体例与参考文献

一、注释体例

注释一般的顺序是：作者，文章名，书刊名，第几卷第几期，出版地，出版社，年代，页码。但也有许多具体的情况。

1. 古籍

一般要注作者，书名，卷数，版本，叶数。如果是新印古籍，则注页码。如：

张说《张燕公集》卷一六，《四部丛刊》影印明嘉靖伍氏龙池草堂刊本，叶二背。

蒋斧《沙州文录》，罗振玉《敦煌石室遗书》本，1909年，叶19a。

《新唐书》卷八三，北京：中华书局点校本，1975年，

3653 页。

线装书的一叶（英文 folio，简称 f.）包括两面，西文往往用"f. 1a"和"f. 1b"来表示一叶的正背面。中文若注到叶，应当作"叶一正""叶一背"，没有西文简洁。不能把"叶"改成"页"，因为两者是不同的（一叶等于两页）。中文古书的一卷篇幅不大，所以一般注到卷数，也被认可。但是要发表西文的文章，则要注到叶数。我主张中文文章也用"叶 19a"的形式，以节省篇幅。

标点本古籍，则和普通书一样，注出版地，出版社，出版年代，然后是"某页"。

常见的古籍，有时可以只注书名，卷数，篇名，如：《旧唐书》卷一八一《何进滔传》。因为大家基本都知道用的是中华书局的标点本。更习见的，有时就用书名+篇目，如《尚书·顾命》《论语·述而》。但这是中国的做法，一般按照严格的规范，还是要注全，一直到页码。如果你放眼世界，打算将来把自己的论文翻译成外文，那么最好从一开始就注到页码，免得以后再找。

古籍的作者，有些标点本上往往有作者的朝代括注，如〔唐〕张说《张燕公集》，学生在注释时，往往也过录下来，这并不错。问题是同一篇文章又引用了一些书上没有朝代括注，这些注上也跟着没有了朝代括注，这样自己的体例就不一致了。我主张这类的括注最好不要，因为我们往往不能全部判定所有古籍的作者的年代，有的作者也不属于一个朝代，比如由元入明，由明入清，有些书你很难知道他是在明朝时写的，还是在清朝时写的。还有的作者先是北凉人，后来成为北魏的人，兼为隋、唐的人更多，那你怎么注？

所以，最好把朝代标志省略。

2. 普通的中文书刊

一般的中文书，注释标准如下：

> 向达《唐代长安与西域文明》，北京：三联书店，1957年，90—91页。
>
> 陈寅恪《唐代政治史述论稿》，上海古籍出版社，1982年，43页。

以后再次出现时，要删掉出版社和年代，如：

> 向达《唐代长安与西域文明》，92页。

现在电脑的 copy 功能强大，同样的注释粘贴起来非常方便，你看有的杂志一页下面的脚注，所有的注释都是一样的，人名、书、出版地、出版社、出版年代，而且没有页码，反复重复，都是一样的，这是完全不符合学术规范的做法。凡是一篇文章（博士论文可以以章为单元）中间，是不允许这样重复的。

这里要说一下出版地的问题。我们现在的注释规范是从西方引进的，是科学的，但西方的注释规范的各项因素大体上是合理的，但也有烦琐的地方。比如出版地，西方一律要注出来，比如 Oxford: Oxford University Press。这有其道理，因为西方有的同一个出版社有几家，各自经营，特色不同，学术水平也差很多，比如 Oxford University Press 的牛津本部当然出版的书质量很高，但 Delhi 的 Oxford University Press 出版的书就不一定那么好了，而香港的 Oxford

University Press 主要出版比较大众化的书,包括旅游书之类的。所以在西方,必须加上出版地。但是在中国,大多数出版社只有一家,而且基本都在省会一级的地方,如果都注,就和出版社的名字重复,比如"上海:上海古籍出版社","北京:北京大学出版社",这些都没有第二家,你单称出版社,没有人认为上海古籍出版社不在上海、北京大学出版社不在北京,所以我觉得完全可以省略,不能太教条地采用西方的做法。有的出版社确实有几家,比如中华书局至少有北京、香港、台北三家,三联书店有名的也有北京、香港两家,这些可以注出它们的出版地,但是我们做中国历史的每篇文章中会有大量的"北京:中华书局",这样的情况我也觉得就直接注"中华书局",真的遇到引用了一本香港中华书局的书,再加上地名。其实日本的学术论著的注释一般是不加出版地的,只给出出版社名。现在的《唐研究》就采取这样的方式,除非有重复、或者非常稀见的出版社才加地名,这样可以省去很多篇幅,节省纸张。

文章的注释标准如下:

  昭陵博物馆《唐安元寿夫妇墓发掘简报》,《文物》1988年第12期,37—49页。

  张广达《论唐代的吏》,《北京大学学报》1989年第2期,8页。

  姜伯勤《北齐安阳石棺床画像石与粟特人美术》,中山大学艺术学研究中心编《艺术史研究》第1辑,中山大学出版社,1999年,151—186页。

再次引用时，只引作者，篇名和页码，如：

  姜伯勤《北齐安阳石棺床画像石与粟特人美术》，185 页。

不论书刊，一个注释引用多篇时，要按时间先后罗列，中间用分号隔开，如：

  张广达《唐代六胡州等地的昭武九姓》，《北京大学学报》1986 年第 2 期，78 页；蔡鸿生《唐代九姓胡礼俗丛考》，《文史》第 35 辑，1992 年，122 页。

有些文章，你根据的是作者的论文集，最好要把最初发表的书刊和年代注出，这有学术史的意义：

  金维诺《敦煌窟龛名数考》，《文物》1959 年第 5 期；此据同作者《中国美术史论集》，人民美术出版社，1981 年，335—336 页。

3. 外文书刊

前面说过，正文行文中的外文，比如书名、文章名之类的，最好译成中文，以便不懂得日文或西文的读者也能看懂。但注释中最好直接注外文，这样便于读者查找原文，核对你的工作是否正确。过去在 20 世纪 80 年代初，像张广达先生等人在引用外文文献时全部译成中文，那有那个时代的原因，当时排外文字是很困难的一件事。现在这已经不成问题，所以还是直接用外文好，这样也可以节省篇幅。当然必要的时候，还是要译出来。

日文著作和论文的写法如下：

矢吹庆辉《マニ教と东洋の诸宗教》，东京：佼成出版社，1988年，52、95页。

吉田丰《ソグド语杂录》（II），《オリエント》第31卷第2号，1989年，165—176页。

荒川正晴《北朝隋·唐代における"萨宝"の性格をめぐつて》，《东洋史苑》第50·51合并号，1998年，165—171页。

日文使用的汉字和中文的简体字有些是不一样的。有些中文已经简化的字，日文仍然用繁体，还有一些日本的当用汉字是中文里不用的，所以要完全按照日文的样子来写日文的人名、书刊、文章名，那当然是最规范的，但现在的word系统很难做到。现在一般书刊都是直接用对应的中文简体字来排日文的汉字，这一点也得到日本学者的认可，没有造成什么麻烦，是可以接受的方便做法。如果中文用繁体字排版，那么日文还原到繁体字，基本上和中文是一样的，那大体上就更没有什么问题了。

西文书刊用西文的格式、字体（Times New Roman）和标点：

P. Demiéville, *Le concile de Lhasa*, Paris, 1952, pp. 50-100.

Frances Wood, *No Dogs & Not Many Chinese. Treaty Port Life in China 1843-1943*, London: Jonhn Murray, 1998, p. 41.

E. G. Pulleyblank, "A Sogdian Colony in Inner Mongolia", *T'oung Pao*, 41, 1952, p. 333, n. 1.

其中，要注意名和姓之间、页码（p.）或注释（n.）和数字之间，都要有西文的空格。西文书名、刊名要用斜体字；论文名用正体，但其中提到的书名则用斜体；论文名一般要放在引号里。

还应注意的是，一本博硕士论文最后的西文参考文献中，为排序，姓在前，名在后。但在注释和正文中，要掉过来，名在前，姓在后，有些学生直接拷过来，也不改正，那是不符合规范的。

关于英文注释规范的详细说明，见〔美〕约瑟夫·吉鲍尔迪《MLA 文体手册和学术出版指南》，北京大学出版社，2002 年，159—270 页。

二、参考文献的编纂体例

每篇博硕士论文都应当有参考文献，参考文献的体例和注释体例基本一致，但为了便于检索，有些方法稍有变动。

编参考文献目录的重要原则，是要前后一致，前后统一，前后的逻辑不能自相矛盾。

古籍应当和今人著作分列，在西文参考文献目录里，往往也是这样区分的。

1. 古籍

古籍的排列顺序可以和今人著作一样，按人名拼音的拉丁字母顺序排，但这样有一个问题，就是有些古籍的作者名已佚，或者是作者名有疑问，还有就是一种书由于不断的增补，作者不一，所以这种排序会遇到一些问题。也可以按照成书年代的先后排，但这样会遇到一些书的成书年代不明而无法放置的问题。我觉得最好的一种办法是按书名拼音的拉丁字母顺序排序，把（何时、）何人著写在书名的后面，然后是（出版地、）出版社、出版时间，没有标点本的注明版本。如：

《入唐求法巡礼行记校注》，圆仁著，小野胜年校注，白化文等修订校注，花山文艺出版社，1992年。

《汉书西域传补注》，徐松著，《大兴徐氏三种》，光绪十九年（1893）上海宝善书局刻本。

这里的格式与正文和注释略有不同，就是书名（及后面今人著作的作者名）最好顶格写，如果有转行的文字，缩进二字，这样的目的是让读者一目了然地看到每一条目的开头，另外也可以节省篇幅。

古籍最好用学界公认的最好版本，标点本若有几种的话，也要挑选最好的本子。如果是研究某种书，那当然所有版本都要列上。

2. 今人著作

今人著作最好按作者人名拼音的拉丁字母顺序排列，虽然也可以按笔画排列，但电脑时代拼音的广泛使用，越来越多的人更熟悉拼音，而数笔画比较耽误时间。日文论著作者若和中文混排，则用汉字拼音的拉丁字母顺序，个别名字是假名的，则按假名发音顺序排到中文的后面。也可以把日文论著单列，则可以用作者名汉语拼音的拉丁字母顺序排列，也可以用假名发音顺序排列，不过后一种方法中国学生一般是做不到的，所以我不主张使用。西文论著的作者名要按照其姓的字头来排序，在姓和名之间用逗号分开，如：

妹尾达彦《长安の都市计画》，讲谈社，2001 年。

天一阁博物馆与中国社会科学院历史研究所天圣令整理课题组《天一阁藏明钞本天圣令校证》，中华书局，2006 年。

Wright, A. F. *Studies in Chinese Buddhism*, ed. by Robert M. Somers, New Haven & London: Yale University Press, 1990.

中、日文论著作者名后最好直接写论著名，另外论著名不要另起一行，那样太浪费空间。西文作者姓和名之间的逗号用西文符号，每个字之间空半字格。

一个作者有多篇论著的话，西文目录一般用一个长下划线（＿＿＿）表示同上，但中文、日文的作者名一般较西文短（三、五字），而电脑比较容易复制，所以可以每篇文章前都重复其名，这样比较清楚；当然也可以用长线的形式。西文若是和中日文混排，则也应统一地重复其名；若是单排，则可以用西文目录体例，用长下划线表示同上作者的意思。同一作者的论著则要按年代顺序排列，这是电脑不能自动排序的，需要一条条粘贴。

论文的出处，出自论文集的要写明编者、书名、出版地、出版社、出版年代、页码，如：

荣新江《初期沙州归义军与唐中央朝廷之关系》，黄约瑟、刘健明主编《隋唐史论集》，香港大学亚洲研究中心，1993

年，106—117 页。

荣新江《西域粟特移民考》，《西域考察与研究》，新疆人民出版社，1994 年，157—172 页；收入作者《中古中国与外来文明》，三联书店，2001 年，19—36 页。

雷闻《论唐代皇帝的图像与祭祀》，荣新江主编《唐研究》第 9 卷，北京大学出版社，2003 年，261—282 页。

Rong Xinjiang, "Juqu Anzhou's Inscription and the Daliang Kingdom in Turfan" (tr. by Wang Yuanyuan), *Turfan Revisited—The First Century of Research into the Arts and Cultures of the Silk Road*, ed. by D. Durkin-Meisterernst et al., Berlin：Dietrich Reimer Verlag, 2004, pp. 268-275 ＋ pls. 1－3 ＋ figs. 1－2.

——, "Further Remarks on Sogdians in the Western Regions", *Exegisti monumenta. Festschrift in Honour of Nicholas Sims-Williams* (Iranica 17), eds. Werner Sundermann, Almut Hintze and François de Blois, Wiesbaden：Harrassowitz Verlag, 2009, pp. 399-416.

出自杂志的要写明刊名、年代和卷期，注意各种杂志卷、册、期、号的不同说法，如：

颜娟英《盛唐玄宗朝佛教艺术的转变》，《历史语言研究所集刊》第 66 本第 2 分，1995 年，559—678 页。

藤枝晃《敦煌历日谱》，《东方学报》（京都）第 45 册，1973 年，377—441 页。

爱宕元《唐代府兵制の再检讨——折冲府の历史地理的检讨》，《东洋史研究》第 56 卷第 3 号，1997 年，61—89 页。

宿白《隋代佛寺布局》，《考古与文物》1997 年第 2 期，29—33、28 页。

朱雷《唐"籍坊"考》，《武汉大学学报》1983 年第 5 期，114—119 页。

Zhang Guangda and Rong Xinjiang, "A Concise History of the Turfan Oasis and Its Exploration", *Asia Major*, *third series*, vol. 11, Part 2, 1998（1999）, pp. 13-36.

一般来讲，大学学报分"哲学社会科学版"和"自然科学版"，但我们一般很少引用到后者，若引用到时，应当加上"自然科学版"，而一般情况下，"哲学社会科学版"的字样可以省略。

凡近代以来编辑的书刊，所有数字都要用阿拉伯数字，因此，卷、期、页等都用阿拉伯数字。至于序数的表示，一般都是如上列条目所示，卷、期等用"第几卷第几期"或"2002 年第几期"的方法，不省"第"字，《唐研究》也是如此。但随着研究成果的不断增加，注释的论文量会越来越大，也可以考虑不加"第"字。一般的杂志也是用"第几页"的形式标页码，《唐研究》不加"第"字，作"几页"，也不作"页几"。关于这些体例，如果只是编博硕士论文的参考文献，实际上只要你自己是通篇一致的，也完全可以，但就怕你自己前后不一致。不过，你要是给某个刊物、专刊或出版社投稿，你一定要遵守人家的规矩。比如你给《唐研究》投稿，你必须用《唐研究》的规范，否则会被退稿重来。我之所以建议用上面的方式,是因为这种方式是和大多数刊物的要求相一致的,这样一旦被要求改变时,可以比较容易操作。

3. 缩略语

西文的参考文献有时候编成缩略语形式,经常引用的书,可以把书名缩写成大写单词,也要做斜体,如:

KT, IV = H. W. Bailey, *Khotanese Texts*, vol. IV, Cambridge, 1961.

一般的书和论文,则用作者名加发表年份的缩略方式,发表年份也就随之写在前面,如果一位作者同一年有几篇文章的话,就在年份后加 a、b、c……:

> Trombert, É. 2000. *Les manuscrits chinois de Koutcha, fonds Pelliot de la Bibliothèque nationale de France*(avec la collaboration de Ikeda On et Zhang Guangda), Paris: Institu des hautes études chinoises du collège de France.

> Emmerick, R. E. 1979a. "Contributions to the Study of the *Jīvaka-pustaka*", *BSOAS*, XLII. 2, pp. 235-243.

> Emmerick, R. E. 1979b. "The Vowel Phonemes of Khontanese", *Studies in Diachronic, Synchronic, and Typological Linguistics. Festschrift for Oswald Szemérenyi on the Occasion of His 65th Birthday*(Amsterdam Studies in the Theory and History of Linguistic Science IV, II), ed. by B. Brogyanyi, Amsterdam: John Benjamins publishing Company, pp. 239-250.

上面四条，在正文中加注的时候，就可以简称为：

KT，IV, pp. 5-7.

Trombert 2000，p. 45.

Emmerick 1979a，p. 235-243；Emmerick 1979b, pp. 249-250.

人名的后面要省去名字的缩写，空格加年代。

这种方法也被借用到中文、日文的参考文献中，但要略有变通。一般来说，比较短的书名就不必再用缩略语了；长的书名在文章中反复出现的，可以采用缩略语的形式，用两三个字表示。但简称最好是这个书名的关键字眼，让读者看到会对原书有个印象，不要使用没有特征的字眼。比如可以这样在参考文献中做缩略语：

《固原》＝罗丰编著《固原南郊隋唐墓地》，文物出版社，1996年。

《辑绳》＝洛阳市文物工作队编《洛阳出土历代墓志辑绳》，中国社会科学出版社，1991年。

人名加年份的做法方面，因为中、日人名都比较短，长度一般与西文的姓相同，所以就不用缩减为一个姓。这也是因为中、日同姓的作者太多，如果把"唐长孺""唐耕耦"都缩写成"唐"，就不知道哪篇文章是谁写的了。所以，这样的情形可以作：

唐长孺 1962 =《关于归义军节度的几种资料跋》，《中华文史论丛》第 1 辑，275—298 页。

唐耕耦 1986 = 唐耕耦、陆宏基编《敦煌社会经济文献真迹释录》第 1 辑，书目文献出版社。

竺沙雅章 1982 =《中国佛教社会史研究》,京都:同朋舍。

一般来说,一篇文章或一本书反复出现的时候才用缩略语形式,至少要出现三次以上才用,否则文章后面列出的缩略语文献目录就会很长。中文读者不太熟悉这种用法,这其实也是在手写或手动打字机时代提高写作效率的一种方式,另一个目的是节省篇幅。将来随着研究文献越来越多,可能这种方式也会越来越多地被采用。这也是个约定俗成的问题,比如在我们研究于阗的圈子里,大家都用共同的一批缩略语,已经非常固定,一看 *KT*,IV 就知道指的是哪本书,所以我们在写这方面的文章时,也就采用同样的缩略语形式标注。

以上从各个方面介绍写作和注释的技术规范,其实,上面的道理很简单,写起来很啰唆。但是,很简单的事情做起来并不容易,有些细节有时也还是不知如何处理,在遇到这种情况时,最好是去查一篇比较标准的文章,看看人家是怎样处理的。

第十五讲

专业中英文的翻译

今天的学术界已经是国际化的学术界了,我们在写论文时,越来越多地要引述英文论著中的观点,有时还要把作者的观点准确地翻译出来。即使你研究中国历史,也不能不看外国学者的文章,如果你研究中外关系史、西域史、边疆民族等,不仅仅要看外国学者的文章,而且应当写外文的论文,因为在这些领域里,英语仍然是大家的公共语言,如果你不用英文发表文章,你的"话语"就非常地微弱,甚至在国际上也没有人知道你的研究成果。这其实是很不公平的,但因为近代学术是在西方发展起来的,而且中国现在的学术不够规范,所谓的"论文"太多,西方学者很难从中找出哪些要看,哪些不看,除非你已经是重量级的学者,如陈寅恪先生,恐怕是大家都要看的了。

现在研究生的英语水平都比较好,但会英语,不一定会写专业的论文,也不一定能把西方学者的专业英文准确地译成汉语,这里面有些是专业英语的问题。我这里讲的不是英语问题,是专业英语翻译时的技术问题。

一、英译汉的问题

1. 汉学研究者的名字

首先我们经常要遇到的问题是如何翻译西文研究者的名字，因为自利玛窦（Matteo Ricci，1552—1610）以来，西方研究汉学的人一般都有自己的汉名，我们不能随便用音译的方法，也不能从《新英汉词典》等词典后面的《常见英美姓名表》里找相应名字的汉译抄上去，而是要用他们自己所用的汉名，这是学界通用的名字，你用了其他的名字，人家不知道你在说谁。

但是，这些汉学研究者的汉名很难全部掌握，如果已经是汉学家的人，比如沙畹（E. Chavannes，1865—1918）、戴密微（Paul Demiéville，1894—1979）、许理和（Erik Zürcher，1928—2008）等，我们耳熟能详，现在也有一些工具书可以查找。但也有人为了求写作的速度，不去查找，把最著名的一些人物都翻译错了，那就是不可饶恕的了。有些汉学家的名字起得非常好，有的是出自中国传统文化深厚的中国学者之手，像费正清（John King Fairbank）的名字据说出自梁思成先生，太史文（Stephen Frederick Teiser）的名字出自白化文先生，都是音、义非常好的。有些名字不仅音译做得很到家，同时也是有意义在里面的，所以我们不能用其他的音译词代替，如研究中国古史的孔好古（August Conrady）、研究中国语言文字的高本汉（Klas Bernhard Johannes Karlgren）、研究中国文化的薛爱华（Edward Hetzel Schafer）、研究先秦的夏含夷（Edward

L. Shaughnessy）、研究汉代的毕汉思（Hans H. A. Bielenstein）、研究道教的施舟人（Kristofer M. Schipper），这些都是绝不能用其他名字来翻译的；有的名字非常好听，比如丁爱博（Albert E. Dien）、伊佩霞（Patricia Buckley Ebrey）、戴仁（Jean-Pierre Drège）；有的名字和汉人几无差别，如姜士彬（David G. Johnson）、田浩（Hoyt Cleveland Tillman）、吕敏（Marianne Bujard），不知道的话是翻译不出来的。

有些在海外发表文章的华裔学者，他们的名字有时候也不容易翻译，因为他们用各自家乡方言的发音来拼写名字，和我们熟悉的汉语拼音不同；有的又有西文的名；我们一定要知道他们自己所用的汉字，才能准确地写出来，如饶宗颐（Jao Tsong-yi/Tsung-I）、李珍华（Joseph J. Lee）、冉云华（Jan Yün-hua）。即使是中国学者，在西文论著中出现的时候，早期多用威妥玛式拼法，现在用汉语拼音，我们把它们转写回来时，也一定要准确，比如梅维恒（Victor H. Mair）坚持用威妥玛式拼法，所以把我的名字写作"Jung Hsin-chiang"，和汉语拼音 Rong Xinjiang 的差别是很大的，如果你不懂这些道理，很可能把一个人弄成两个人。

一方面是年轻的汉学研究者不断涌现，另一方面是有时要翻译其他领域你不熟悉的汉学研究者的名字，这些人名的翻译会给我们造成很大麻烦，有时要花很多时间去查找，有些最后也不得其果。比如多年前来北大进修、现在已经开始崭露头角的斯加夫（Jonathan Karam Skaff），他的名字是进海关的时候海关人员给他起的，音义都没有一点中国文化的味道，但已经无法改变。我这些年来遇到的美国年轻汉学者如韦闻笛（Wendi Leigh Adamek）、柯嘉豪（John Kieschnick）、谭凯（Nicolas Tackett），如果不是她/他们送给我名片，我是无法知道她/他们的汉名的。现在国际交往多了，所以可以先入为主，比如我和法国学者一起主办"粟特人在中国"国际研讨会，事先我们就给法国粟特研究专家 Frantz Grenet 起个汉名"葛勒耐"，因为法国有著名的汉学家谢和耐（Jacques Gernet），这样大家很容易记住他的名字。另一位年轻的粟特研究专家 Étienne de la Vaissière，我们给他起名"魏义天"，这些名字都被他们本人认可而利用起来了。

现在可以参考的工具书有：

中国社会科学院近代史研究所翻译室编《近代来华外国人名辞典》，中国社会科学出版社，1981年。收明清以来至1949年来华传教士、外交官、汉学家等，用黑体表示其最常用的汉名，也列出其他被使用过的译名。这本书编得很地道，但收录的人物有限，出版年代也有些早了。

中国社会科学院文献情报中心编《美国中国学手册》（增订本），中国社会科学出版社，1993年。其中《美国的中国研究者名录》收1870余人，范围较广，也包括美籍华人研究者，非常有用。

安平秋、安乐哲主编《北美汉学家辞典》，人民文学出版社，2001年。收美、加汉学研究者五百余人，有许多目前活跃的人物和年轻学者，但不是每个人都有对应的汉名。

欧洲的研究者很多，可参看黄长著等主编《欧洲中国学》，社科文献出版社，2005年，其中分国别有中国学家名录。

德国汉学研究者，可以用张国刚《德国的汉学研究》（中华书局，1994 年）中的《德语国家中国学家小传》，但 1992 年底以前去世者不录。

法国学者，可以查戴仁主编，耿昇译《法国当代中国学》（中国社会科学出版社，1998 年）附录的《法国中国学家名录》，这里面主要是当代活跃的人物，但其他篇章中可以找到比较老一辈的汉学家的名字。

还有一些类似的著作，现在网上也有一些学者给大家提供类似翻译的工具，但没有一部汇集在一起的比较完全的词典。从一些可靠的翻译著作的参考文献中，也可以找到一些对应的汉名。但有些书却是不可信赖的，比如蒋见元等译《西方道教研究史》。

有些人名迄今我也不知道如何翻译，比如英国著名汉学家 Arthur David Waley 的汉名，就无法确知，有的人译"魏礼"，有的译"韦利""魏理"，不知哪个对。有些好像已经约定俗成，但未必正确，比如 Berthold Laufer，我们一直用他的《中国伊朗编》中译本上的名字"劳费尔"，后来看到他的论文集（*Kleinere Schriften von Berthold Laufer*. Hrsg. von Hartmut Walravens，Wiesbaden：Franz Steiner Verlag GmbH，1976，1979），才知道他自己用的名字是"罗佛"，这两个汉字就印在书上。

所以，这方面需要自己逐步积累，看到相关书籍上有可靠的人名对照，就记录下来。

2. 日本学者的名字

英文书中日本学者的名字是用拉丁字母拼写的，如果不懂日文的发音，有时不知所指为何人，如 Egami Namio（江上波夫）、Yamada Nobuo（山田信夫）、Yamaguchi Zuiho（山口瑞凤）、Ueyama Daishun（上山大峻）、Ikeda On（池田温）、Tanabe Katsumi（田边胜美）、Kudara Kōgi（百济康义）、Umemura Hiroshi（梅村坦）、Moriyasu Takao（森安孝夫）、Takata Tokio（高田时雄）、Yoshida Yutaka（吉田丰）、Takeuchi Tsuguhito（武内绍人）、Arakawa Masaharu（荒川正晴）等，我这里把他们的姓放在前面，名在后，但在国外发表文章的时候是倒过来的。这个译名问题也会给新的研究生造成很多麻烦，而且这是千万不能用音译的方法来翻译的！有一些《日本姓名手册》之类的词书，有的时候可以帮助我们知道一些姓的拼法，但名的拼法不能用这类手册上标的音来写汉字，因为同音异形的字在日文里也有，比如 Akira 可以作"明"，如 Heneda Akira 是羽田明；也可以作"晃"，如 Fujieda Akira 是藤枝晃。所以一定要有根据才写。

这些方面我们可以查一些书，比如严绍璗《日本的中国学家》（中国社会科学出版社，1980年），提供当时在世的文史哲研究者，都括注有西文的拼写。还有如梅村坦编《日本有关中央亚细亚研究文献目录》（东洋文库，1988年）及《索引·正误》（1989年），都给出了每个人的西文拼法，而且此书收罗面很广，可以提供很多人名的西文写法。还有就是我前面介绍杂志的时候介绍过日本东方学会主办的 *Acta Asiatica*，最近都是按主题出专号，每个专号前面有日本学者研究综述，详尽罗列日本学者的研究成果，给出作者和论著名的日文原名、拉丁字母音译、英文意译，所以也是可以对照的小型工具，特别是最近的年轻学者可以通过这个途径去查。

但所有这些都是不能完全解决问题的，还需要自己积累，并向别人请教。

3. 专有名词

在翻译、引用英文历史专业论著时，一定要注意把专有名词地道地翻译出来，比如 China，有时是译成"中国"，有时就只能译成"唐朝"或"汉朝"，比如西方学者在说"吐蕃与唐朝两国之间"时，用"Between Tibet and China"，如果你译作"西藏和中国之间"是不准确的，也会犯政治错误，应当译作"吐蕃与唐朝之间"才对。其他如讲到突厥、回鹘等与唐朝的关系时，都要注意翻译成历史名词，不要看字面的意思就翻译。

还有一些虽然看上去是很普通的名词，但是要翻译成历史上的名词，也不是那么简单就能做的。如 Governor，有时可以译成统治者，但如果是唐朝的地方长官，一般就必须译成"刺史"，而天宝三载以后改州为郡的一段时间里，又一定要译成"太守"。地名也是一样，要按不同时代所用的名字来翻译。

有的书后面，列有该书所用的一些英文名词对应的汉文，但很多书没有，需要你自己来翻译。

类似的专有名词和专门的词汇有很多，无法一一举例，大家只能举一反三，在翻译时多思考一下。

二、汉译英的问题

现在博士论文要求有英文摘要，硕士论文也需要写英文题目，以后随着学术的进步和竞争，"土博士"必然也要写"洋文"，所以除了要练好自己的英文外，还要熟练中国史专业所需要的一些特殊翻译方法。

1. 专有名词

中国传统文化有许多名物没有西方的对应物，有的只能音译，如"道"（道家的概念）、"斗""升"（度量衡）、"里"（长度）等，又如人名、地名、书名等等。现在西方的书刊已经普遍接受拼音方式，对于我们这些学习拼音出身的人，不知省了多少劲；有的杂志还坚持用威妥玛式，那只好用《汉英词典》后面的对照表来一一转换了。

但是，目前西方，特别是20世纪70年代以后成长起来的美国汉学家，极力想把中国的任何东西都翻译成英文，这当然对于西方读者是方便的，但是否准确是另外一回事。我们也要会用这些词汇，在撰写英文文章时加以利用。比如"变文"，早期的文章都直接写作"pien-wen"或"bianwen"，现代的学者非要译成"transformation texts"。有一些已经有了较固定的翻法，如"五行"译"the Five-Phases"，"《旧唐书》"译"Old Tang History"等，但有的时候需要译者自己来编造，这需要有西方制度、文化的背景，也不能随便乱造。

魏根深（E. Wilkinson）的《中国历史研究手册》（*Chinese History: A Manual. Revised and Enlarged*，Harvard University Asia Center，2000）是很有用的工具书，在其中许多地方，可以找到相关的专有名词英译对照表。比如503页《二十四史》译名，512页正史各"志"的译名，等等，对于初做英文翻译的人很有参考价值。

我们经常遇到的官名，也不能随便翻译，一般我们都使用贺凯（Charles O. Hucker）《中国古代官名词典》（*A Dictionary of Official Titles in Imperial China*，SUP，1985；SMC rep. 1988）。这本书中给出了大量中国古代官名的意译，并且还有不同时代同一官名的不同译法。虽然欧美学者也常常说这本书有的地方不够准确，但没有其他词典取代它，大家仍然以他的翻译为准。保险起见，最好一个官名先用拼音，然后括注贺凯的译法。现在这本书有北京大学出版社的影印本，大家利用起来很方便了。

2. 古籍的翻译

我们在写中国古代史方面的论文时，有时要把一些史料翻译成英文，这是比较不容易做的，至少对于我是这样，所以我的笨办法是不断积累前人已经译过的文献所在，以便利用西方学者地道的翻译。有些书已经有很好的翻译，如《史记》《汉书·西域传》《世说新语》（需要参考周一良先生的《商兑》一文）、《唐律疏议》，但大量的书没有翻译，有些书只有其中的某些部分被译出来了。

这方面也有一些工具书可以利用，如：

Hans H. Frankel,*Catalogue of Translations from the Chinese Dynastic Histories for the Period 220-960*,UCP,1957. 这本书已经很陈旧了，但基本的东西还可以参考。

《西欧语译二十四史索引》，《中国正史の基础的研究》，早稻田大学，1984 年，给出一个正史某部分已经有西文翻译的很好索引，但不够全面。

鲁惟一（M. Loewe）编《中国古代典籍导读》（*Early Chinese Texts：A Bibliographic Guide*，Berkeley，1993）。此书有李学勤等人的汉译本，辽宁教育出版社，1997 年。

关于汉译英问题中的古籍翻译，一些西方学术网站可资利用。例如西雅图华盛顿大学丝绸之路网站（http：//depts. washington. edu/silkroad/texts/texts. html）收集有一批中国史料的英译文本，包括《汉文史料中关于罗马、拜占庭和中东的记载》《汉书·西域传》《后汉书·西域传》《魏略·西域传》《法显传》《新唐书·回鹘传》《大唐西域记》《景教流行中国碑铭》《长春真人西行记》等。

3. 民族语文的翻译

蒙文、藏文、维吾尔文、满文等专有名词，不能直接用汉语拼音音译成西文，因为这些民族语文的拼写方式与汉语拼音不同，有的地名的写法也不同。比如新疆的"焉耆"西文都用蒙文的拼法作 Karashahr（或 Karashar），蒙古时期的"察合台汗国"要译作 Chaghadai Khanate，"窝阔台汗国"译作 Ogedei Khanate，西蒙古的

"瓦剌"译作 Oirat，1514 年创建的"叶尔羌汗国"译作 Yarkand Khanate，唐代的"柳中"、清代的"鲁克沁"都要译作 Lukchun，"坎儿井"译作 kariz。

西方文献已经存在的专名，也要用学术界公认的对译词，比如汉文文献的"塞种"译作 Saka，"突厥人"译作 Turks，"突厥汗国"译作 Turk Khanate，"粟特人"译作 Sogdians，"粟特语"译作 Sogdian，"粟特地区"译作 Sogdiana。但西方文献中没有对照的，如"匈奴"，就用拼音 Xiongnu。

这类问题，从英文翻译成汉文也是同样的处理。既要注意不同的民族语言的拼写不同，又要注意不同的时代用不同的名词。这里特别要提醒大家 Turkestan 一词的本意是"突厥斯坦"，即"突厥人住的地方"，根本不是"土耳其斯坦"，与土耳其共和国没有任何关系。由 Turkestan 衍化而来的 East Turkestan 和 West Turkestan 分别译作"东突厥斯坦"和"西突厥斯坦"，Chinese Turkestan 和 Russian Turkestan 分别译作"中国属突厥斯坦"和"俄属突厥斯坦"，其实，如果是 East Turkestan 和 Chinese Turkestan，指古代的时候就可以译作"西域"，指现在的时候就可以译作"新疆"，免得被别有用心的人利用。

4. 西文的写作格式和注释体例

这和我上面讲到的有些内容相符，西文的要求有时更加严格。不同的书、刊的一些具体做法不同，下面我选择接到过的一书、一刊的写作格式要求，把它们大致翻译出来，供大家参考。

（1）Nicholas Sims-Williams 纪念文集的约稿，书已出版，即 *Exegisti monumenta. Festschrift in Honour of Nicholas Sims-Williams* （Iranica 17），eds. Werner Sundermann, Almut Hintze and François de Blois, Wiesbaden: Harrassowitz Verlag, 2009。编者不是职业编辑，而是非常忙碌的专家、教师，而他们约稿的对象也都是这一行当里经常写文章的人，基本上都懂得如何处理格式问题，所以他们的格式要求写得很简练：

> 编者将只对文章的版式和页面加以编排修改。我们要求您仔细检查您的文稿，并保持转写体系（这是伊朗学研究中必不可少的——译者）等的一致性。非英语母语的作者在把文章提交给编者之前请一定对大作的英文进行仔细的检查。
>
> 稿件请提交一份打印本和一份电子文本（通过邮件 [e-mail]、硬盘或光盘提交）。带有区别音符（读音符号——译者）和非拉丁语的字母请用 Unicode 格式。请用下面几种文件格式之一提交：MS Word（*.doc）、OpenOffice（*.odt）、Rich Text Format（*.rtf，一般来说您可以从任何文字处理机生成这种格式）。
>
> 请保持文本的页面设置到最低限度。现代作者、编者、译者等（包括必要的首字母）都用小体大写字母，书刊名、音写、转写请用斜体。如果可能的话，请避免使用粗体（黑体）。
>
> 请编制一个文稿使用的缩略语表，越详细越好。还请做一个参考文献目录，如果没有参考文献目录，则所引用的每种论著的详细出版信息要在脚注中给出。

参考文献采用下面的格式：

书：EMMERICK，R. E. 1968：*Saka Grammatical Studies*. London（London Oriental Series 20）.

论文：KÖNIG, G. 2005："Zur Figur des 'Wahrhaftigen Menschen'（*mard ī ahlaw*）in der zoroastrischen Literatur." In：*ZDMG* 155，pp. 161-188.

论文集：MACUCH, M. 2005："Language and Law：Linguistic Peculiarities in Sasanian Jurisprudence." In：*Languages of Iran：Past and Present. Iranian Studies in Memoriam David Neil MacKenzie*. Ed. by Dieter Weber. Wiesbaden（Iranica 8），pp. 251-276.

简短的出处（只是在脚注中使用）可以用这样的格式：ZIEME 1995，pp. 260-261.

（2）《内亚艺术和考古杂志》（*The Journal of Inner Asian Art and Archaeology*）第 3 卷的约稿格式要求，这是比较正规的杂志，格式要求很细致。

书写格式

关于一般用法的根据

关于格式和用法，请参看《芝加哥大学书写格式手册》（*The Chicago Manual of Style*）的最新版本。下列新版《手册》业已在美国各大学的网站上公布，一般读者均可获得：

http：//library. osu. edu/sites/guides/chicagogd. html 或

http：//www.libs.uga.edu/ref/chicago.html

英联邦国家的作者可用英式英语的拼写法，关于英式拼写请参看《牛津英语词典》（*Oxford Dictionary of English*）的最新版。美国作者可以使用《韦氏学院词典》（*Webster's Collegiate*）或《新国际词典》（*New International Dictionaries*）最新版所规范的美式英语拼写法。

标点

在一个末尾的连接词或介词前使用一个逗号或分号（列举时请用封闭性标点符号，如 red，green，yellow，and white）。

引文标识

使用双引号；后引号（右边）的后面要跟着一个逗号或句号。

数字

给出生卒年、时代和朝代的全部，即 1526-1593、fourth century CE。根据《芝加哥手册》，页码中包含缩写页码，即 1379-81（这点和中文习惯不同——译者）。在四位数中要用一个逗号（1,000），但表示时间和页码时不用。一至十的数字要用英文拼写，在表示百分比时用阿拉伯数字加"percent"（10 percent）。一个句子开头的数字要全部拼写出来，但请尽量避免这种用法。

年代

用 BCE 和 CE 取代 B.C. 和 A.D.。

相互参照

引用其他出版物用小写的 chap.、fig.、pl.、p. 等，引用本杂志其他文章用首字母大写的 Fig.、Pl.。

引用作者自己的图片

用首字母大写的 Fig.。

外国语文

所有在上述词典中被采纳的外国文字都要以罗马字母的形式出现，但要给出全部的区别音符；所有在这些词典的新版中没有包括的外国文字则要用斜体形式，并给出全部的区别音符，外文术语或短语的英语直译要用引号，并用圆括号括注在该术语或短语的后面。

音写体系

汉语：拼音。

梵文：美国东方学会或英国皇家亚洲协会体系，并附加上下的区别音符。

巴利语：巴利圣典学会体系。

阿拉伯语、波斯语、俄语和其他语言：用美国国会图书馆音写对照表，见 http://www.loc.gov/rr/amed/TransliterationPage/TransliterationPage1.html。

外文字母

如果有必要，作者必须提供文章所用全部外文字母，用外文字母所写的名词和短语要清楚地书写或打印并与英文音写放到一起。

中文字母最好用 Word 系统的中文，梵文最好用 Gandhari

Unicode 系统。如果采用其他不同型号的字体，请用光盘或邮件（e-mail）将这些型号的字体提供给编者。

参考文献

本刊的文章采用尾注形式，请提供符合以下规范的所有参考文献。

1）书：

尾注采用下面的形式，第一次出现时：作者名或其简称（单个或多个）和姓，斜体的书名，卷数（括注出版地：出版社，年份），页码（单数或多数）。参见 http://www.libs.uga.edu/ref/chicago.html。

编者名或其简称（单个或多个）和姓 ed.，斜体的书名，卷数（括注出版地：出版社，年份），页码（单数或多数）。

如：Roderick Whitfield, *The Art of Central Asia* 1 (Tokyo: Kodansha, 1982), 111-13.

此后的简写形式为：姓，书名简称，页码。

如：Whitfield, *The Art of Central Asia* 1, 112.

2）已刊论著的章节：

尾注采用下面的形式，第一次出现时：作者名或其简称（单个或多个）和姓，"引号里写章节名"，in 斜体的书名，ed. 编者名（括注出版地：出版社，年份），页码（单数或多数）。

如：L. Petech, "Western Tibet: Historical Introduction," in *Tabo: A Lamp for the Kingdom*, ed. Deborah Klimburg-Salter (Milan: Skira Editore, 1997), 230-56.

此后的简写形式为：姓，"引号里写文章简称"，页码。

如：Petech, "Western Tibet," 230-56.

3）期刊论文：

尾注采用下面的形式，第一次出现时：作者名或其简称（单个或多个）和姓，"引号里写文章名"，斜体的期刊名，卷数（年份）：页码（单数或多数）。

如：Ian Alsop, "Five Dated Nepalese Metal Sculptures," *Artibus Asiae* 45（1984）: 207-16.

此后的简写形式为：姓，"引号里写文章简称"，页码。

如：Alsop, "Five Dated Nepalese Metal Sculptures," 207-16.

4）引文标识：

请给章节名、期刊论文名、引文上加双引号（双引号中的引文用单引号），标点符号放在后引号前面，如逗号（即"Five Dated Nepalese Metal Sculptures,"）。

5）非英语标题的转写是可以随意选择的：

标题必须给出英译，可以括注在外文标题的后面，或者只写英译的标题并括注"in Chinese 等"。出版社的名字可以用原文转写，也可以用英译——如果原出版物上有这样的信息的话。

图版说明

说明应当对图版提供尽可能详细的信息，如果可能，应当包括：

1)（如果知道的话，）美术品或雕刻者的作者名。

2）作品名称，用斜体（不论作品名是作者所给的，还是仅仅是描述性的，或传统认为的）；同一作品的不同部分用 A、B 等标示。

3）作品时代：（如可行，）包括日期在内的时代写在圆括号中。

4）出处。

5）版式与介质或材料。

6）尺寸（用公制，使用米或厘米，但两者不可同时使用）。

7）现藏地。

8）博物馆收藏编号（若有）。

9）作者名或来件人姓名（通常是按照所有者提供的），如：

Fig. w. Anonymous（Song Dynasty）. "Auspicious Bird." Limestone relief; approx. 251 × 166 cm. Tomb of Emperor Renzong（d. 1063）, Yongchaoling, Henan Prov. From Osvald Sirén, *Chinese Sculpture from the Fifth to the Fourteenth Century*, 4 vols.（London: Ernest Benn, n. d.）, vol. 4, pl. 558.

Fig. x. *Nana seated on the back of a lion.* Ca. second century CE. Gandhara. Bone or ivory; h. 7cm. Ashmolean Museum, Oxford, UK（Acc. No. 1997. 255）. Photograph courtesy of the museum.

Fig. y. *Dvārapāla.* Beginning of the fifth century CE. Relief left of Cave 6 entrance, Udayagiri（Madhya Pradesh, India）. Author's photograph.

Fig. z. Plan of Trench TB 76-3, showing the structures of Phase 2.（Drawing: ICAR-University of Bologna）.

如上所述,作者必须自行负责获得根据为版权法所保护的所有图版复制的书面许可。

后 记

  这本讲义的写作延续了好多年,不知道有多少年轻教师和研究生提供过材料,给予过建议。本来也没有打算出版,到了 2007 年这门课程作为"北京大学研究生课程建设项目"立项资助以后,在研究生院的督导和鼓励下,被列入北大出版社的出版计划。我首先感谢北大历史系负责教学的副系主任刘浦江教授对本课程的关心以及研究生院贾爱英、郭蕾老师的督促和鼓励,最终才使我完成这本教材的写作。

  在这门课程立项后,我在选课的研究生中成立了一个"学术规范小组",他(她)们在我的讲稿基础上,分门别类地补充了许多材料,所以我在此要感谢陈昊、凌文超、林晓洁、李芳瑶、林珊、李娜颖、聂文华、王楠、王璞、喻珊。像第三讲"简牍帛书的检索"就是在凌文超同学提供的底本基础上写成的。2008 年上半年那个学期,我们小组成员经常聚在一起,讨论讲义中的问题,他(她)们给了我很多很好的建议。

  讲义最终的写定是 2009 年末到 2010 年春在日本关西大学做访

问研究期间，利用那里安静的环境，一气呵成。写成以后，按照往常的习惯，把相关章节寄给一些年轻朋友来审订，在此要感谢朱玉麒、刘屹、沈睿文、王静各位的细心补正。

随后在2010年上半年的讲课过程中，一些听课的同学非常仔细地阅读了我印发的讲义，提出了大大小小的订正，让我对他（她）们感激无比，这些人有的是我熟悉的，有的在近百人的教室中我根本分辨不出来，我想通过这个名单来表达感谢之情：罗帅、李霖、孙闻博、陈博翼、陈志远、赵大莹、朱丽双。最后，还要感谢帮我校对的徐畅、郑燕燕、罗帅、田卫卫、郭桂坤、李丹婕、陈甜及责任编辑田炜。

我每年都要上这门课，虽然听课的人很多，要看的作业也很多，但我从这门课里充分体会到了教学相长的乐趣。我听到过同学们对这门课的褒奖之辞，也从他们补充的材料中得到很多知识。现在回望这些年的教学，为自己对研究生的培养尽了绵薄之力而感到满足。

2011 年 3 月

再版后记

本书原为我在北京大学历史系给中国古代史专业的研究生开设的"学术规范与论文写作"课程的讲义,后来,在学校研究生院的推动下,由北京大学出版社于 2011 年出版。本书问世以来,得到了很多师友、读者的积极反馈,不少人认为这是"一本专门提供给有志于学术研究的人做研究参考之用的著作,以传授他们基本的学术技能和必要的学术素养"。这十年间,出版社加印了十多次,书中的一些篇章在互联网上也多有流传。2016 年,北大出版社提议对本书进行修订,然而因为工作繁忙,一直未能着手。2020 年,突如其来的新冠疫情打破了常规的工作节奏,为响应学校的防控要求,我在线上给学生们又开了这门课。趁着这次开课,我对旧讲稿进行了部分增补。北大出版社也在 2020 年 6 月,把重新排版并完成审校的清样交给了我。责编田炜女士对书中所引的文献、材料、信息等进行了仔细的核对,订正了一些不准确的地方;出版社又委托李钰晨、杨牧青两位同学更新了第八讲"电子文本的搜索"一节中的网站信息。在此一并致谢。

当然，北大出版社一直提议对书中所列的研究进展进行更多的增补，我觉得这种增补将会使本书远远超过一本"入门书"的容量，希望读者可以根据本书提供的线索，自行追踪最新的书目信息。如果这本小书能起到抛砖引玉的作用，我作为一名教师和作者，将会倍感欣慰。

2022 年 2 月